STUDIUM GENERALE
der Ruprecht-Karls-Universität
Heidelberg

Sammelband der Vorträge
des STUDIUM GENERALE
der Ruprecht-Karls-Universität
Heidelberg
im Wintersemester 2000/2001

Vom Frieden – die Aufgaben Deutschlands in Europa und in der Welt von morgen

Mit Beiträgen von

DIETMAR BARTSCH
ANGELIKA BEER
REINHOLD BOCKLET
KLAUS KINKEL
KARL LAMERS
FRIEDBERT PFLÜGER
RUDOLF SCHARPING
HELMUT SCHMIDT
GERT WEISSKIRCHEN
RICHARD V. WEIZSÄCKER
HEIDEMARIE WIECZOREK-ZEUL

Universitätsverlag C. Winter
Heidelberg

Die Deutsche Bibliothek – CIP-Einheitsaufnahme

Vom Frieden: Die Aufgaben Deutschlands in Europa und in der Welt
von morgen; [im Wintersemester 2000/2001] / mit Beitr. von
Dietmar Bartsch ... – Heidelberg: Winter, 2001
   (Studium Generale / Ruprecht-Karls-Universität Heidelberg; 2000/2001)
   ISBN 3-8253-1232-1

ISBN 3-8253-1232-1

Alle Rechte vorbehalten.
© 2001. Universitätsverlag C. Winter Heidelberg GmbH
Photomechanische Wiedergabe, auch von Teilen des Buches, nur mit
ausdrücklicher Genehmigung durch den Verlag
Herausgeber: Ruprecht-Karls-Universität Heidelberg
Druck: Strauss Offsetdruck GmbH, 69509 Mörlenbach
Umschlaggestaltung: Erich Kirchner, Heidelberg

Vorwort

Der Kosovo-Konflikt einerseits und die Erweiterung der Europäischen Union andererseits haben in Deutschland – aber auch andernorts – eine vielstimmige Debatte über politische Grundsatzfragen ausgelöst. Im Mittelpunkt stehen die Fragen nach den Grenzen und der gemeinsamen Basis der erweiterten Union, nach den Bedingungen einer dauerhaften Friedenssicherung in Europa und in der Welt sowie nach der Rolle, die die Bundesrepublik bei dieser ganzen Entwicklung spielen kann bzw. spielen sollte.

Diesen Fragen waren die Vorträge des Heidelberger Studium Generale im Wintersemester 2000/2001 gewidmet. Sie standen unter dem zusammenfassenden Titel „Vom Frieden – die Aufgaben Deutschlands in Europa und in der Welt von morgen". Entgegen dem üblichen Konzept dieser Vortragsreihe kamen dabei nicht Wissenschaftler, sondern ausschließlich Politiker zu Wort, und zwar herausragende Vertreter von Regierung wie Opposition, daneben mit Helmut Schmidt und Richard von Weizsäcker auch zwei große „elder statesmen".

Die Universität dankt allen Mitorganisatoren für ihre Unterstützung und vor allem den Referenten der Reihe dafür, dass sie den Abdruck ihrer Beiträge ermöglicht haben.

Rektor Prof. Dr. J. Siebke
Prorektor Prof. Dr. J. Tröger
Dr. Heiner Must

INHALT

Seite

Zur Rolle Deutschlands in Europa und Europas in der Welt
Helmut Schmidt
Bundeskanzler a. D.   9

Entwicklungszusammenarbeit – was muss sich ändern?
Heidemarie Wieczorek-Zeul, MdB
Bundesministerin für wirtschaftliche Zusammenarbeit
und Entwicklung   23

Subsidiarität und Föderalismus als Elemente der europäischen Integration
Reinhold Bocklet, MdL
Bayerischer Staatsminister für Bundes- und
Europaangelegenheiten   35

Die Europäisierung Europas – ein Gegengewicht zum transatlantischen Bündnis?
Dr. Friedbert Pflüger, MdB   51

Menschenrechte, Ökonomie, Demokratie – neue Traditionen, alte Interessen?
Prof. Gert Weisskirchen, MdB   65

Gemeinsame Sicherheit in Europa – was bedeutet das?
Rudolf Scharping, MdB
Bundesminister der Verteidigung 83

Wandlungsprozesse im östlichen Mitteleuropa
Dr. Dietmar Bartsch, MdB 99

Verfassung und Verfasstheit Europas
Karl Lamers, MdB 129

Friedensstrategien – Möglichkeiten und Risiken
Angelika Beer, MdB 143

Wo soll die Europäische Union enden?
Dr. Klaus Kinkel, MdB
Bundesaußenminister a. D. 153

Europa in der Welt von morgen
Dr. Richard v. Weizsäcker
Bundespräsident a. D. 167

Adressen der Referenten 185

Zur Rolle Deutschlands in Europa und Europas in der Welt

Helmut Schmidt, Bundeskanzler a. D.

Wenn ich es richtig verstehe, so ist dies ein Einleitungsvortrag zu einer ganzen Serie, die im nächsten Jahr durch Richard von Weizsäcker abgeschlossen werden soll. Diese Planung legt es dem Einleitenden nahe, einen Überblick zu geben oder einen Rahmen zu ziehen. Das werde ich versuchen, in zwanzig Punkten zu tun. Hinzu soll ein Schlusskapitel über die Rolle Deutschlands kommen. Daraus folgt, dass ich auf viele wichtige Details werde verzichten müssen.

Sie werden im Laufe des Wintersemesters merken, dass einige meiner Thesen ganz oder teilweise abgelehnt werden. Andere Vortragende werden anderes hinzufügen. Sie werden am Ende selbst abwägen und zu einem eigenen Urteil gelangen müssen. Und in der Zwischenzeit wird Ihnen dies zugleich erleichtert und erschwert werden durch die zu erwartende öffentliche Berichterstattung über das spectaculum der sogenannten Intergouvernementalen Konferenz, die die Regierungschefs der fünfzehn Mitgliedstaaten der Europäischen Union in einigen Wochen, noch vor Weihnachten, in Nizza zusammenführen wird. Ich werde mich deshalb heute Abend im Wesentlichen auf die Europäische Union konzentrieren. Und Sie werden dabei unschwer feststellen, dass ich nur meinem eigenen Urteil und meiner eigenen Erfahrung folge und weder unserer Regierung zu Diensten bin noch unserer Opposition. Aber nun genug der Vorbemerkungen.

Mein erster Punkt betrifft die neuartigen, zum Teil gewaltigen Herausforderungen, vor denen alle europäischen Nationen im 21. Jahrhundert stehen werden. Es handelt sich zum einen um die schnelle Vermehrung der auf unserem Erdball lebenden Menschen. Eine Vermehrung, die es in diesem Tempo noch niemals gegeben hat. Am Anfang des 20. Jahrhunderts bevölkerten 1600 Millionen die Erde, in der Mitte des 21. Jahrhunderts werden allein in China 1600 Millionen Menschen leben und in Indien noch einmal 1600 Millionen Menschen. In der Mitte des 21. Jahrhunderts werden es insgesamt bei 9000 Millionen Menschen, das heißt 9 Milliarden sein.

Dazu kommt zweitens die mit einiger Sicherheit zu erwartende Veränderung des Klimas. Die Prognosen zeigen, dass die Wissenschaft das natürliche System des Klimas noch keineswegs ausreichend erforscht und verstanden hat. Die Prognosen über die Erwärmung schwanken zwischen dem Minimum 1,6 Grad Celsius Erwärmung im Laufe des 21. Jahrhunderts und dem Maximum 3,6 Grad. Schon 1,6 Grad Erwärmung führen zu einer solchen Abschmelzung von Eis über Grönland und über der Antarktis, dass Sie alle froh sein können, in Heidelberg zu leben und nicht in Bangladesh, weil der Meeresspiegel infolge des Abschmelzprozesses ansteigen wird. Und nicht nur in Bangladesh, sondern in allen großen Deltas der großen Flüsse und an den Küsten der niedrig gelegenen Länder.

Beides zusammen, der Anstieg der Meere und die ununterbrochene Bevölkerungsexplosion, wird die Tendenz zu regionalen und lokalen Kriegen verstärken. Wir haben im Laufe der neunziger Jahre, die eben erst zu Ende gegangen sind, etwa 50 zwischenstaatliche, innerstaatliche und lokale Kriege erlebt. In einem einzigen Jahrzehnt. Davon wird es im nächsten Jahrhundert mehr geben. Und Bevölkerungsvermehrung und Klimaveränderung werden nicht nur zu Kriegen, sondern auch zu Wanderungsbewegungen führen. Die Wanderungsströme richten sich auf Europa und Nordamerika, denn in Europa gibt es keine Bevölkerungsexplosion, wohl aber in Asien, im Mittleren Osten, in ganz Afrika sowie in Latein- und Mittelamerika.

Hinzu kommt, dass wir es im Laufe der ersten Jahrzehnte dieses Jahrhunderts mit dem Auftreten neuer Weltmächte zu tun haben werden. Amerika bleibt eine Weltmacht; ebenso Russland, auch wenn es noch 25 oder 50 Jahre innenpolitische, ökonomische oder soziale Schwächen zu überwinden haben wird. Russland bleibt eine Weltmacht wegen des ungeheuren Territoriums: Elf Zeitzonen von insgesamt 24, die es auf der Welt gibt. Auch wegen der nuklearen Bewaffnung und der natürlichen Bodenschätze, die im Falle einer klimatischen Erwärmung technisch ausbeutbar werden, weil der Permafrost in Teilen Sibiriens nach Norden zurückweicht,. China ist eigentlich heute schon eine Weltmacht. Man muss Amerikaner oder Europäer sein, um das nicht zu begreifen. Wahrscheinlich wird Indien eine Weltmacht sein, möglicherweise Brasilien, möglicherweise sogar die Europäische Union. Aber dazu müssen viele Voraussetzungen erst noch erfüllt werden. Darauf komme ich später noch zurück. 1945 hatte eine einzige Weltmacht eine Atomwaffe, dann wurden es zwei, dann fünf und heute sind es acht: Acht Staaten besitzen inzwischen Atomwaffen, und dabei wird es nicht bleiben.

Als letzte Herausforderung, die wir Europäer in diesem Jahrhundert zu bewältigen haben werden, muss ich die Globalisierung der Finanzmärkte nennen, die die ökonomische und finanzielle Selbstbestimmung kleiner und mittlerer Staaten, zu denen wir gehören, gefährden wird, und die technologische Globalisierung, die in hohem Maße Arbeitsplätze und damit den Wohlstand in Europa gefährden wird.

Mein zweiter Punkt: Diesen eben nur angedeuteten Herausforderungen scheint mir keiner der europäischen Nationalstaaten als einzelner, jeder für sich allein, gewachsen zu sein. Ich sagte „der europäischen Nationalstaaten" und schließe Russland nicht ein. Das ist ein eurasischer Staat, der vom Stillen Ozean bis an die Ostsee reicht. Da die europäischen Staaten, von denen Deutschland der Bevölkerungszahl nach augenblicklich der größte ist, mit diesen Herausforderungen allein nicht fertig werden, müssen sie ihre Kräfte bündeln. Die Europäische Union könnte im weiteren Verlauf des 21. Jahrhunderts deshalb zu einer Art Notgemeinschaft werden.

Mein dritter Punkt: Die Europäische Union, mit heute 15 Mitgliedstaaten, hat sich in 50 Jahren aus sehr bescheidenen Anfängen entwickelt. Denken Sie an den Schuman-Plan vom Mai 1950. Damals ging es um die beiden Industriebranchen, die in jener Zeit sehr wichtig waren: Kohle und Stahl. Es ging um drei große Staaten – Frankreich, Italien und der westliche Teil Deutschlands, die Bundesrepublik – sowie die drei Benelux-Staaten Niederlande, Belgien und Luxemburg. Inzwischen hat sich daraus ein gewaltiger Prozess des freiwilligen Zusammenschlusses von souveränen Staaten entwickelt. Vergleichbares hat es in der ganzen Menschheitsgeschichte noch niemals gegeben, weder in Asien noch in Amerika noch in Europa noch in Afrika. Es ist ein Novum, etwas in der Menschheitsgeschichte völlig Einmaliges, dass souveräne Staaten nicht unter dem Druck eines Diktators, eines Napoleon, eines Dschingis Khan, eines Alexanders des Großen und wie sie alle hießen, nicht unter dem Druck kriegerischer Eroberung, sondern freiwillig Teile ihrer Souveränität zugunsten eines größeren Verbundes aufgeben. Deshalb ist es kein Wunder, dass der heute erreichte Zustand mit Unvollkommenheiten und auch mit Fehlern behaftet ist.

Gleichwohl, und das ist jetzt *mein vierter Punkt*: Vor dem Hintergrund der Lage in Europa vor 55 Jahren, 1945, oder vor dem Hintergrund der Lage zu Beginn von Hitlers Zweitem Weltkrieg, ist der heute erreichte Zustand der Europäischen Union ein eigentlich unglaublicher Erfolg. Ich sagte bereits, dass er natürlich noch mit Fehlern und Unvollkommenheiten behaftet ist, aber dieser Zustand ist ausbaufähig. Die führenden Staatsmänner haben durchaus den Willen zum Ausbau, und die Völker sind im Prinzip damit auch einverstanden. Im Prinzip sind sie auch mit der Aufnahme weiterer Staaten einverstanden, insbesondere jener Nationalstaaten, die so lange unter sowjetischer Vorherrschaft und kommunistischer Diktatur gelitten haben.

Nun zu *meinem fünften Punkt*: Ich sagte, dass die Völker dem Ausbau zustimmen. Aber sie haben dabei vielfältige, aus der Geschichte herrührende gewaltige Hemmungen zu überwinden. Und deswegen gibt es ab und zu Rückschläge. Denn der Nationalstaat ist auf unserem Kontinent nun einmal der Ankergrund für die persönliche Selbstidentifikation der Menschen. Wir haben seit dem Schuman-Plan insgesamt sechs Krisen im europäischen Integrationsprozess erlebt und einiges ist wegen jener Hemmungen auch schiefgegangen. Aber die Krisen konnten überwunden werden. Sowohl der Ausbau als auch die Erweiterung können nur schrittweise erfolgen. Jemand, der zu viele Schritte auf einmal machen möchte, der scheitert.

Mein sechster Punkt: Werfen wir einen Blick zurück auf die Motive, auf die strategischen Gründe in den Köpfen der leitenden Staatsmänner, als sie die europäische Integration begonnen haben – in historischer Reihenfolge. Die Gründe wurden zum ersten Mal in der großen Rede erkennbar, die Winston Churchill 1946 in Zürich gehalten hat, wo er seinen Kriegskameraden, den Franzosen, sagte: Ihr müsst euch mit den Deutschen vertragen, ihr müsst mit den Deutschen zusammen die Vereinigten Staaten von Europa aufbauen. Und leise, in Klammern, fügte er hinzu: Wir Engländer natürlich nicht, wir haben ja das Commonwealth. Churchill hatte ein zweifaches Motiv: Zum einen wollte er eine Barriere bauen gegen die von ihm befürchtete sowjetische Expansion (das war zu Lebzeiten Stalins!) und gleichzeitig eine Barriere bauen gegen die ideologische Unterwanderung Europas durch den Kommunismus. Churchills zweites Motiv war, da er die Geschichte kannte, die Einbindung der Bundesrepublik Deutschland in einen größeren politischen und wirtschaftlichen Zusammenhang der europäischen Demokratien anzustreben.

Das erste Motiv, das auch bei der Begründung des Schuman-Plans 1950 noch großes Gewicht besaß, spielt heute keine Rolle mehr. Wenn man die Leute fragt, selbst Politiker, dann werden sie sich heute nur schwer daran erinnern, welche Rolle dieses Motiv vor 50 Jahren gespielt hat. Das zweite Motiv dagegen, die Einbindung Deutschlands, hat – zumal nach der deutschen Einigung – in den Augen fast aller europäischen Staatsmänner auch heute und zukünftig eine große Bedeutung. Gegen das Ende der fünfziger Jahre kam ein drittes Motiv hinzu. Man begriff die Vorteile, die der Gemeinsame Markt für Kohle und Stahl für jedermann hatte, und man verstand, dass eine Ausdehnung dieses Prinzips auf alle Güter und alle Branchen in einem gemeinsamen und offenen Markt für alle beteiligten Völker ökonomische und soziale Vorteile mit sich bringen würde, die man einzeln, innerhalb seiner eigenen Zollgrenzen, so schnell und so groß nicht würde erreichen können. Ich nenne es das Prinzip des ökonomischen und sozialen Vorteils durch einen gemeinsamen Markt.

Die Globalisierung ist nicht erst gestern erfunden worden. China hat sich schon Ende der siebziger Jahre geöffnet. Die Sowjetunion und ihre Teilstaaten, ihre Nachfolgestaaten, die Staaten des Warschauer Paktes und des Comecon haben sich nach 1990 geöffnet. Die Globalisierung ist also bereits einige Zeit im Gange. Aber das Erlebnis der Globalisierung und die Vorstellung dessen, was sich an Herausforderungen entwickeln könnte, war einer der Gründe für das zusätzliche, wenn Sie so wollen, strategische Motiv der gemeinsamen Selbstbehauptung. Die Erkenntnis, dass einer allein nicht wird standhalten können. Oder anders gesagt: Das zusätzliche strategische Motiv ist das Prinzip der vollen Handlungsfähigkeit der Europäischen Union nach außen.

Ich komme noch einmal, und das ist *mein siebter Punkt*, zurück auf die Besorgnisse mancher unserer Nachbarn in Europa vor deutscher Macht und Unberechenbarkeit. Diese Besorgnis war heute vor 50 Jahren weiß Gott vollauf gerechtfertigt. Im Laufe der Jahrzehnte haben diese Ängste zum Teil an Gewicht verloren, aber seit 1990, seitdem Deutschland den Zahlen nach so groß geworden ist, größer als alle anderen Staaten in Europa, seitdem sind diese latenten Besorgnisse vor der Macht und der Unberechenbarkeit der Deutschen wieder etwas gewachsen. Und wir Deutschen dürfen nicht vergessen, dass unsere Selbsteinbindung in diese Union eine notwendige Bedingung dafür ist, eine abermalige Isolierung Deutschlands zu vermeiden. Oder anders gesagt: Die Selbsteinbindung Deutschlands in die Europäische Union liegt in unserem eigenen strategischen Interesse, in unserem Interesse am Frieden für uns selbst. Auf sich allein gestellt wäre das vereinigte Deutschland den Herausforderungen des 21. Jahrhunderts noch weniger gewachsen als etwa England allein auf sich gestellt ihnen gewachsen sein würde, oder etwa Frankreich.

Wenn ich England erwähne, dann ist es ganz lustig, sich daran zu erinnern, dass England gar keine Nachbarn hat. Sie haben Glück gehabt, der liebe Gott hat sie sich auf einer Insel entwickeln lassen. Wir Deutschen haben neun unmittelbare Nachbarn, und da habe ich die Russen, die Engländer und die Italiener noch nicht mitgezählt. Es gibt in ganz Europa kein Volk mit so vielen Nachbarn wie wir. Mit seinen Nachbarn in Frieden zu leben ist nicht ganz leicht. Wenn man in einem Reihenhaus lebt und links und rechts einen Nachbarn hat, dann muss man sich Mühe geben. Wir haben nicht nur zwei Nachbarn, sondern deren neun. Und in unserer Geschichte haben auch die etwas entfernteren Nachbarn, wie die Russen, Engländer oder die Italiener, immer schon eine große Rolle gespielt und werden diese auch in Zukunft spielen.

Ein Wort zu Frankreich, das ist *mein achter Punkt*: Es waren die Franzosen, die vier Jahre nach der vorhin zitierten Churchill'schen Rede den europäischen Integrationsprozess in Gang gesetzt haben. Das, was wir bisher erreicht haben, ist zu einem großen Teil das Werk der politischen Klasse in Frankreich. Das gilt für die Linke, die Mitte und die Rechte. Die Franzosen wissen inzwischen – de Gaulle wusste das noch nicht – und sie sind dabei, es auch zu akzeptieren, dass die weitere Entfaltung der Europäischen Union nicht möglich ist, dass der heutige Zustand sogar gefährdet werden kann, wenn nicht auch Frankreich sich in ähnlicher Weise in die Union einbindet, wie Deutschland das tut. Nach meinem Urteil ist engste Zusammenarbeit zwischen Paris und Berlin die kardinale Voraussetzung für den weiteren Erfolg des europäischen Integrationsprozesses. Oder anders ausgedrückt: Das Tandem Paris-Berlin, die engste Kooperation zwischen Deutschen und Franzosen, liegt im strategischen Interesse sowohl der Deutschen als auch der Franzosen. Das wird in zunehmender Weise, etwa seit den Zeiten Giscard d'Estaings an der Spitze des französischen Staates, verstanden und akzeptiert.

Zurück zum Gemeinsamen Markt, das ist *mein neunter Punkt*. Er hat sich inzwischen für alle Beteiligten als ein gewaltiger ökonomischer Erfolg erwiesen. Und als Konsequenz der gemeinsamen Währung wird dieser Erfolg noch einmal gewaltig wachsen. Lassen Sie sich nicht täuschen von dem Geschwätz im Fernsehen, in den Zeitungen und einiger Politiker über den angeblich schwachen Euro. Das ist dummes Zeug. Heute in 25 oder 30 Jahren wird es drei große Währungen auf der Welt geben, den amerikanischen Dollar, den europäischen Euro und den chinesischen Renminbi/Yuan. Und der größere Teil aller Währungsreserven auf der Welt wird dann in Euro und in Renminbi/Yuan angelegt sein. Leider lebe ich nicht lange genug, um in dreißig Jahren den Triumph dieser zwei Währungen feiern zu können.

Allerdings ist die Einführung des Euro nur einer von vielen wichtigen Schritten, die wir im Laufe von fünfzig Jahren gegangen sind, aber es ist nicht der letzte wichtige Schritt. Zum Beispiel braucht die Europäische Union für die Zukunft eine eigene Finanzaußenpolitik gegenüber der Weltbank oder gegenüber dem Weltwährungsfonds, auch gegenüber den anderen ökonomisch gewichtigen Staaten der Welt, wenn es denn zu einer gemeinsamen Ordnung auf den inzwischen globalisierten Finanzmärkten der Welt kommen soll, einschließlich einer funktionierenden Aufsicht über die zum Teil verantwortungslos spekulierenden Finanzhäuser. Einige nennen sich Banken, andere nennen sich Investmentbanken, dritte nennen sich Fonds. Allesamt verkörpern sie eine Mischung aus hoher Intelligenz und Psychose.

Zehntens ein Wort zu den USA. Die Amerikaner haben außerordentliche Verdienste um den Wiederaufbau Europas nach dem Krieg und um die Abwehr der sowjetischen Bedrohung. Seit die Sowjetunion verschwunden ist, hat das letztere Moment an Bedeutung verloren. Und seit die Europäische Union sich so gut entfaltet, finden manche in der amerikanischen politischen Klasse das gar nicht schön. Da gibt es Leute, die mit Hilfe der NATO den eurasischen Kontinent dominieren und sogar kontrollieren möchten. So nehmen einige Spannungen durchaus zu.

Vor einem Dutzend Jahren hätten die Staats- und Regierungschefs der EU-Staaten es nicht für nötig gehalten, eine gemeinsame Außen- und Sicherheitspolitik zu proklamieren. Diese Proklamation ist die Konsequenz aus dem amerikanischen Dominanzstreben. Auch für die Zukunft ist kaum zu erwarten, dass man in Washington die weitere Stärkung der Europäischen Union mit Begeisterung begleiten wird. Umgekehrt wird sich die Europäische Union darum bemühen müssen, einerseits die strategische, außenpolitische Abhängigkeit von Amerika zu verringern, andererseits aber gleichwohl die Partnerschaft und das Verteidigungsbündnis aufrechtzuerhalten.

Mein *elfter Punkt* betrifft die Absicht der europäischen Staats- und Regierungschefs, eine gemeinsame Außen- und Sicherheitspolitik zu entwickeln. Sie zu verwirklichen, dauert mindestens ein oder sogar zwei Jahrzehnte. Diese Absicht stößt aber auf gewaltige objektive und subjektive Hindernisse. Heute Abend fehlt die Zeit, das näher zu erläutern. Aber ich möchte hinzufügen, dass es in der Zwischenzeit bei der Abhängigkeit von Amerika bleiben wird, wenn auch in abnehmendem Maße.

Zwölfter Punkt: Was immer wir innerhalb der Europäischen Union der 15 Staaten an Schwierigkeiten mit uns selbst zu überwinden haben – darauf werde ich noch zu sprechen kommen –, die Aufnahme einer Reihe von Staaten im Osten Mitteleuropas ist jedenfalls moralisch, aus Gründen der Solidarität und aus geopolitischen Gründen geboten. Aber anders als die Regierungschefs und ihre Außenminister in ihren Reden verkünden, geht das nicht auf einmal und nicht über Nacht. Stellen Sie sich vor, dass in Polen, Ungarn und Tschechien zusammen 60 Millionen leben. Die alte DDR zählte bloß 16 Millionen Menschen. Und was haben wir immer noch für Schwierigkeiten, die dortige Wirtschaft auf ein konkurrenzfähiges Niveau und die Beschäftigung auf ein Westdeutschland ähnliches Niveau zu heben! Nur die Polen, Tschechen und Ungarn sind zusammen schon 60 Millionen, viermal so viele Menschen wie in der alten DDR. Ganz zu schweigen von den anderen neun Kandidaten, die beitreten möchten. Und bisher habe ich kein Wort über die Türkei gesagt. Dort leben noch einmal über 60 Millionen. Das heißt: Wenn sich die Europäische Union nicht selbst überfordern will, dann muss diese Erweiterung schrittweise vor sich gehen. Und ehe sie wirklich anfangen kann, müssen jene Reformen innerhalb der EU stattfinden, die man in Maastricht und in Amsterdam nicht zustande gebracht hat und die in Nizza Ende 2000 wieder auf der Tagesordnung stehen. Wenn man vorher eine Reihe von Staaten aus dem Osten Mitteleuropas in die EU aufnehmen würde und anschließend die Statuten der EU ändern wollte, der sie gestern erst beigetreten sind, dann wäre das fast aussichtslos, weil doch für alle diese Änderungen Einstimmigkeit nötig wäre.

Die Reformen, die jetzt fällig sind – das ist *mein dreizehnter Punkt* –, müssen eine Reihe von Fehlentwicklungen korrigieren. Dazu gehört eine weitgehende Beseitigung des Einstimmigkeitsprinzips und dessen Ersetzung durch das Mehrheitsprinzip. Dazu gehört eine Neuordnung der Stimmengewichte im Europäischen Rat und im Europäischen Parlament. Dabei muss man auch daran denken, dass einige Zwergstaaten beitreten wollen, wie Zypern und Malta. Aber eben auch der Staat Polen mit 40 Millionen Menschen, ebenso viele wie in Spanien. Dazu gehört die Verringerung der Zahl der Mitglieder der Europäischen Kommission in Brüssel. Das sind heute zwanzig Personen und damit mindestens acht zu viel. Sie wollen alle etwas tun und ihr Geld nicht umsonst erhalten. Und was machen sie? Sie fertigen Papiere, Direktiven, Anordnungen über alles und jedes. Wichtigtuerei in vielen Fällen! Und jedes Mitglied hat mindestens einen Generaldirektor und ein persönliches Kabinett und eine Riesenbürokratie. Ich gebe Ihnen ein kleines Beispiel: Auf meiner Zigarettenschachtel steht „Rauchen gefährdet die Gesundheit. Die EG-Gesundheitsminister". Ich habe immer schon gewusst, dass Rauchen gefährlich ist. Ich habe trotzdem nichts dagegen, darüber belehrt und gewarnt zu werden, aber ich habe etwas dagegen, dass es gemeinsam für 15 Staaten beschlossen werden muss. Wenn ich gewarnt werden muss, dann bitte von dem von mir gewählten Bundestag.

Dieses ganz kleine Beispiel zeigt: Sie haben nichts zu tun und mischen sich in alles und jedes ein. Und die Bürger können nicht mehr durchschauen, ob daran Kohl oder Schröder oder irgendein Kommissar in Brüssel Schuld ist. Den Bürgern der Mitgliedsstaaten kommt das langsam unheimlich vor, es wird zu undurchsichtig. Herr Haider, aber auch Politiker in Deutschland nutzen das aus. Ich lasse die Namen weg, sonst verlässt die Hälfte von Ihnen den Saal. Deshalb muss die Zahl der Kommissare verringert werden, damit wir demnächst nicht zweiunddreißig Kommissare haben, denn jeder Staat, der beitritt, hat Anspruch auf einen Kommissar.

Das Europäische Parlament muss größere Kompetenzen bekommen, und insgesamt müssen die Kompetenzen zwischen den Organen der Union und den Nationalstaaten geklärt werden. Es gibt viel zuviel Unfug, bis hin zu Vorschriften über den Krümmungsgrad von Salatgurken, die Länge von Bananen und die Beschaffenheit der Sitze auf landwirtschaftlichen Traktoren. Die Abgrenzung der Kompetenzen zwischen Europäischem Parlament, Kommission und Europäischem Rat und dem, was die Staaten selbst zu Hause regeln können – und das ist das meiste –, ist dringend notwendig. Wenn ich es richtig voraussehe, so wird diese Klärung in Nizza abermals versäumt werden. Wenn man das bedenkt, dann wird man verstehen, weshalb ich sage: Eine europäische Verfassung verordnen zu wollen ist verfehlt oder zumindest reichlich verfrüht.

Denn, und damit komme ich zu *meinem vierzehnten Punkt*, die EU ist kein Staat und auch kein Bundesstaat. Für die Staatsrechtler und Juristen in diesem Saal füge ich hinzu: Sie ist auch kein klassischer Staatenbund.

Die deutschen Juristen können immer nur unterscheiden zwischen Bundesstaat und Staatenbund, das reicht bis nach Karlsruhe. Die EU jedoch ist etwas völlig Neues, etwas Dynamisches, noch in der Entwicklung begriffen, etwas ganz anderes, als die Welt bisher gesehen hat, ein Unikat.

Ganz wichtig ist, dass das Unikat Europäische Union in seiner dynamischen Fortentwicklung den Nationalstaat nicht aushöhlen darf. Denn der Nationalstaat bleibt auf lange Generationen der wichtigste Ankergrund für die Selbstidentifikation der Bürger. Jemand, der in Finnland geboren und mit der finnischen Sprache aufgewachsen ist, der wird von uns für einen Finnen gehalten und hält sich selbst auch für einen Finnen. Jemand, der in Turin, Mailand oder Bologna geboren und mit der italienischen Sprache aufgewachsen ist, hält sich für einen Italiener und wir betrachten ihn auch als solchen. Und sowohl für den Finnen als auch für den Italiener ist Finnland bzw. Italien wichtiger als diese nicht ganz durchschaubare Institution in Brüssel oder in Strasbourg.

Die Tendenz, leichtfertig den Nationalstaaten den Boden unter den Füßen wegzuziehen, hat sich im Laufe der letzten zwanzig Jahre in der EU leider zu weit ausgebreitet. Sie muss zurückgedreht werden. Deshalb hat Helmut Kohl durchaus recht gehabt, das aus der Katholischen Soziallehre stammende Subsidiaritätsprinzip mit Nachdruck zu vertreten und in den Verträgen von Amsterdam auch verankern zu lassen. Das, was in der Stadt Heidelberg geregelt werden kann, sachgerecht und ortsnah, muss nicht vom Deutschen Bundestag in Berlin geregelt werden. Und was der Deutsche Bundestag in Berlin regeln kann, muss nicht in Strasbourg oder in Brüssel geregelt werden. Umgekehrt muss allerdings das, was der Bundestag nicht regeln kann, gemeinsam für alle Europäer geregelt werden. Das trifft zum Beispiel zu, wenn es um die Finanzaufsicht über in den derivativen Märkten tätige Fonds auf Gegenseitigkeit geht, die jeden Tag zig Milliarden Dollar hin und herbewegen. Das kann der Berliner Bundestag nicht regeln. Und der Stadtrat in Heidelberg auch nicht. Das ist eine Sache, die die Europäische Union als Ganzes gemeinsam regeln muss. Es wird der EU aber nicht leicht sein, dieses Problem zu regeln, denn da gibt es andere Interessen in Washington und an der Wall Street und wieder andere Interessen in Tokio. Mit der Durchsetzung dieses Subsidiaritätsprinzips werden wir in Europa noch viel zu tun haben.

Auf die Dauer, und das ist *mein fünfzehnter Punkt*, wird sich herausstellen, dass es idealistisch oder utopisch ist, anzunehmen, dass eine Union aus 15 Staaten oder möglicherweise aus 27 Staaten eine gemeinsame Außenpolitik oder auch nur eine gemeinsame Politik z. B. zur Bankaufsicht zustande bringen kann. Deswegen glaube ich, dass sich eine Art innerer Kern der Europäischen Union herausbilden wird, der wahrscheinlich aus den sechs Gründungsstaaten der Montanunion bestehen wird. Dieser Kern muss erweiterungsfähig sein, wer mitmachen will, sollte mitmachen können. Deswegen müssen die Verträge über die EU nicht geändert werden.

Es ist durchaus vertragskonform, wenn z. B. die Franzosen und die Deutschen bei der Tagung des Weltwährungsfonds oder der Weltbank gemeinsam auftreten und sagen, was sie wollen, und darauf verzichten, auf Prestige zielende Hahnenkämpfe öffentlich auszutragen. Ein gemeinsames Auftreten von Franzosen und Deutschen in allen möglichen Gremien der Welt, einschließlich der Vereinten Nationen, einschließlich der NATO, verstößt gegen keinen Vertrag. Im Gegenteil, es wäre ein Gebot des gesunden Menschenverstandes! Aber manchmal muss man den suchen.

Außerdem gibt es wahrscheinlich eine Reihe von Staaten, die Mitglieder der großen EU werden möchten, die dieses aber nicht können, weil sie zum Beispiel die politischen Beitrittsbedingungen nicht erfüllen, wie z. B. rechtsstaatlicher, menschenrechtlich einwandfreier Umgang mit nationalen Minderheiten innerhalb der eigenen Grenzen. Oder weil sie die ökonomischen Bedingungen nicht erfüllen können. Das heißt, weil sie den harten Wettbewerb auf dem Gemeinsamen Markt nicht durchstehen würden mit Produkten z. B. aus Belgien, Italien, Frankreich oder Deutschland, die besser und außerdem noch billiger sind als die, die sie selbst herstellen. Das haben wir Deutsche in der DDR erlebt, dass viele große Unternehmen und Arbeitsplätze zum Teufel gingen, weil die Produkte gegenüber den Produkten aus dem Gemeinsamen Markt nicht wettbewerbsfähig waren.

Staaten, die aus diesen Gründen nicht aufgenommen werden, könnten einen äußeren Ring um die Europäische Union bilden. Sie müssten sich assoziieren, nicht aber Vollmitglieder werden. Die Aufnahme von Vollmitgliedern kostet viel Geld. Seit 1990 überweisen wir den östlichen Bundesländern einschließlich Berlin jedes Jahr netto 130 bis 140 Milliarden DM an Ergänzungszuweisungen und Finanzierungen aller Art. Der Erfolg ist bisher nicht gerade berauschend, wie Sie sehen, wenn Sie etwa nach Cottbus, Greifswald oder Chemnitz fahren. Natürlich bräuchten diese ökonomisch zurückgebliebenen Staaten im Osten Mitteleuropas auch Zuschüsse durch die EU, so wie wir bisher Irland, Portugal, Spanien und Griechenland bezuschusst haben.

Komischerweise bekommen auch die Deutschen und die Franzosen Zuschüsse. Was für ein Unsinn! Aber keiner will seine Zuschüsse aufgeben. Wo soll also das Geld herkommen, das wir in Zukunft für die Polen, Tschechen, Ungarn und Esten brauchen? Die ausstehende Antwort auf diese Frage ist einer der Gründe, warum die Beitritte nur schrittweise erfolgen können. Und es ist noch nicht entschieden, ob die französischen und deutschen Agrarminister bereit sind, auf die bisherigen Subventionen für ihre Landwirtschaft in entsprechendem Umfang zu verzichten. Es ist auch nicht leicht, das zu Hause politisch durchzusetzen.

Mein siebzehnter Punkt ist, dass unabhängig von allen diesen Erwägungen der Beitritt Polens, der Tschechischen Republik und Ungarns Priorität habe sollte; aus Gründen der Moral – ich spreche als Deutscher –, aus Gründen der Psychologie und auch aus geopolitischen oder strategischen Gründen.

Mein achtzehnter und *neunzehnter Punkt* sind die Empfehlungen, dass wir aufgrund erheblicher kultureller Unterschiede, aber auch aus geopolitischen Gründen alle Überlegungen abwehren sollten, die darauf hinauslaufen, einzelne Nationen des russischen Kulturkreises in die EU mit einzubeziehen. Ebenso sollte abgelehnt werden, die Türkei in die EU als Vollmitglied aufzunehmen.

Mein *zwanzigster Punkt* richtet sich an Teile der Hochschullehrerschaft, aber auch an geistliche Oberhirten, an Bischöfe, an Schriftsteller, Journalisten, Publizisten, an Intellektuelle aller möglichen Berufe. Es wäre wünschenswert, wenn Sie in Ihren eigenen Vorträgen, Vorlesungen, Büchern, Fernsehsendungen dafür sorgten, dass das Publikum begreifen kann, dass in Wirklichkeit die 15 Mitgliedsstaaten der EU eine ziemlich breite gemeinsame moralische oder sittliche Basis haben. Für einen Chinesen, Japaner oder Inder ist es selbstverständlich, dass Europäer eine gemeinsame Kultur haben. Wir Europäer, die im 19. und 20. Jahrhundert mit schrecklichen, chauvinistischen Kriegen zwischen den Nationalstaaten aufgewachsen sind, haben das vergessen.

Es ist zwar nicht so, dass wir alle tiefgläubige Christen sind, aber immerhin spielen christliche Einflüsse eine Rolle. Und vor allem haben wir in allen Völkern der Europäischen Union die europäische Aufklärung erlebt. Wir haben von daher eine politische Kultur der Demokratie. Wir haben eine gemeinsame rechtliche Kultur, sowohl im Privatrecht als auch im Strafrecht und im Öffentlichen Recht, im Verfassungsrecht. Wir haben die gleiche wirtschaftliche Kultur, was man von den Nachfolgestaaten der Sowjetunion nicht behaupten kann, auch nicht von China oder Japan. Und wir haben darüber hinaus eine gemeinsame europäische Literatur und eine gemeinsame Musik, von Palestrina bis zu Henze, und eine europäische Philosophie. Diese Tatsachen müssen unbedingt in das Bewusstsein der Menschen gelangen; ebenso das Wissen darüber, dass die Finnen oder Dänen dasselbe für unanständig halten, was auch wir und die Franzosen und Österreicher für unanständig halten, dass da keine großen Unterschiede sind. Dessen war man sich im Mittelalter bewusster, das ist im 19. und 20. Jahrhundert vergessen oder verdrängt worden.

Nun zu meinem Schlusskapitel. Das Wort von der Rolle Deutschlands in der Überschrift über den heutigen Abend stammt von den Veranstaltern, nicht von mir. Ich selbst halte wenig davon, die Rolle Deutschlands zu betonen. In Punkt 7 habe ich gesagt, worin ich Deutschlands Rolle vor allem anderen sehe, nämlich in der Selbsteinbindung in die Union. Ich selbst bin seit den späten vierziger Jahren ein Anhänger der europäischen

Integration und seit 50 Jahren ein Anhänger Jean Monnets. Nicht aus Idealismus, sondern aus der Einsicht, dass die europäische Integration im patriotischen deutschen Interesse liegt. Ich habe nichts gegen Europa-Idealisten; wenn sie mit den Füßen am Boden bleiben, sind sie mir herzlich willkommen. Aber mir ist mindestens so wichtig, dass sich die Einsicht verbreitet, dass die erfolgreiche und fortschreitende Integration im Interesse der Deutschen liegt. Es ist nicht ganz sicher, dass die Integration erfolgreich bleibt, es kann auch immer noch schief gehen. Wie dürfen nichts für selbstverständlich halten.

Ich hatte das Glück, sieben Jahre lang eng mit einem französischen Präsidenten zusammenarbeiten zu können, und das gleiche haben dann sieben Jahre lang Mitterrand und Kohl bis Sommer 1989 zustande gebracht. Um zu illustrieren und zu verdeutlichen, dass der Erfolg nicht ganz selbstverständlich ist, möchte ich darauf hinweisen, dass wir seit dem Spätsommer 1989 eine längere Periode von 10 Jahren erlebt haben, in der die Zusammenarbeit nicht sehr gut, noch nicht einmal gut funktionierte. Dafür gebe ich Ihnen fünf Beispiele: Ich werde von der deutschen Seite sprechen, denn über Frankreich zu reden ist heute Abend nicht meine Aufgabe. Aber natürlich haben auch die Franzosen Fehler gemacht.

Erstes Beispiel: Im November 1989 verkündet der deutsche Bundeskanzler seinen 10-Punkte-Plan zur deutschen Wiedervereinigung, und Mitterrand erfährt das aus dem Fernsehen. So darf man mit seinem engsten Partner nicht umgehen. Kohl hätte vorher Kontakt und Gespräch suchen müssen. An die Reaktion Mitterrands erinnern sich diejenigen, die damals schon erwachsen waren, sicherlich noch sehr deutlich.

Zweites Beispiel, weniger gewichtig, aber doch symptomatisch: Die Regierung Kohl-Genscher hat als erste und im Alleingang während des Zerfallprozesses Jugoslawiens Kroatien als souveränen Staat anerkannt. Das hat die ganze Welt außerhalb Deutschlands an die enge Kooperation der kroatischen Faschisten mit Nazideutschland erinnert.

Drittes Beispiel: Zur Zeit der Regierung Kohl hat Außenminister Kinkel nach der Wiedervereinigung für Deutschland einen ständigen Sitz im Weltsicherheitsrat verlangt; unsere jetzige Regierung setzt diese Politik leider fort. Tatsächlich gibt es seit 1945, seit der Gründung der UNO, nur fünf ständige Mitglieder im Sicherheitsrat: USA, Russland, China, England und Frankreich. Oder in anderen Worten, die fünf wichtigsten Siegerstaaten des Zweiten Weltkriegs.

Viertes Beispiel: Wir haben gegen den Zwei-Plus-Vier-Vertrag verstoßen, der unmittelbar vor der Vereinigung Deutschlands im September 1990 zwischen der damaligen Sowjetunion, den USA, England, Frankreich einerseits und andererseits der DDR und der Bundesrepublik Deutschland geschlossen worden ist. In diesem Vertrag steht in Artikel 2: Die Regierungen der Bundesrepublik Deutschland und der Deutschen Demokratische Republik erklären, dass das vereinte Deutschland keine seiner Waffen jemals einsetzen wird, es sei denn in Übereinstimmung mit seiner Verfassung und der Charta der Vereinten Nationen. Wir haben mit der Teilnahme am Kosovo-Krieg gegen die Charta verstoßen. Man kann das mit Nothilfe begründen. Aber wir sollten gleichwohl darüber nachdenken, dass es Verstöße gegen von Deutschland ratifizierte Verträge eigentlich überhaupt nicht geben darf.

Letztes Beispiel: Seit den Verhandlungen über den Amsterdamer Vertrag haben erst die Regierung Kohl und jetzt die Regierung Schröder verlangt, das wiedervereinigte Deutschland solle im Ministerrat der EU mehr Stimmen haben als Frankreich. Ich frage mich: warum eigentlich? Tatsächlich haben bisher England, Italien, Frankreich und Deutschland jeweils zehn Stimmen, die anderen Staaten haben zum Teil weniger, zum Teil sehr viel weniger; Luxemburg hat nur zwei Stimmen. Das alles war von Anfang an so geregelt, weil man nicht wollte, dass die kleinen Staaten sich überfahren fühlten. Deshalb sind sie bei der Stimmenverteilung besser behandelt worden als die großen. Wenn Sie in das deutsche Grundgesetz schauen, werden Sie finden, dass im Bundesrat Hamburg und Bremen jeweils drei Stimmen haben, obwohl Bremen nur ein Drittel so groß ist wie Hamburg; noch gravierender ist der Umstand, dass Niedersachsen genauso sechs Stimmen hat wie Nordrhein-Westfalen, obwohl in Nordrhein-Westfalen doppelt so viele Menschen leben. Und Bayern hat auch sechs Stimmen, obwohl Nordrhein-Westfalen von anderthalb mal so vielen Menschen bevölkert wird. Ist das etwa schlimm? Müssten die Hamburger etwa verlangen, endlich mehr Stimmen zu haben als ihr jahrhundertelanger Konkurrent Bremen? An diesem Beispiel aus dem Deutschen Bundesrat mögen Sie bitte erkennen, wie ungeheuer unwichtig das Problem in Wirklichkeit ist.

Alle fünf Beispiele verdeutlichen eine eigene Überbetonung der Rolle Deutschlands. Tatsächlich sind diese Beispiele nicht weltumwerfend, aber sie wirken im Ausland irritierend, besonders bei französischen Politikern, Diplomaten, Publizisten und Professoren. Das muss nicht sein. Es sollte uns Deutschen in der internationalen Politik nicht ums Prestige gehen, schon gar nicht gegenüber Frankreich.

Ich habe den Eindruck, und das ist *mein letzter Gedanke*, dass Jacques Chirac und Gerhard Schröder im Begriff sind, die Irritationen dieses letzten Jahrzehnts zu überwinden. Das halte ich für eine gute Sache. Sie müssen beide wissen, dass in den Grundfragen der europäischen Politik und für den Fortschritt der Europäischen Union der Konsens zwischen Paris und Berlin unerlässlich ist. Er ist eine conditio sine qua non für die Selbstbehauptung aller europäischen Nationen gegenüber den neuartigen Gefährdungen dieses Jahrhunderts, von denen ich am Anfang gesprochen habe.

Wenn wir, die Franzosen und die Deutschen, die EU verkümmern lassen oder sie gar scheitern lassen sollten, wenn die Integration ein ähnliches Schicksal erleiden sollte wie etwa die Neuordnung Europas im Westfälischen Frieden vor 350 Jahren oder anderthalb Jahrhunderte später der Versuch des Wiener Kongresses, Europa zu stabilisieren, dann bleibt von dem noblen Anfang, dem unerhört einmaligen Beginn nicht viel mehr als ein Thema für Historiker, für Leute, die Dissertationen oder Habilitationen schreiben müssen – so wie über den Frieden zu Münster und Osnabrück oder so wie über den Wiener Kongress von 1814. Die Europäische Union würde nur noch eine wichtige, hochinteressante, leider aber überholte Fußnote der Geschichte sein. Entscheidend wäre dann das Resultat, nämlich dass die Europäer im Laufe des 21. Jahrhunderts die Chance zur Selbstbestimmung verspielt haben.

Entwicklungszusammenarbeit – was muss sich ändern?

Heidemarie Wieczorek-Zeul, Bundesministerin für wirtschaftliche Zusammenarbeit und Entwicklung

Ich freue mich sehr, im Rahmen der Vortragsreihe „Vom Frieden" zum Thema Entwicklungszusammenarbeit sprechen zu können. Es könnte keinen passenderen Zeitpunkt dafür geben als den Beginn dieses Jahrhunderts, an dem wir zurückblicken auf zahllose Kriege, regionale Konflikte und wachsende Gewalt innerhalb von Gesellschaften. Es gibt aber auch immer noch die gemeinsame Hoffnung auf ein neues Jahrhundert, in dem die Konflikte gewaltfrei ausgetragen werden. Ich möchte Bundespräsidenten Johannes Rau zitieren, der gesagt hat:

> Die nächste Generation wird uns daran messen, wie weit wir der wichtigsten Aufgabe dieser Welt gerecht geworden sind: Weltweit eine Kultur des Friedens und der Gerechtigkeit zu schaffen.

Welchen Beitrag kann Deutschland dazu leisten, ein solches Leben in Frieden zu ermöglichen? Das ist die Fragestellung, die uns hier beschäftigen soll. In meinem Vortrag geht es um Entwicklungszusammenarbeit und -politik, die als ein zentraler Bestandteil internationaler Beziehungen einen wichtigen Beitrag leisten können.

Eine Vorbemerkung möchte ich dazu jedoch machen: Entwicklungspolitik und auch ihre Umsetzung im Rahmen von Projekten und Programmen der Entwicklungszusammenarbeit entwickelt sich immer weiter fort – wir lernen aus den Erfahrungen der eigenen Vorhaben und der politischen Diskussion mit den Menschen in den Partnerländern. Hier im Publikum sind Kolleginnen und Kollegen, wie etwa Gert Weisskirchen und Angelika Köster-Lossack, die seit vielen Jahren auf diesem Arbeitsgebiet tätig sind und diese Entwicklungen begleitet haben. Wir sind das einzige Ministerium, das seine Arbeit evaluiert, das heißt unabhängig bewerten lässt, und sich auch daran messen lässt, ob die vorgegebenen Ziele erreicht worden sind. Wir haben als neue Bundesregierung – und ich als neue Ministerin – diese Erfahrungen der Entwicklungszusammenarbeit übernommen, gleichzeitig aber auch die politische Konzeption weiterentwickelt.

An welchen Punkten wir angesetzt haben, das werde ich im Einzelnen darstellen.

1. Herausforderungen einer neuen Entwicklungspolitik

Lassen Sie mich einige zentrale Herausforderungen benennen, die unsere Entwicklungspolitik prägen. Ich bin sicher, dass viele dieser Punkte vom früheren Bundeskanzler Schmidt in seinem Vortrag dargestellt worden sind, da sie die internationalen Beziehungen insgesamt bestimmen:

In der Zeit der **Ost-West-Konfrontation** waren in einigen der so genannten Dritte-Welt-Staaten, die in die Blockkonfrontation einbezogen waren, Konflikte, auch innergesellschaftliche Auseinandersetzungen, quasi eingefroren. Mit dem Ende der Zeit flammten diese Konflikte – besonders in Afrika – wieder auf. Allein in den neunziger Jahren haben etwa 100 bewaffnete Konflikte stattgefunden, von denen nur ein Bruchteil als klassische zwischenstaatliche Kriege einzustufen ist.

Das ansteigende Konfliktpotenzial steht sicher auch in engem Zusammenhang mit einer anderen großen Herausforderung für unsere Politik - der **Globalisierung**:

- **Wirtschaftlicher Niedergang** – und für viele Entwicklungs- und Transformationsländer bedeutet die Globalisierung eine wirtschaftliche Marginalisierung – steht in engem Zusammenhang mit Krisen. Die Auswirkungen etwa von Finanzkrisen in den neunziger Jahren sind in den meisten Ländern zwar scheinbar überwunden, die Zahl die Armen ist dort aber insgesamt gewachsen. Die damit einhergehenden gesellschaftlichen und politischen Konflikte müssen bewältigt werden. Eine neue Situation, in der Konflikte geschürt werden, sind zum Beispiel die Mineralölpreise. Jeder diskutiert ihre Auswirkungen in unserem Land. Stellen Sie sich aber die Situation der Entwicklungsländer vor, die gezwungen sind, Erdöl zu importieren. Der Finanzminister von Bangladesch sagte mir, dass die Ausgaben für Erdöl in einem Jahr von 400 Millionen Dollar auf 800 Millionen Dollar gestiegen seien, während im gleichen Zeitraum die – vorwiegend durch agrarische Rohstoffe erzielten – Exporterlöse drastisch an Wert verloren hätten. Das bedeutet für diese Länder den Verlust von einem Viertel bis einem Drittel ihrer Devisen. Und was das für den Haushalt und die Sozialausgaben eines Landes bedeutet, ist unschwer ermessbar.

- In einigen Fällen liegt die Konfliktursache aber auch im Kampf um die Verfügungsgewalt über wirtschaftliche **Ressourcen** wie Diamanten und andere wertvolle Rohstoffe, an denen sich einzelne Kreise – oder auch ganz gemeine Kriminelle – bereichern wollen und die global gehandelt werden. Jeden Abend sehen wir im Fernsehen aktuelle Beispiele: In einem bereits ohne wirkliche staatliche Strukturen existierenden Land wie Sierra Leone versuchen Rebellengruppen über den Diamantenhandel, ihre Kriegskasse zu füllen und die Auseinandersetzung zu schüren. Wenn die internationale Gemeinschaft nicht eingreift – was sie in diesem Fall aber getan hat – bedeutet das eine unbegrenzte Quelle für die Finanzierung von Bürgerkriegen. Auch Kinder werden in diese Konflikte hineingezogen, sie werden im wahrsten Sinne des Wortes „abgerichtet", mit Gewehren ausgerüstet, getötet.

- Es gibt ein weiteres „förderndes" Element in diesen Auseinandersetzungen: den zunehmend globalen Handel mit **Waffen**. Die leichte Verfügbarkeit insbesondere von Waffen, die man verniedlichend Kleinwaffen nennt, hat dazu geführt, dass innerstaatliche Konflikte in Entwicklungsländern rascher als in früheren Zeiten zu gewaltsamer Eskalation führen. Die im wahrsten Sinne des Wortes „kinderleichte" Handhabung dieser Waffen ermöglicht den Missbrauch von Kindern als Soldaten.

Neben diesen Entwicklungen gibt es jedoch auch **positive Auswirkungen** der Globalisierung: Es ist möglich, dass heute über Menschenrechtsverletzungen weltweit diskutiert werden kann und auch weltweit dagegen agiert wird. Ich war vor kurzem in Kambodscha. Denken wir daran, wie in den siebziger Jahren dort das Pol-Pot-Regime die Hälfte der Bevölkerung ausgerottet hat, ohne dass die internationale Gemeinschaft in irgendeiner Form diesem Regime in den Arm gefallen wäre. Im Gegenteil: Die internationale Gemeinschaft, vertreten durch die UN, hat das Regime damals international anerkannt. Dies wäre heute nicht mehr denkbar – und das sicher auch wegen des gewachsenen Einflusses von Menschenrechtsaktivisten und den enorm gestiegenen Möglichkeiten einer raschen globalen Berichterstattung. Die internationale Verantwortung wird heute anders wahrgenommen.

2. Verändertes Verständnis von Entwicklungspolitik

Jetzt könnte man fragen, welche Bedeutung hat das für uns? Viele meinen, der Schutz der eigenen Lebensumwelt oder des eigenen Arbeitsplatzes sei viel wichtiger. Das wäre aber sehr kurzfristig gedacht. Und die, die hier im Saal sitzen, sind sicher zum großen Teil gekommen, weil sie anderer Auffassung sind und von der Politik verlangen, dass sie längerfristige Perspektiven entwickelt, sich nicht nur auf den nächsten Wahltermin orientieren, sondern Lösungen für bestehende Probleme entwickelt und den Ausbruch weiterer Konflikte vermeiden hilft.

Frieden, Armut, Umwelt, wirtschaftliche Stabilität und kulturelle Vielfalt können nicht mehr nur nationalstaatlich betrachtet werden, sie wirken grenzüberschreitend. Man spricht deshalb auch von **globalen öffentlichen Gütern**, die unteilbar sind, die von Nutzen (oder von Schaden) für alle sind, die nur gemeinschaftlich hergestellt und sichergestellt werden können. Wir können nicht unseren eigenen Frieden schaffen, der nur für uns da ist und andere außen vor lässt. Wir können ebenso wenig unser eigenes Klima oder wirtschaftliche Stabilität sichern, wenn in anderen

Erdteilen wirtschaftliche Krisen herrschen. Wir müssen gemeinsam Lösungen finden und auch bei Interessenkonflikten zu unserer Verantwortung stehen. Ich möchte an dieser Stelle den Mann zitieren, dem ich mich politisch am stärksten verpflichtet fühle und der mein Wirken im Bereich der Entwicklungspolitik prägt. Willy Brandt sagte:

> Auch wir können auf Dauer nicht in Frieden leben, wenn es Regionen in der Welt gibt, die in tiefster Armut leben.

Daraus resultiert ein verändertes Verständnis von Sicherheit, das über die Frage der militärischen Sicherheit hinausgeht und die **menschliche Sicherheit** in den Vordergrund stellt. Das Augenmerk unserer Entwicklungspolitik richtet sich darauf, Probleme zu einem Zeitpunkt anzugehen, zu dem sie noch beeinflussbar sind. Prävention ist billiger, menschlicher, zivilisierter als militärische Eingriffe und Schadensbehebung.

Diese Prävention ist natürlich nur im Zusammenwirken mit den Menschen in den Entwicklungsländern möglich. Sie kann nur gelingen, wenn die Menschen selbst den Entwicklungsprozess tragen. Ich möchte an dieser Stelle betonen, dass unsere Entwicklungszusammenarbeit und Entwicklungspolitik nicht dem einseitigen Verständnis von „Entwicklungshilfe" folgen. Der überkommene Begriff Entwicklungshilfe unterstellte, dass wir geben und andere nehmen. Daraus kann keine nachhaltige Entwicklung entstehen, denn die Menschen selbst wurden nicht berücksichtigt – dabei kennen sie die Lösung ihrer Probleme meist am besten. Unsere Entwicklungszusammenarbeit beruht daher auf dem **Partnerschaftsgedanken**. Hier gibt es ein Geben und Nehmen in beiden Richtungen, und zwar auch unter dem Gesichtspunkt, den ich bereits unter dem Stichwort menschliche Sicherheit angesprochen habe. Geben und Nehmen beinhaltet auch Interessenausgleich: Nicht der Stärkere setzt seine Ansichten durch, sondern die Interessen aller Seiten werden abgewogen und Kompromisse gesucht. Nur dann ist nachhaltige Entwicklung möglich – sowohl lokal beim Interessenausgleich zwischen Bevölkerungsgruppen als auch international zwischen Weltregionen. Dieses Verständnis steht im Mittelpunkt unserer Entwicklungspolitik, es prägt die Zusammenarbeit mit den Entwicklungsländern, den Dialog und die Koordinierung mit der Gebergemeinschaft sowie der Zivilgesellschaft und der Wirtschaft – wichtige Partner unserer Entwicklungspolitik. Ich werde den Partnerschaftsgedanken an verschiedenen Stellen meines Vortrags konkretisieren.

Wie setzen wir in unserer Politik dieses erweiterte Verständnis von Sicherheit, den Präventionsansatz und die gemeinsamen Verantwortung um?

3. Globale Strukturpolitik – Beitrag der Entwicklungspolitik zu nachhaltiger Entwicklung und Frieden

Die rot-grüne Regierung räumt der Entwicklungspolitik eine **zentrale Stellung** auf der nationalen und internationalen Agenda ein. Das war über lange Jahre nicht so. Die internationale Gemeinschaft hat in den letzten großen Beratungen, auch besonders auf G7/G8-Gipfeln, immer mehr entwicklungspolitische Fragen, wie die Bekämpfung von AIDS oder die Entschuldungsinitiative, beraten. Darin wird deutlich, dass auch die Staatengemeinschaft erkennt, dass ein Großteil der Probleme der Welt nur durch Zusammenarbeit zu regeln ist. Wir sehen Entwicklungszusammenarbeit als einen Baustein zur Veränderung globaler Strukturen, auch der Gestaltung von Globalisierung und der Friedenspolitik. Im Sinne einer **Globalen Strukturpolitik** wollen wir die Verbesserung internationaler Regelwerke und Rahmenbedingungen, der Strukturen in den Partnerländern sowie bei uns selbst unterstützen.

Wie haben wir in den letzten zwei Jahren versucht, die Ziele Globaler Strukturpolitik – nachhaltige Entwicklung und friedliches Zusammenleben – zu verwirklichen? Lassen Sie unser Vorgehen und unsere Prinzipien am Beispiel der Entschuldungsinitiative verdeutlichen.

Wir haben die **Entschuldungsinitiative** für die ärmsten, hochverschuldeten Entwicklungsländer in Gang gesetzt. Es sind etwa 36 Länder, bei denen die Situation sich so darstellt, dass sie häufig abhängig sind von Exporten, deren Erträge immer geringer werden, dass sie aber gleichzeitig belastet sind mit hohen Zinsen für Kredite, die sie selbst nicht haben gestalten können. Das hat unter anderem zur Folge, dass in den Haushalten dieser Länder für Bildung und Gesundheit nicht genug Mittel zur Verfügung stehen.

Ihre Ziele kann die deutsche Entwicklungszusammenarbeit nicht allein erreichen. Wichtig ist deshalb, dass die großen Geberländer nicht gegeneinander arbeiten und teilweise ganz unterschiedliche Ziele verfolgen. So ist es gelungen, die Entschuldungsinitiative für die ärmsten, hochverschuldeten Entwicklungsländer im Umfang von 70 Milliarden Dollar **gemeinsam** auszugestalten und sie zu verknüpfen mit der Verpflichtung für die Länder, die von der Entschuldung profitieren wollen, im eigenen Land die **Armut** zu bekämpfen. Zu dieser Verkopplung steht die Gebergemeinschaft ausdrücklich, denn wir wollen sicherstellen, dass die Finanzmittel zur Veränderung der Lebensverhältnisse von Menschen beitragen. Damit ist auch die Verpflichtung begründet, den Bildungssektor auszubauen und dazu beizutragen, dass alle Kinder die Chance haben, in die Schule zu gehen. Es gibt Länder, in denen höchstens 30 Prozent aller Kinder eine Schule besuchen können. Jedoch entscheidet der Zugang zu Bildungseinrichtungen ganz wesentlich über die Zukunft der Menschen und ob sie von den Vorteilen der Globalisierung profitieren können.

Wir haben die Entschuldungsinitiative nicht nur verbunden mit Auflagen zur Armutsbekämpfung und sozialen Investitionen, sondern auch mit der Verpflichtung der betroffenen Länder, mit der **Bevölkerung** die Diskussion über diese Aufgaben zu suchen und gemeinsame Strategien zu entwickeln. Ein Land wie Bolivien hat zur Umsetzung der Entschuldungsinitiative inzwischen einen nationalen Dialog organisiert. Die Konsequenz dieses Dialogs ist, dass die zur Verfügung gestellten Mittel – Bolivien wird in der ersten Phase 90 Millionen US-Dollar erhalten – den Kommunen und Regionen beim Ausbau des Gesundheit- und des Bildungssektors zugute kommen wird.

Wir haben die Entschuldungsinitiative auch mit einer Neuorientierung der Politik der **Weltbank** und des **Internationalen Währungsfonds** verknüpft. Während früher der IWF von den Entwicklungsländern eine drastische Reduzierung der sozialen Ausgaben gefordert hat, ist er heute verpflichtet, die betroffenen Sektoren zu stärken und damit auch die Armutsbekämpfung in diesen Ländern zu unterstützen. Das ist eine Veränderung, die längst noch nicht allen bewusst geworden ist. Die Demonstranten, die in Prag bei der Tagung von Weltbank und IWF demonstrierten, haben eine überholte Vorstellung von diesen beiden Institutionen. Ich bin für die Weltbank zuständig und wir nutzen gezielt unsere politischen Gestaltungsmöglichkeiten. Wir sind der Ansicht, dass es in „globalen Zeiten" globaler Institutionen bedarf. Mit ihnen wollen wir dazu beitragen, die Globalisierung menschlich und sozial zu gestalten. Wer die Weltbank – ich sage es etwas zugespitzt – beseitigt oder in ihrer Wirkung einschränkt, der überlässt die Entwicklung weltweit und gerade in den Entwicklungsländern dem Marktprinzip und das führt zu mehr Konflikten und zu weniger Demokratie. Deshalb hat sich Deutschland in der internationalen Diskussion deutlich gegen solche Pläne gewandt. Darüber hinaus wollen wir dazu beitragen, dass soziale Regeln wie die **Kernarbeitsnormen** der Internationalen Arbeitsorganisation stärker in den globalen Institutionen verankert werden. Sie sollen zum Beispiel ausbeuterische Kinderarbeit bekämpfen, die Bildung freier Gewerkschaften ermöglichen oder Zwangsarbeit verhindern. Wir haben diese Kernarbeitsnormen in unsere Prinzipien der Vergabe von entwicklungspolitischer Zusammenarbeit mit einbezogen. Das Ziel ist, diese Regeln auch in der Geschäftspolitik der Weltbank, des IWF und anderer Finanzinstitutionen zu verankern.

4. Internationaler Interessenausgleich

In diesem Zusammenhang möchte ich noch einmal auf den Gedanken des Interessenausgleichs zurückkommen: Es ist vollkommen klar, dass die Entwicklungsländer diese Ziele nur unterstützen werden, wenn die Industrieländer zu einem fairen Kompromiss bereit sind. Denn solange die Industrieländer immer nur verlangen, dass die Entwicklungsländer Regeln übernehmen, und sie umgekehrt ihre Märkte abschotten, solange werden sich die Entwicklungsländer einer solchen Zielsetzung widersetzen. Deshalb ist unser Ansatz, dazu beizutragen, dass es im Handel, in den internationalen Beziehungen einen Interessenausgleich gibt zwischen den sozialen und den ökologischen Zielsetzungen und den ökonomischen Zielen der Entwicklungsländer. Daher setzen wir uns für die Öffnung der Märkte vor allem für die ärmsten Entwicklungsländer ein. Sie müssen die Chance haben, ihre eigene Wirtschaft gestalten, eigene Produkte erzeugen und auch verarbeitete landwirtschaftliche Produkte in die Industrieländer exportieren zu können. Nur so können die negativen „terms of trade" zu ihren Gunsten verändert werden.

Dabei geht es um relevante Summen: Rund 40 Milliarden US-Dollar könnten die Entwicklungsländer an Einnahmen gewinnen, wenn sie auf den Märkten der Industrieländer bessere Exportchancen hätten. Wenn uns das Ziel der gemeinsamen Sicherheit, der menschlichen Sicherheit und der Verhinderung von Konflikten am Herzen liegt, müssen wir dazu beitragen, dass dieser Interessenausgleich zustande kommt, den ich gerade geschildert habe.

Aus meiner Sicht gehört zum globalen Interessenausgleich auch , dass wir international gültige Regeln für politische Entscheidungen brauchen. Wir müssen eine Reform des UN-Sicherheitsrats anstreben, die das Vetorecht bestimmter Staaten aufhebt. Es darf keine Situation mehr geben, in der einige Staaten mehr zu sagen haben als die anderen oder sich einem Beschluss des UN-Sicherheitsrats entziehen könnten. Es muss einen UN-Sicherheitsrat geben, in dem die Regionen wirklich gleichberechtigt repräsentiert sind. Das ist die Voraussetzung dafür, dass auch die Entwicklungsländer bereits sind, bestimmte Entscheidungen zu akzeptieren.

Ich habe beim Milleniumgipfel im September 2000, als alle Staats- und Regierungschefs in New York an der Generalversammlung teilnahmen, genau zugehört, was die Regierungschefs der Entwicklungsländer gesagt haben: Die heutigen Institutionen sind nach dem 2.Weltkrieg entstanden. Manche dieser Institutionen gab es schon, als einige der Entwicklungsländer noch gar nicht existierten. Die Entwicklungsländer fordern eine repräsentative Gestaltung von internationalen Entscheidungsgremien. Gerade um den Menschenrechten Nachdruck zu verleihen, um Situationen wie die von mir erwähnte in Kambodscha zu verhindern, ist diese Reform des UN-Sicherheitsrates notwendig. Im übrigen wurde auf der Milleniumsversammlung ein weiterer überlegenswerter Vorschlag gemacht: einen UN-Sicherheitsrat für Wirtschaftspolitik zu schaffen, in dem die großen Fragen der Globalisierung, der Regelungen im wirtschaftlichen Bereich, diskutiert werden können.

5. Entwicklungspolitik als Friedenspolitik

Wir verstehen Entwicklungspolitik im weiteren Sinne als Friedenspolitik. Wir wollen versuchen, die globalen und nationalen Rahmenbedingungen dahingehend zu beeinflussen, dass das Konfliktpotenzial verringert und eine ausgewogene, nachhaltige Entwicklung in unseren Partnerländern möglich wird. Ich will hier die bestehenden Ansätze darstellen und zukünftige Ansatzpunkte aufzeigen.

Ich gehöre als Entwicklungsministerin zum ersten Mal in der Geschichte dem Bundessicherheitsrat an, in dem über die Sicherheitspolitik und die Waffen- und Rüstungsexporte unseres Landes entschieden wird. Erhard Eppler, mein Vorgänger Herr Spranger und viele andere haben gesagt: „Dafür haben wir gekämpft. Wir haben es nie geschafft, in dieses Gremium aufgenommen zu werden." Allein die Tatsache, dass das Bundesentwicklungsministerium im Bundessicherheitsrat vertreten ist, verleiht einer neuen Wahrnehmung von Sicherheitspolitik Ausdruck. Ich kann keine Details nennen, will aber doch auf zwei Punkte eingehen:

- Wir haben uns dafür engagiert, dass die Grundsätze für Waffen- und Rüstungsexporte im Sinne der Nachhaltigkeit verändert worden sind. Es muss bewertet werden, wie sich die Exporte in den betreffenden Ländern auswirken würden. Dabei ist die Situation der Menschenrechte besonders relevant. Trotzdem wird es, wie wir im Fall der Türkei erlebt haben, immer schwerwiegende Abwägungsprozesse geben.

- Bei Beratungen sehe ich mir an, wie viel ein Land für Soziales, für Bildung und Gesundheit ausgibt und wie viel für den militärischen Sektor. Bei einigen Ländern sind diese Budgets gleich groß. Gerade Entwicklungsländer brauchen meines Erachtens alles andere notwendiger als Waffen und deshalb versuche ich durch meine Entscheidungen wie auch durch den politischen Dialog mit den Regierungen dazu beizutragen, dass die Etats dieser Länder im Bereich des Militärsektors reduziert werden und dass wir durch eine restriktive Waffen- und Rüstungsexportpolitik diesen Trend unterstützen. Aber wir brauchen ergänzend verbindliche europäische Regelungen, denn solche Bemühungen können nur fruchten, wenn sie durch internationale Regeln gestützt werden. Der größte Teil aller weltweiten Waffen- und Rüstungsexporte kommt von den Ländern, die im UN-Sicherheitsrat über ein Vetorecht verfügen.

Wir haben aus dem Ansatz, den ich eben geschildert habe, im Bundessicherheitsrat ein Präventionskonzept entwickelt, das das Auswärtige Amt, das Verteidigungsministerium und die Entwicklungspolitik einbezieht. Ich greife die entwicklungspolitische Aufgabe hier einmal heraus: Wir versuchen über zwei Gesichtspunkte Friedenspolitik auch vor Ort wirksam werden zu lassen.

1. Wir haben in unserer Projektarbeit Krisenindikatoren eingeführt, mit deren Hilfe wir Krisen frühzeitig erkennen können. Das ist häufig einer der wichtigsten Punkte. Wir haben in unserem Ministerium alle Fragen der Friedenspolitik, der Sicherheitspolitik und der Förderung der Menschenrechte in einer Koordinierungsstelle zusammenführt, damit die Einschätzungen und Erkenntnisse gebündelt werden und in die praktische Arbeit einfließen.

2. Wir haben den zivilen Friedensdienst entwickelt. Das ist eine Art „Joint Venture" zwischen den – vor allem kirchlichen – Friedensdiensten, dem Deutschen Entwicklungsdienst und unserem Ministerium. Ziel ist die Ausbildung und Entsendung von Friedensfachkräften in Entwicklungsländer, die in Zusammenarbeit mit einer Partnerorganisation vor Ort u. a. versuchen, Konflikte in einer frühen Phase zu deeskalieren und zwischen den verschiedenen Seiten zu vermitteln. Es gibt viele solcher Ansätze, zum Beispiel im Sudan und in Guatemala. Wir haben mittlerweile 45 Anträge genehmigt und werden im nächsten Jahr ca. 70 bis 80 Friedensfachkräfte im Einsatz haben. Ich glaube, es ist noch zu früh, um eine Bewertung vorzunehmen. Aber eines ist klar: Die im Haushalt vorgesehenen 19 Millionen sind gut investiert im Vergleich zu den Milliardensummen, die militärisch eingesetzt werden.

Was gehört aus unserer Sicht noch zur Krisenprävention? In der Entwicklungszusammenarbeit muss man an den Ursachen ansetzen und dazu gehört neben der Beseitigung von Entwicklungshemmnissen und der Armutsbekämpfung insbesondere die Verwirklichung der Menschenrechte – und zwar aller, nicht nur der politischen, sondern auch der sozialen und wirtschaftlichen – sowie die Errichtung demokratischer Strukturen und unabhängiger Justizsysteme.

Einfach ausgedrückt: In einem Land, in dem es ein unabhängiges Justizsystem gibt, ist die Gefahr, dass jemand zum Gewehr greift, um seine angeblichen Rechte mit Gewalt durchzusetzen, geringer als in einem Land, in dem die Bürgerinnen und Bürger kein Vertrauen in einen demokratischen Staat haben können. Zukünftig wird es in diesem Bereich weitere Aufgaben geben. So versuchen wir mit unserer vorbeugenden Entwicklungszusammenarbeit auch zu erreichen, dass in Entwicklungsländern der Sicherheitssektor, also Polizei und Militär, auf die Demokratie verpflichtet und der parlamentarischen Kontrolle unterworfen wird. Wenn wir erst dem Zerfall ganzer Länder zusehen, ist es anschließend für die Menschen äußerst schwierig, demokratische und friedliche, gewaltfreie Strukturen aufzubauen. Das können Sie am Beispiel der Region der Großen Seen erkennen.

6. Krisenprävention und Ressourcenknappheit

Ich möchte noch auf einen anderen Bereich eingehen, der mit dem Thema Prävention zu tun hat. Es geht um nachhaltige Umweltpolitik und die Sicherung der natürlichen Ressourcen, denn hier können zukünftige Krisen angelegt sein. Diesem Zusammenhang muss Entwicklungspolitik Rechnung tragen.

Ich greife als Beispiel den Wassersektor heraus. Jeder weiß, dass der Zugang zu trinkbarem Wasser künftig der Bereich sein wird, in dem am ehesten Konflikte – sogenannte Wasserkriege – ausbrechen können. Es geht aber auch um die Frage, wie Wassergebiete und Flüsse von Anrainern gemeinsam genutzt werden. Ein Teil der Spannungen zwischen Israel und Palästina geht z. B. darauf zurück, dass Israel zwei Drittel seines Wasserverbrauchs aus den palästinensischen Gebieten deckt.

In unserer Entwicklungspolitik ist das Thema Wasser von großer Bedeutung. Erstens gilt es, die gemeinsame Nutzung der Ressourcen zu ermöglichen und größere Effizienz bei der Wassernutzung zu erreichen. Zweitens geht es um die Förderung von Investitionen, damit sauberes Trinkwasser zur Verfügung steht. In diesem Punkt muss sich in der Entwicklungszusammenarbeit weltweit etwas ändern, denn solche Investitionen erfordern Mittel im Umfang von rund 180 Milliarden US-Dollar. Es ist offensichtlich, dass die staatliche Entwicklungszusammenarbeit zur Finanzierung dieser Investitionen nicht ausreichen würde. Aufgabe der Entwicklungszusammenarbeit ist vielmehr die Ausbildung, der Aufbau von Institutionen und die Schaffung von Strukturen, die z. B. sozial gestaffelte Gebühren für die Wassernutzung vorsehen.

Die Investitionsmittel können und sollten stattdessen durch den privaten Sektor aufgebracht werden. Dieses Konzept der Entwicklungspartnerschaft mit der Wirtschaft ist eine Neuerung und hat nichts mit Exportförderung der deutschen Wirtschaft zu tun. Das ist Sache des Wirtschaftsministeriums. Aber wenn die Probleme so groß sind, wie ich sie eben geschildert habe, dann braucht es die Partnerschaft zwischen privatem Sektor und öffentlicher Hand. Wir hatten ein Phase in den siebziger Jahren, da war in der Entwicklungszusammenarbeit der Staat für alles zuständig. Dann kam in den achtziger und zu Beginn der neunziger Jahre die Phase, in der nur der Markt galt. Heute wissen wir, dass es eine Kombination aus Staat und Markt geben muss.

7. Reformen in der Entwicklungszusammenarbeit

Ich möchte in Anknüpfung an die gerade beschriebene Entwicklungspartnerschaft mit der Wirtschaft noch einmal auf die Frage eingehen, was sich ändern muss. Neben den genannten Punkten hat mein Ministerium in den letzten Jahren noch weitere Änderungen vorgenommen. Zu Beginn meiner Amtszeit arbeiteten wir mit 118 Entwicklungsländern zusammen – entsprechend der Definition der OECD gibt es im Jahr 2000 152 Entwicklungsländer. Zugleich steht uns aber nur ein Etat von 7,1 Milliarden DM zur Verfügung. Historisch hängt diese hohe Zahl der **Partnerländer** mit der bereits erwähnten Blockbildung zusammen. Nach der deutschen Wiedervereinigung sind die Länder dazugekommen, mit denen die DDR zusammengearbeitet hat – übrigens mit Ausnahme von Kuba, das von der damaligen Bundesregierung ausgeklammert wurde. Ich war der Meinung, dass es immer sinnvoller ist, den Dialog aufrechtzuerhalten und die Zusammenarbeit zu fördern. Diese Haltung führt eher zu Veränderungen – auch bei den Menschenrechten – als der von der UN-Generalversammlung mehrfach verurteilte Boykott Kubas durch die USA. Wir haben deshalb die Zusammenarbeit mit Kuba wieder aufgenommen.

Aber zurück zur Zahl der Partnerländer: Wir haben einen Konzentrationsprozess eingeleitet, in dem wir etwa 70 der bisherigen Partnerländer in die Zusammenarbeit einbeziehen wollen. In anderen Ländern werden wir entweder über die EU, die Weltbank oder in anderer Form Unterstützung leisten. Darüber hinaus konzentrieren wir unsere Zusammenarbeit auch in bestimmten Sektoren, damit sie wirkungsvoller wird. Dieser Konzentrationsprozess erfolgt in Abstimmung mit den Partnerregierungen und anderen Gebern.

Die Konzentration bedeutet auch, dass wir einer Überforderung der Partnerländer entgegenwirken. Wenn zum Beispiel ein Land wie Tansania sagt: „Wenn wir alle unsere Geber empfangen und alle Berichtspflichten erfüllen, sind wir im Jahr mit etwa 2000 Delegationen und Berichten beschäftigt." Entwicklungszusammenarbeit soll doch aber Probleme lösen und nicht verschärfen. Deshalb müssen auch die Geber sich nach vereinfachten Verfahren miteinander abstimmen und dürfen nicht ihre technischen Verfahrensweisen, die in jedem Land, auch in der EU, unterschiedlich sind, auf die Entwicklungsländer übertragen. Wir sind dabei, das zu verändern und die Modalitäten abzugleichen.

8. Entwicklung muss auch bei uns stattfinden

Ich habe bereits darauf hingewiesen, dass Entwicklungspolitik nicht nur heißt, etwas für andere und in anderen Ländern zu tun, sondern auch bei sich selbst Veränderungen in Gang zu setzen, zum Beispiel bei der Frage der Rüstungsexporte.

Ein anderer Bereich ist der Klimawandel. Auch hier wird deutlich, dass Entwicklung nicht nur etwas ist, was in anderen Ländern stattfinden muss. Wenn China seine wirtschaftliche Entwicklung mit den alten Technologien fortsetzt, dann wird es im Jahr 2020 so viel Öl verbrauchen wie heute die USA. Der Klimawandel wird unter diesen Umständen sehr viel schneller voranschreiten und viel dramatischer sein als bisher gedacht. Gleichzeitig müssen wir selbst aber auch umsteuern, denn warum sollte es sonst China tun? An dieser Frage merken Sie, dass wir wirklich in einem Boot sitzen. Oft wird dieser Zusammenhang z. B. mit unserer ökologischen Steuerreform aber gar nicht gesehen. Aber wenn wir als Industrieland es versäumen, für effiziente Energienutzung und eine ökonomische Umorientierung zu sorgen, dann können wir dies doch nicht von China und anderen Entwicklungsländern verlangen. Wir sind im Gegenteil aufgrund unserer industriellen Struktur, der Ausbildung und Kenntnisse unserer Menschen in der Lage, mit gutem Beispiel voranzugehen. Deshalb ist die ökologische Steuerreform als Signal für mehr Energieeffizienz gerade auch notwendig, um Entwicklungsländer in Richtung der ökologischen Umorientierung „mitzunehmen".

Manche sagen: „Warum müssen wir immer die ersten sein?" Eines der bekanntesten Umweltschutzgebiete, den brasilianischen Tropenwald, kenne ich aus eigener Anschauung. Das Gebiet ist so groß wie Europa.

Wir verlangen von den Menschen und auch dem Bundesstaat Amazonas, dass sie auf die Nutzung dieses Tropenwaldes in großem Maß verzichten. Das ist eine Leistung, die sie für uns alle erbringen, und nicht alle Menschen vor Ort sind dafür. Es gibt entschiedene Gegner. Stellen Sie sich vor, die Menschen dort würden sagen: „Es geht um unsere unmittelbaren Interessen, der Tropenwald wird jetzt abgeholzt." Es ist also keineswegs so, dass nur wir Leistungen erbringen. Entwicklungsländer wir zum Beispiel Brasilien tun dies gerade bei der Erhaltung der Tropenwälder in hohem Umfang.

9. Schluss

Sie sehen: Es tut sich viel in der Entwicklungspolitik. Wenn die internationale Gemeinschaft nur 50 Prozent dessen, was ich angesprochen habe, erfolgreich umsetzt und verwirklicht, dann haben wir gute Chancen, dass Entwicklung stattfindet und Frieden möglich wird. Konflikte werden nicht immer zu verhindern sein, aber wir werden einen Beitrag zu ihrer Abschwächung geleistet haben. Und wenn die internationale Gemeinschaft sich in diesem Sinne engagiert, dann werden wir dieses Jahrhundert einen großen Schritt weitergekommen sein.

Ich bin damit wieder bei dem Gedanken, mit dem ich angefangen habe: Wir können hoffen, dass wir alle ein Jahrhundert vor uns haben, an dessen Ende wir auf große Entwicklungsfortschritte zurückblicken können. Darauf, dass die Armut drastisch zurückgedrängt worden ist, dass weniger Kinder hungern, dass weniger Frauen frühzeitig sterben, dass mehr Menschen eine gute und glückliche Zukunft haben. Das hilft uns, die wir in der Entwicklungspolitik tätig sind, auch Rückschläge zu ertragen und zu sagen: „Es lohnt sich, sich dafür zu engagieren." Und ich hoffe, ich habe ein bisschen deutlich machen können, dass sich das gemeinsame Engagement für uns alle lohnt.

Subsidiarität und Föderalismus als Elemente der europäischen Integration

Reinhold Bocklet, Bayerischer Staatsminister für Bundes- und Europaangelegenheiten

Es ist eine große Freude für mich, hier in der Universität Heidelberg zu sein und an dieser traditionsreichen Stätte im Rahmen des Studium Generale über Subsidiarität und Föderalismus als Elemente der europäischen Integration zu sprechen.

Ich möchte Ihnen zu Beginn kurz darlegen, wie die Diskussion über Subsidiarität und Föderalismus in der Europäischen Gemeinschaft entstanden ist und wie sie in die Verträge von Maastricht und Amsterdam Eingang gefunden hat.

Anschließend möchte ich die aktuelle Situation in der EU analysieren und daraus Folgerungen für die Europapolitik ableiten.

Beginnen wir mit der Lage in Europa vor Inkrafttreten des Maastricht-Vertrags.

I. „Länderblindheit" und ungebremste Kompetenzausweitungen der EG vor Maastricht

Kurz vor Abschluss des Vertrags von Maastricht schrieb der Philosoph Hermann Lübbe: „Die künftige Europäische Union wird hochföderal organisiert sein müssen, oder sie kommt überhaupt nicht zustande."

Damit zielte Lübbe vor allem auf einen Schwachpunkt des damaligen Gemeinschaftssystems: Die „Länderblindheit" des EG-Vertrags. Obwohl die Regionen eine bedeutende Rolle im europäischen Wirtschaftsleben spielten und beispielsweise in der EG-Strukturpolitik in hartem Wettbewerb untereinander standen, kannte das Gemeinschaftsrecht zu dieser Zeit nur das Verhältnis EG-Mitgliedstaaten.

Eine andere Unzulänglichkeit der EG kritisierte kurz darauf der französische Conseil d'Etat, das oberste französische Verwaltungsgericht. In einer ausführlichen Einleitung zu seinem Jahresrechtsprechungsbericht für 1992 prangerte der Conseil d'Etat in ungewöhnlicher und scharfer Form die Überfülle an gemeinschaftlichen Normen an. Er beklagte, dass fast jeder zweite Rechtsakt, den die französische Nationalversammlung erlässt, nichts anderes mehr sei als ein Umsetzungsakt einer EG-

Richtlinie. Wörtlich bezeichnete der Conseil d'Etat das Gemeinschaftsrecht als „eroberungslustig".

Einen ganz ähnlichen Befund gab es damals natürlich auch in Deutschland. Die Hälfte aller Gesetze, die der Deutsche Bundestag erließ, waren zu dieser Zeit – Endphase vor der Vollendung des Binnenmarktes – Brüsseler Ursprungs. Das heißt, sie waren Umsetzungsakte zu EG-Richtlinien. In der rechtswissenschaftlichen Literatur wurde dazu kritisch angemerkt, die EG dehne ihre Kompetenzen auf Bereiche aus, an die man bei Abschluss der Römischen Verträge nicht gedacht habe. Der in Heidelberg habilitierte Rechtsprofessor Herdegen nannte als Beispiel dafür etwa den Rundfunkbereich.

Auch das Bundesverfassungsgericht haute in der Maastricht-Entscheidung kräftig in diese Kerbe. Es kritisierte insbesondere die „dynamische Erweiterung der bestehenden Verträge" durch den EuGH. Für die Zukunft mahnte das Bundesverfassungsgericht an, richterliche Vertragsauslegung durch den EuGH dürfe nicht einer Vertragserweiterung gleichkommen. Der Heidelberger Professor Kirchhof als damaliger Berichterstatter beim Bundesverfassungsgericht dürfte an dieser Formulierung wesentlich mitgewirkt haben.

Das Thema wurde auch in der innerstaatlichen politischen Diskussion in Deutschland zunehmend relevant. Schon seit längerem gab es die Debatte über eine mögliche Aushöhlung des deutschen Föderalismus durch schleichende Kompetenzverluste der Länder. Doch während es ursprünglich nur um die Kompetenzverluste der Länder an den Bund ging, traten seit Beginn der neunziger Jahre zunehmend die Kompetenzverluste der Länder an die EG in das Blickfeld. Immer mehr wurden die ungezügelten Kompetenzausweitungen der EG als Bedrohung der Eigenstaatlichkeit der Länder verstanden.

Mit eine Rolle spielte dabei, dass die EG damals auch immer stärker in Bereichen wie Kultur und Bildung tätig wurde. Also in klassischen Länderzuständigkeiten, für die die Gemeinschaft keine explizite Zuständigkeit im EG-Vertrag besaß. Sie nahm vielmehr die Generalklausel des Art. 235 EGV (heute Art. 308) für sich in Anspruch und erhält dafür von den Regierungen der Mitgliedstaaten auch die einstimmige Zustimmung.

II. Föderalisierungsschritte im Vertrag von Maastricht

Vor diesem Hintergrund überrascht es nicht, dass die deutschen Länder (und besonders Bayern) im Vorfeld des Maastricht-Vertrags mit großem Nachdruck eine Föderalisierung der Europäischen Gemeinschaft bzw. der künftigen Europäischen Union forderten. Vier Kernforderungen wurden von den Ländern für den Maastricht-Vertrag erhoben:

Erstens: Eindeutig begrenzte Kompetenzzuweisungen an die EG

Die im Maastricht-Vertrag festzuschreibenden neuen EG-Kompetenzen sollten genau begrenzt und in ihrer Tendenz restriktiv formuliert werden.

Insbesondere im Bereich Kultur und Bildung war klarzustellen, dass der EG nur Randkompetenzen zukommen. Durch eindeutige Kompetenzabgrenzungen sollte dafür gesorgt werden, den bisher allzu großzügigen Rückgriff auf die Generalklausel des Art. 235 EGV (heute Art. 308) weitestgehend zu unterbinden. Im Ergebnis wurden im Maastricht-Vertrag gerade bei den für die Länder besonders wichtigen Vorschriften über die Bildung und Kultur deutlich einschränkende Formulierungen gewählt. Damit wurde einem zu weit ausgreifenden Aktionismus der Gemeinschaft in diesen Politikbereichen vorgebeugt. In anderen Politikfeldern konnte in Maastricht eine präzisere Fassung der Gemeinschaftszuständigkeiten leider nicht erreicht werden. Auch ließ sich keine Vorkehrung gegen die, auch vom Bundesverfassungsgericht problematisierte, „großzügige Handhabung" der Generalklausel des Art. 235 EG-Vertrag für die Zukunft treffen.

Zweitens: Einführung des Subsidiaritätsprinzips

Nach dem Willen der deutschen Länder sollte durch den Maastricht-Vertrag vor allem sichergestellt werden, dass die Rechtsetzungsaktivitäten der EG auf das wirklich notwendige Maß zurückgeführt werden. Es war der Freistaat Bayern, der in diesem Zusammenhang als erster auf die überragende Bedeutung des Subsidiaritätsprinzips hingewiesen hat. Auf bayerischen Vorschlag hin machte die Ministerpräsidentenkonferenz im Oktober 1987 in der sogenannten „Münchner Erklärung" das Subsidiaritätsprinzip zur Grundlage der Europapolitik der Länder. Der Bayerische Ministerpräsident Strauß charakterisierte als Sprecher der Länderregierungschefs am 19. Mai 1988 auf dem ersten Treffen der Regierungschefs der deutschen Länder mit EG-Kommissionspräsident Delors die Verwirklichung des Subsidiaritätsprinzips als eine Grundlage für jede zukunftsorientierte, vertrauensvolle Zusammenarbeit zwischen der EG und den Mitgliedstaaten. Durch den Maastricht-Vertrag wird das Subsidiaritätsprinzip als allgemeine Handlungsmaxime für alle Gemeinschaftsorgane festgeschrieben. Zentrale Vorschrift ist Art. 3b Abs. 2 EG-Vertrag, heute Art. 5 Abs. 2. Sie lautet:

> In den Bereichen, die nicht in ihre ausschließliche Zuständigkeit fallen, wird die Gemeinschaft nach dem Subsidiaritätsprinzip nur tätig, sofern und soweit die Ziele der in Betracht gezogenen Maßnahmen auf Ebene der Mitgliedstaaten nicht ausreichend erreicht werden können und daher wegen ihres Umfangs und ihrer Wirkungen besser auf Gemeinschaftsebene erreicht werden können.

Diese Formulierung ist zugegebenermaßen kein Musterbeispiel an leichter Verständlichkeit. Das kommt daher, dass in den Verhandlungen hart um sie gerungen wurde. Sie ist das Ergebnis eines schwierigen und sehr kontroversen politischen Abstimmungsprozesses. Die Kommission hatte im Vorfeld des Maastricht-Vertrags eine Festschreibung des Subsidiaritätsprinzips in der Art gefordert, dass die Gemeinschaft immer dann handeln könne, wenn sie ein Ziel – nach ihrer Vorstellung – „besser" erreichen könne. Das nannte man auch die „Besser-Klausel". Da eine Organisationseinheit immer zu der Ansicht neigt, dass sie eine Aufgabe selber am besten bewältigen könne, hätte eine solche Ausformung des Subsidiaritätsprinzips den Mitgliedstaaten und Regionen nur einen schwachen Schutz, wenn überhaupt, geboten. Denn die Kommission hätte stets behaupten können, dass sie etwas am besten tun kann. Aus diesem Grund hatte sich Deutschland in den Maastricht-Verhandlungen für eine Definition des Subsidiaritätsprinzips eingesetzt, wonach die Gemeinschaft nur dann handeln könne, wenn zuvor festgestellt wurde, dass ein Tätigwerden der Gemeinschaft tatsächlich „notwendig" ist, weil das Ziel auf mitgliedstaatlicher Ebene nicht angemessen erreicht werden kann. Das war die sogenannte „Notwendigkeits-Klausel". Allein sie garantiert den unteren Ebenen einen ausreichenden Schutz. Mit der im Maastricht-Vertrag gewählten Formulierung wurde die Streitfrage, ob das Subsidiaritätsprinzip im Sinne der „Besser-Klausel" oder der „Notwendigkeits-Klausel" auszulegen ist, im letzteren Sinne entschieden. Art. 5 Abs. 2 EG-Vertrag schreibt eine Stufenfolge der Prüfung vor: Zuerst muss geprüft werden, ob ein Ziel auch auf Ebene der Mitgliedstaaten in hinlänglicher Weise erreicht werden kann. Nur wenn das zu verneinen ist, schließt sich der zweite Prüfungsschritt an, d. h. die Frage, ob die EG das angestrebte Ziel besser verwirklichen kann. Der besondere Stellenwert, der dem Subsidiaritätsprinzip für die weitere Arbeit der Gemeinschaft zukommen sollte, lässt sich u. a. den Beschlüssen der Staats- und Regierungschefs entnehmen, die sie auf den Tagungen des Europäischen Rates im Jahre 1992 in Lissabon, Birmingham und Edinburgh gefasst haben. Auf seiner Tagung im Juni 1992 in Lissabon bezeichnete der Europäische Rat das Subsidiaritätsprinzip als ein „rechtlich bindendes Prinzip" und stellte im übrigen fest:

> Der Europäische Rat ist davon überzeugt, dass eine harmonische Entwicklung der Union in den kommenden Jahren in erheblichem Ausmaß von der strikten Anwendung des Subsidiaritätsprinzips durch alle Institutionen auf bereits bestehende sowie künftige Rechtsvorschriften abhängt. Dies ist von wesentlicher Bedeutung dafür, dass die Leitung des europäischen Aufbauwerkes dem gemeinsamen Wunsch der Mitgliedstaaten und ihrer Bürger entspricht.

Die Bayerische Staatsregierung billigte auf ihrer Sitzung vom 9. Februar 1993 eine ausführliche Zusammenstellung von Vorschriften des EG-Rechts, die gegen das Subsidiaritätsprinzip verstoßen. Diese bayerische Subsidiaritätsliste besaß eine Pilotfunktion für vergleichbare Subsidiaritätslisten des Bundesrates, der Bundesregierung, Großbritanniens und Frankreichs. Die bayerische Subsidiaritätsliste wurde im Juni 1994 und im August 1998 aktualisiert. Die bayerische Subsidiaritätsliste von 1998 umfasst 120 Seiten. Wichtige Beispiele daraus sind etwa:

- Richtlinie über das Tabakwerbeverbot,
- Baustellensicherheitsrichtlinie,
- gemeinschaftliches Informationssystem für Haus- und Freizeitunfälle,
- Richtlinienvorschlag über die Prüfung der Umweltauswirkungen bestimmter Pläne und Programme,
- Aktionsprogramm der Gemeinschaft zur Verhütung von Verletzungen,
- Förderung des europäischen Tourismus,
- Kulturrahmenprogramm,
- Mitteilung der Kommission über Leistungen der Daseinsvorsorge in Europa,
- Vorschlag für eine Empfehlung betreffend die Haltung von Tieren in Zoos.

Bayern engagierte sich auch im übrigen auf vielfältige Weise, um das Subsidiaritätsprinzip noch stärker in der Praxis der EU zu verankern. So wurde beispielsweise letztes Jahr vom Ausschuss der Regionen eine Stellungnahme mit dem Titel „Für eine echte Subsidiaritätskultur! Ein Appell des Ausschusses der Regionen" verabschiedet, die unter maßgeblicher bayerischer Mitarbeit zustande gekommen war. Darin legt der AdR dem Europäischen Rat nahe, ein Europa zu fördern, das sich auf das Subsidiaritätsprinzip gründet. Es soll ein Europa sein, in dem die Eigenheiten und Identitäten seiner Völker ihre Kraft entfalten, um so einen fruchtbringenden Wettbewerb zu stimulieren, ohne der Solidarität und dem Zusammenhalt Abbruch zu tun.

Drittens: Ausschuss der Regionen

Um beim Ausschuss der Regionen zu bleiben: Die dritte Länderforderung für den Maastricht-Vertrag zur Schaffung föderaler Strukturen auf europäischer Ebene betraf die Einrichtung einer eigenen EG-Regionalkammer in Brüssel. Diese Forderung wurde erstmals auf der Konferenz „Europa der Regionen" am 24./25.10.1989 erhoben. Diese Konferenz war von Bayern initiiert worden und fand unter Beteiligung der deutschen Länder, der österreichischen Bundesländer sowie von autonomen Provinzen und Regionen aus weiteren acht europäischen Staaten statt. Ziel war es, die sog. dritte staatliche Ebene in Europa, d. h. die Ebene der Länder, Regionen und autonomen Gebietskörperschaften institutionell am EG-Rechtsetzungsverfahren zu beteiligen. Mit der Einrichtung des Ausschusses der Regionen durch den Maastricht-Vertrag konnte dieses wichtige Ziel erreicht werden. Dem Ausschuss der Regionen kommt eine beratende Stimme im EG-Rechtsetzungsverfahren zu. Allerdings leidet diese neue Gemeinschaftsinstitution neben einigen Mängeln, wie z. B. dem Fehlen eines Klagerechtes vor dem EuGH, an dem Grundmangel, dass es eine substantielle Regionalstruktur nur in einer Minderheit der 15 Mitgliedstaaten gibt.

Viertens: Verbesserung der innerstaatlichen Mitwirkungsrechte der Länder an der Europapolitik des Bundes

Von zentraler Bedeutung für die Länder war es schließlich, eine stärkere Beteiligung an der Europapolitik des Bundes zu erreichen. Durch die Neufassung des Art. 146 EG-Vertrag, heute Art. 203, sowie die Verabschiedung des neuen Art. 23 GG ist den Ländern hier ein entscheidender Durchbruch gelungen. Es war ein untragbarer Zustand, dass im EG-Ministerrat die Bundesrepublik Deutschland bisher auch dann von einem Bundesminister vertreten war, wenn Angelegenheiten behandelt wurden, die in die ausschließliche Zuständigkeit der Länder fielen. Ebendies war jedoch durch den bisherigen Art. 146 EG-Vertrag vorgesehen. Danach durften nur Mitglieder der Zentralregierungen für die Mitgliedstaaten im Rat auftreten. Der neue Art. 146 bzw. – seit dem Inkrafttreten des Vertrags von Amsterdam – Art. 203 EG-Vertrag lässt nunmehr als Vertreter der Mitgliedstaaten auch Minister von Gliedstaaten eines Bundesstaates zu. Damit wird auf europäischer Ebene die Möglichkeit der Selbstvertretung der Länder eröffnet. Auf der innerstaatlichen verfassungsrechtlichen Ebene wird diese Möglichkeit durch Art. 23 Abs. 6 GG abgesichert. Der neue Art. 23 GG gibt darüber hinaus dem bereits existierenden Verfahren der Mitwirkung der Länder an der Europapolitik des Bundes eine verfassungsrechtliche Grundlage und weitet es auch ansonsten in z. T. bedeutsamer Weise aus. Die Länder haben daher heute einen großen Einfluss auf die Haltung Deutschlands im Rat.

III. Der Vertrag von Amsterdam

Der Vertrag von Maastricht war nach alledem ein wichtiger Schritt auf dem Weg zur Verwirklichung föderaler Prinzipien in der EU. Aber er war noch alles andere als perfekt. Bereits kurz nach Inkrafttreten des Maastricht-Vertrags zeigten sich erste, gravierende Defizite. Besonders offensichtlich waren die Versuche der Kommission, das Subsidiaritätsprinzip in seiner praktischen Bedeutung auszuhebeln. Zum einen legte sie den Bereich der ausschließlichen Zuständigkeiten der Gemeinschaft exorbitant weit aus. Das ist deshalb so wichtig, weil das Subsidiaritätsprinzip bei ausschließlicher Zuständigkeit der Gemeinschaft nicht gilt. Die Kommission machte sich den Umstand zunutze, dass der EG-Vertrag nicht definiert, was ausschließliche Gemeinschafts-zuständigkeiten sind. Die Kommission erklärte, dass unter anderem alle Maßnahmen zur Verwirklichung des Binnenmarktes in die ausschließliche Gemeinschaftszuständigkeit fielen und damit dem Geltungsbereich des Subsidiaritätsprinzips entzogen seien. Zum anderen interpretierte die Kommission das Subsidiaritätsprinzip lange Zeit entgegen dem klaren Wortlaut des Art. 5b EG-Vertrag als reine „Besser-Klausel". Es dauerte bis zum Jahre 1996, bis die Kommission von ihrer Vorstellung des Subsidiaritätsprinzips als „Besser-Klausel" abrückte.

In der Frage der exorbitant weiten Auslegung der „ausschließlichen Zuständigkeiten der Gemeinschaft" hält die Kommission jedoch nach wie vor an ihrer Position fest. Nach wie vor schließt die Kommission u.a. den gesamten Binnenmarktbereich von der Geltung des Subsidiaritätsprinzips aus. Damit wird die praktische Anwendung des Subsidiaritätsprinzips in einer Weise zurückgedrängt, die dem Willen der Väter von Maastricht schwerlich entspricht. Es war daher ein wichtiges Anliegen der deutschen Länder, im Vertrag von Amsterdam, der am 1. Mai vergangenen Jahres in Kraft getreten ist, die Anwendung des Subsidiaritätsprinzips zu verbessern. Dem Vertrag von Amsterdam ist ein Auslegungsprotokoll zum Subsidiaritätsprinzip beigefügt. Damit werden künftig bestimmte Fehlinterpretationen, wie die Auslegung des Subsidiaritätsprinzips als reine „Besser-Klausel", unterbunden. Leider war es aber in Amsterdam nicht möglich, eine exakte Definition des Begriffs der „ausschließlichen Zuständigkeiten der Gemeinschaft" zu erreichen. Das aber wäre notwendig gewesen, um eindeutig festzulegen, für welche Bereiche das Subsidiaritätsprinzip nicht gilt. Damit bleibt die Geltung des Subsidiaritätsprinzips in der Praxis immer noch sehr eingeschränkt. Ein Teilerfolg konnte in Amsterdam bei der Frage der Aufwertung des Ausschusses der Regionen erreicht werden. Als wichtigste Neuerung bekam er endlich einen eigenen organisatorischen Unterbau. Aus welchen Gründen allerdings dem Ausschuss der Regionen weiterhin ein Klagerecht vor dem EuGH bei Verletzung eigener Rechte versagt bleibt, ist unerfindlich.

IV. Gegenwärtiger Zustand der EU

Sicher werden einige von Ihnen am 23. Oktober den Vortrag von Helmut Schmidt „Zur Rolle Deutschlands in Europa und Europas in der Welt" angehört haben. Damit wurde diese Reihe des Studium Generale an der Universität Heidelberg eröffnet. Kurz zuvor, am 15. Oktober, hatte sich Helmut Schmidt in der „Welt am Sonntag" über den gegenwärtigen Zustand Europas geäußert. Er hat dafür sehr drastische Worte gewählt. Ich zitiere:

> Es gibt heute keinen Quadratkilometer europäischen Bodens mehr, auf dem nicht irgendwie und irgendwo die Kommission in Brüssel reguliert und außerdem mit Penunzen mitredet. Das ist grotesk. Der Bürger kann heute nicht mehr erkennen, wer hat was entschieden. Er kann leider auch schon lange nicht mehr erkennen, was Berlin entschieden hat und was Brüssel. Es ist ein Mischsystem von Verantwortlichkeiten und Zuständigkeiten entstanden (...), das multipliziert sich jetzt in schlimmster Weise mit den ausufernden Zuständigkeitsansprüchen Brüssel.

Was Helmut Schmidt so pointiert und plastisch beschrieben hat, hat einen wahren Kern. Wir sehen eine immer stärkere Tendenz zur Allzuständigkeit in der EU. Ich denke etwa an die Vielzahl von EU-Förderprogrammen, bei denen häufig eher die Aussicht auf Mittel aus Brüssel denn die Notwendigkeit gemeinsamen Handelns Pate steht. Ich denke an Aktionsprogramme, wie die zur Verhütung von Schulweg- und Haushaltsunfällen oder zum Katastrophenschutz. Ich denke an europäische Vorgaben zur Sicherheit des Straßenverkehrs und nun sogar zur inhaltlichen Ausgestaltung der Daseinsvorsorge, die bei uns überwiegend in der Verantwortung der Kommunen liegt. Dieser Zugriff auf nahezu alle Bereiche der Politik und des täglichen Lebens wird ermöglicht durch vertragliche Kompetenznormen, die vielfach unscharf, generalklauselartig oder als bloße Zielbestimmung formuliert sind. Das hat zu der oft beschriebenen „schleichenden" Kompetenzausweitung der EU geführt. Dieser Prozess konnte auch durch die Einfügung des Subsidiaritätsprinzips in die europäischen Verträge nicht wirklich gestoppt werden. Vor allem die EU-Binnenmarktzuständigkeiten werden immer mehr als Hebel herangezogen, um Vorgaben in Bereichen zu setzen, die der EU nicht übertragen sind. Ich erinnere z. B. an die Quotenregelungen im Fernsehen, wonach 50 Prozent aller Sendungen (außer Nachrichten-, Show- und Sportsendungen) europäischen Ursprungs sein müssen. Das ist eine medien- und kulturpolitische Vorgabe, für die die EU keine Zuständigkeit besitzt. Also stützt sich die Richtlinie auf die Freiheit des Dienstleistungsverkehrs.

Andere Beispiele: Nehmen wir den Sport. Unter Berufung auf das Freizügigkeitsrecht soll jetzt das gesamte Transferwesen von der EU geregelt werden. Bahnbrechend dafür war das Bosman-Urteil des EuGH, das den Juristen unter Ihnen sicher bekannt ist.

Viele von Ihnen werden sich auch an das jüngste Urteil des EuGH zur Richtlinie über das Werbeverbot bei Tabakerzeugnissen erinnern. Das geplante Tabak-Werbeverbot dient primär dem Gesundheitsschutz. Die EU hat aber keine Regelungskompetenz im Gesundheitsbereich. Also stützt man sich auf die Binnenmarktkompetenzen, obwohl dies offensichtlich nur ein Nebenaspekt der geplanten Regelung ist. Der EuGH hat zwar das totale Werbeverbot als kompetenzwidrig angesehen, weil dabei überhaupt kein Bezug zum Binnenmarkt mehr bestehe. Ein eingeschränktes Werbeverbot dürfe die EU dagegen erlassen. Es komme nicht darauf an, dass der Schwerpunkt der Maßnahme beim Gesundheitsschutz liege. Mit anderen Worten: Wenn der Binnenmarkt auch nur am Rande berührt ist, reicht das aus. Als beliebtes Einfallstor für die Befassung mit Politikbereichen, die eigentlich der Regelungshoheit der Mitgliedstaaten vorbehalten sind, dienen auch die sog. Querschnittsaufgaben der EG. So beruft sich die Union auf ihre Kompetenz in der Umweltpolitik, um Regelungen zur Stadtentwicklung – eine originäre Aufgabe der Kommunen – zu treffen.

Die Beispiele ließen sich fortsetzen, das Grundmuster bleibt: Ist erst einmal ein Problem in Europa geortet, wird es gerne als Aufgabe für Europa reklamiert. Der luxemburgische Premierminister Juncker hat dieses „System", einmal sehr bezeichnend wie folgt beschrieben:

> Wir beschließen etwas, stellen das dann in den Raum und warten einige Zeit ab, was passiert. Wenn es dann kein großes Geschrei gibt und keine Aufstän-

de, weil die meisten gar nicht begreifen, was da beschlossen wurde, dann machen wir weiter – Schritt für Schritt, bis es kein Zurück mehr gibt.

Ich habe Ihnen diesen Hang der EU zur Allzuständigkeit so ausführlich geschildert, um deutlich zu machen, wie wichtig es ist, einen klaren Bauplan für das europäische Haus zu haben. Anderenfalls droht uns eine konzeptionslose, immer weitergehende Zentralisierung auf EU-Ebene – häufig in Nebensächlichkeiten. Das würde aber nicht nur die Handlungsfähigkeit der EU gefährden, zumal wenn sie infolge der Osterweiterung noch größer wird. Sondern das würde auch die Akzeptanz Europas bei den Bürgern aufs Spiel setzen. Uns sollte eine Warnung sein, dass mit fortschreitender Integration die Wahlbeteiligung bei den Europawahlen kontinuierlich zurückgeht. Eine grundlegende Debatte über die Ziele und Aufgaben der EU und die dafür notwendigen Strukturen ist deshalb heute dringender denn je. Subsidiarität und Föderalismus müssen auch in Zukunft die zentralen Leitprinzipien in der EU sein.

V. Anforderungen an die Europapolitik

Wie also sollte die Europapolitik der Zukunft gestaltet sein? Ich möchte Ihnen dazu fünf Thesen nennen:

Erste These: Die europäische Integration muss konsequent fortgeführt werden. Es gibt keine Alternative zur europäischen Einigung.

Die europäische Einigung ist das erfolgreichste politische Projekt in der Geschichte unseres Kontinents. Sie hat die Völker ausgesöhnt und die Grundlage für den wirtschaftlichen Wohlstand gelegt. Europa ist heute eine Friedens- und Wertegemeinschaft – eine Gemeinschaft, in der zum Teil Jahrhunderte alte Gegensätze und Konflikte einer verlässlichen Partnerschaft und Freundschaft gewichen sind. Europa fällt uns nicht in den Schoß. Wir müssen immer wieder daran arbeiten. Europa muss in jeder Generation neu begründet werden. Jede Generation muss aufs Neue die Entscheidung für Zusammenarbeit, Völkerverständigung und Freundschaft unter den Menschen verschiedener Nationen und Regionen treffen. Die Erfolgsgeschichte Europas muss bewahrt und fortgeschrieben werden. Denn Frieden, Freiheit und Wohlstand sind keine Selbstverständlichkeit. Das haben uns nicht zuletzt die Konflikte auf dem Balkan schmerzlich vor Augen geführt. In der europäischen Einigung liegt die große Chance, die europäische Wertegemeinschaft zu festigen und auch in der Welt von morgen zu behaupten. Das Europa der heutigen EU wird im Jahre 2010 nur noch 5 Prozent der Gesamtbevölkerung der Welt ausmachen. Das zeigt, wie notwendig es ist, als Europäer zusammenzustehen und mit einer Stimme zu sprechen. Heute wird Europa mit neuen Herausforderungen konfrontiert:

- Die anstehende Erweiterung der EU um zahlreiche Staaten vor allem Mittel- und Osteuropas wird den bisherigen Charakter der Staatengemeinschaft völlig verändern. Sie zwingt zu grundlegenden Reformen, um die Handlungsfähigkeit der EU auch mit nahezu doppelt so vielen Mitgliedstaaten zu sichern.

- Die Globalisierung der Wirtschaft, New Economy und das Informationszeitalter krempeln unsere Wirtschaft und Gesellschaft um.

- Die weltweiten Umweltprobleme, wie Treibhauseffekt, Abbau der Ozonschicht, Verschmutzung der Meere und Abholzung der Tropenwälder, spitzen sich zu. Die Rohstoffressourcen, vor allem die fossilen Brennstoffe, nehmen ab.

- Der Einwanderungsdruck auf Europa hält unvermindert an.

- Organisierte Kriminalität, oft mit modernsten technischen Mitteln von internationalen Verbrechersyndikaten gesteuert, bedroht die innere Sicherheit in Europa.

Europa wird langfristig einen größeren Eigenbeitrag für seine militärische Sicherheit leisten müssen.

Alle diese Herausforderungen können wir Europäer nur gemeinsam bewältigen. Für Engstirnigkeit und Wagenburgmentalität ist im 21. Jahrhundert kein Platz mehr. Wir brauchen die europäische Einigung - heute vielleicht sogar nötiger denn je.

Zweite These: Europa muss in einem Verfassungsvertrag Grundlagen und Ziel der Integration bestimmen.

Wir müssen sagen können, wie Europa politisch verfasst sein soll. Dabei geht es zu allererst um eine klare Aufgabenverteilung. Die Kompetenzen der EU müssen präzise definiert sein. Eine präzise Zuordnung der Zuständigkeiten bewirkt auch mehr Transparenz in der Europapolitik und ermöglicht dadurch eine klar nachvollziehbare politische Verantwortlichkeit. Das ist eine wesentliche Voraussetzung für demokratische Legitimation und um die Akzeptanz der Bürger für Europa zu erhöhen. Die laufende Regierungskonferenz hätte sich daher nicht nur auf die drei „Überbleibsel" von Amsterdam beschränken sollen – verstärkter Übergang zu Mehrheitsentscheidungen, Festlegung der Zahl der Kommissare, Stimmenverhältnis zwischen großen und kleinen Mitgliedstaaten im Rat. Sie hätte vielmehr auch einen Einstieg in eine grundlegende Reform der EU bringen müssen. Was man aber in Nizza zumindest erreichen muss, ist eine verbindliche Festlegung auf eine Folgekonferenz mit einem inhaltlich und zeitlich klaren Auftrag zur Herbeiführung einer präzisen Kompetenzabgrenzung. Dabei geht es um eine neue Ausbalancierung der Aufgaben zwischen der EU und den Mitgliedstaaten. In diesem Zusammenhang darf auch die Rückverlagerung von Kompetenzen der EU auf die Mitgliedstaaten kein Tabu sein, wenn erkennbar ist, dass in diesen Bereichen europäisches Handeln nicht wirklich geboten ist. Die EU muss sich auf die

Aufgaben konzentrieren, die sinnvoller Weise nur auf europäischer Ebene erledigt werden können. Aufgaben, die dagegen auch auf Ebene der Mitgliedstaaten und Regionen wahrgenommen werden können, sollen in der Verantwortung der gewählten Politiker vor Ort verbleiben. So ist etwa eine einheitliche europäische Beschäftigungs-, Kultur-, Sozial-, Gesundheits- oder Bildungspolitik keineswegs erforderlich. Dies führt nur zu Überreglementierung und Bürokratismus und macht Europa schwerfällig und unflexibel. Die Mitgliedstaaten und Regionen können solche Aufgaben bürgernäher lösen. Andererseits muss die Handlungsfähigkeit Europas in solchen Fragen sichergestellt sein, die nur gemeinschaftlich bewältigt werden können. Dazu gehören beispielsweise:

- das Funktionieren des Binnenmarkts,
- die Wahrung der europäischen Handelsinteressen, d. h. ein geschlossenes Auftreten in Fragen der globalen Wirtschaft,
- die Sicherung der Stabilität des Euro,
- die Zusammenarbeit in Fragen der Außen-, Sicherheits- und Verteidigungspolitik,
- die Asyl- und Flüchtlingspolitik,
- die Bekämpfung der international organisierten Kriminalität,
- der grenzüberschreitende Umweltschutz,
- transeuropäische Netze für Hochgeschwindigkeitszüge, Autobahnen und Stromleitungen und
- die Förderung europäischer Spitzenforschung.

Hier sind im Einzelfall auch zusätzliche Kompetenzübertragungen auf die EU notwendig.

In den Augen vieler Menschen macht Europa zu viel Kleines und zu wenig Großes. Überflüssige Regulierungen schaden Europa mehr, als sie nutzen. Der britische Premierminister Blair charakterisierte kürzlich die Ziele seiner Europapolitik mit folgenden Worten:

> Integration wo nötig, Dezentralisierung, wo möglich. Europa sollte das Große besser tun und sich aus dem Kleinen weitgehend zurückziehen.

Und Tony Blair fuhr fort, folgende Vision von Europa zu entwickeln:

> Ein Europa, welches nur das tut, was es tun muss, das aber gut. Ein Europa, das Bedeutung hat, weil es sich auf die Dinge konzentriert, die Bedeutung haben.

Eine Neubestimmung der europäischen Zuständigkeiten ist nicht zuletzt vor dem Hintergrund der bevorstehenden Osterweiterung der EU notwendig. Denn durch die Osterweiterung wird sich die EU dramatisch verändern. Die Zahl der Mitgliedstaaten wird sich fast verdoppeln. Die Fläche wird um rund die Hälfte, die Bevölkerung um etwa ein Drittel größer werden. Der frühere Vizepräsident der EG-Kommission, Sir Leon Brittan, hat einmal gesagt, die Bedeutung der Osterweiterung sei nur vergleichbar mit der seinerzeitigen Gründung der EWG. Durch die Osterweiterung wird vor allem die Heterogenität im Innern der EU deutlich zunehmen. Das Bruttosozialprodukt pro Kopf der mitteleuropäischen Beitrittskandidaten liegt zwischen 23 Prozent und rund 70 Prozent des EU-Durchschnitts. Eine solch große und heterogene Union kann nicht in möglichst vielen Lebensbereichen zentral von Brüssel aus gesteuert werden. Gerade in einer erweiterten EU müssen wir uns genau fragen, welche Aufgaben zwingend auf europäischer Ebene zu erledigen sind und welche Aufgaben in den Händen der Mitgliedstaaten und Regionen verbleiben bzw. dorthin zurückübertragen werden müssen.

Dritte These: Wir müssen in Europa die Vielfalt bewahren und Eigenverantwortung stärken. Zu diesem Zweck muss das Subsidiaritätsprinzip konsequent angewendet werden.

Allein in diesem Jahr werden über 100 Richtlinienentwürfe dem Europäischen Parlament vorgelegt. Kein Geringerer als der frühere Kommissionspräsident Delors meinte dazu kürzlich, diese Anzahl sei viel zu hoch und ein Beweis dafür, dass das Subsidiaritätsprinzip nicht genügend beachtet werde. Eine besondere Gefahr für die effektive Anwendung des Subsidiaritätsprinzips droht aus einem neuen Konzept, das die Kommission seit 1998 verfolgt, um angeblich mehr Bürgernähe in der EU zu erreichen. Danach soll sich die EU verstärkt um die Dinge kümmern, „die die Bürger interessieren". Dieser neue Ansatz zur Verwirklichung von Bürgernähe war von der Kommission zunächst im Zusammenhang mit der Bekämpfung der Arbeitslosigkeit entwickelt worden. So wurde argumentiert, die Arbeitslosigkeit sei ein Thema, das die Bürger in Europa überaus stark bewege. Daher müsse die EU hier tätig werden. Diese Argumentation wird heute zunehmend auch auf die anderen Politikbereiche übertragen. Nur ein Beispiel: Bei der Diskussion im Verkehrsministerrat am 28. März diesen Jahres meinte die Kommission, es gebe in Europa eine große Zahl von Verkehrstoten und Verletzten. Deshalb brauche man eine echte europäische Verkehrssicherheitspolitik. Ob die EU auch wirklich die sachkundigste und problemnächste Stelle ist, um Fragen der Verkehrssicherheit zu behandeln, wurde nicht weiter hinterfragt. Stattdessen wurden umfangreiche Verkehrssicherheitsmaßnahmen für die kommenden Jahre vorgestellt, u. a.:

- einheitliche Kriterien für die Insassensicherheit,
- Kampagnen für Sicherheitsgurte,
- Empfehlungen für den Blutalkoholgrenzwert,
- Leitlinien für die Ermittlung von Unfallschwerpunkten,
- Betreuung der Opfer nach Verkehrsunfällen etc.

Als ob die Mitgliedstaaten nicht auch selber wüssten, wie man Unfallschwerpunkte ermittelt! Im Ergebnis läuft diese Argumentation – wie bereits geschildert – darauf hinaus, ein Problem in Europa, wie beispielsweise die große Zahl von Verkehrsopfern, als Aufgabe für Europa zu betrachten. Im Sinne dieser Argumentation hat auch der französische Präsident Chirac erst kürzlich erklärt, es sei an der Zeit, dass sich Europa mehr um jene Fragen kümmere, die die Menschen direkt in ihrem täglichen Leben betreffen. Obwohl das Ziel, mehr Bürgernähe, zu begrüßen ist, führt der neue Ansatz der Kommission zur Gefahr einer erheblichen Ausweitung der Gemeinschaftsaktivitäten und einer Aushöhlung des Subsidiaritätsprinzips. Das wäre im Sinne der Bürgernähe nicht nur nicht förderlich, sondern sogar kontraproduktiv. Entscheidend dafür, ob die Gemeinschaft tätig werden soll, darf nicht sein, ob eine Angelegenheit die Bürger in Europa interessiert, sondern, ob die Mitgliedstaaten (bzw. Regionen oder Kommunen) ein Problem nicht selber adäquat lösen können. Andernfalls würden gesellschaftspolitische Entscheidungen, die in den Mitgliedstaaten diskutiert und von den demokratisch Verantwortlichen gefällt werden müssten, verhindert. Das läge weder im Interesse der Vielfalt, noch förderte es die notwendige demokratische Legitimation. Gegen den neuen Ansatz der Kommission zur Herstellung von Bürgernähe wandte sich zumindest indirekt auch Jacques Delors. Er sagte kürzlich in einer Rede:

> Ich frage mich nach wie vor, warum Europa sich mit Stränden und Badegewässern befassen will. Und dies geschieht im Namen des Europa der Bürger. Ich halte an dem Subsidiaritätsprinzip fest, das über das Problem der Kompetenzverteilung hinausgeht. Es ist nicht ein einfaches Prinzip der administrativen Technik oder Politik, es ist der Ausdruck einer bestimmten Vorstellung vom Menschen, seiner Freiheit, der Verantwortung der Basisgruppen. Die Gesellschaft würde besser funktionieren, wenn die Bürger das Gefühl hätten, die Angelegenheiten vor Ort, die Angelegenheiten, die ihnen nahe stehen, besser im Griff zu haben, konkrete Freiheiten zu haben.

Vierte These: Europa darf die Identität der Mitgliedstaaten und Regionen nicht preisgeben, denn die Identität Europas beruht auf seiner Vielfalt. Europa darf daher kein Staat werden.

Dezentralisierung darf nicht so verstanden werden, als ob die Mitgliedstaaten und Regionen nur nachgeordnete Behörden, ausführende Organe seien, die bloß noch die Brüsseler Beschlüsse zu vollziehen haben. Ziel der weiteren Integration sollte daher eine Union europäischer Staaten und Regionen auf der Grundlage des bestehenden Staatenverbundes sein. Die Mitgliedstaaten müssen weiterhin Träger der Union und Herren der Verträge bleiben und – die Kompetenz-Kompetenz behalten, d. h. das Recht zu entscheiden, auf welcher Ebene die Kompetenzen in Europa angesiedelt werden. Ein europäischer (Bundes-)Staat würde den Anforderungen einer erweiterten und damit heterogeneren Union nicht gerecht werden. Er würde die zentralistischen Tendenzen verstärken und damit die Vielfalt Europas gefährden, auf der Europas Identität und Stärke beruhen. Dementsprechend sind alle Vorstellungen abzulehnen, die letztlich auf die

Schaffung eines europäischen Staates hinauslaufen würden. Dazu gehören Forderungen nach Einführung eines Zustimmungsrechts des Europäischen Parlaments zu Vertragsänderungen oder gar eines „gemeinschaftsautonomen" Vertragsänderungsverfahrens, wie es der Bericht der sog. „drei Weisen" Dehaene, von Weizsäcker und Lord Simon vorgeschlagen hat. Im übrigen passt es nicht zusammen, einerseits die Europäische Union auf 27 oder mehr Mitgliedstaaten erweitern zu wollen und gleichzeitig einen europäischen Staat mit umfassender Entscheidungsgewalt anzustreben. Damit eine erweiterte Union noch effektiv funktionieren kann, müssen, wie bereits gesagt, die Aufgaben verschlankt und gerade nicht unbegrenzt ausgeweitet werden. Die im Zusammenhang mit der Erweiterung stets geforderte Vertiefung kann also nur in einer Konzentration Europas auf die wirklich nur europäisch zu lösenden Aufgaben bestehen.

Fünfte These: Europa muss sich unter dem Dach des Staatenverbundes die Vitalität seiner Nationen und Regionen bewahren und zunutze machen.

Kreativität und Vielfalt der Nationen und Regionen sind ein Charakteristikum Europas, das unseren Kontinent über Jahrhunderte hinweg stark gemacht hat.

Europa braucht die Nationen und Regionen, um die innere Stabilität in den Gesellschaften sicherzustellen und interne Spannungen auszugleichen. Ein Gebiet von der Größe der EU kann niemals ein homogener Raum sein. Die Nationen und Regionen sind ein unverzichtbarer Puffer, um die Spannungen, die aus den Unterschieden resultieren, abzufedern.

Europa braucht die Nationen und Regionen, um Identität und Geborgenheit in der globalisierten Welt zu bewahren. Europäisierung und Globalisierung finden bei vielen Menschen nur dann Akzeptanz, wenn ihnen aus der eigenverantwortlich gestalteten Nahbereich in der Region im nationalen Rahmen Identität erwächst.

Schließlich braucht Europa starke Regionen im globalen Wirtschaftswettbewerb. Wirtschaftlich starke Regionen bilden heute das Rückgrat des Wirtschaftsstandortes Europa.

Deshalb tritt Bayern für ein handlungsfähiges Europa der Nationen und Regionen ein. D. h. für ein Europa mit handlungsfähigen Institutionen, das auf den Nationen aufbaut, aber auch die Rolle der Regionen als dritter und bürgernäherer Ebene dort, wo sie innerstaatlich eingerichtet wurden, anerkennt und ihre Eigenständigkeit wahrt und fördert. Deshalb unterstützen wir auch die Stärkung der Regionen in den Mitgliedstaaten, die nicht föderal gegliedert sind. Das bedeutet für die europäische Politik auch: Europa muss nicht nur den Mitgliedstaaten, sondern auch den Regionen die Politikgestaltung in den Bereichen belassen, die auf ihrer Ebene erledigt werden können. Nur so behalten auch die Bürgerinnen und Bürger die Möglichkeit weitgehender demokratischer Mitwirkung und Einflussnahme.

VI.

Vaclav Havel hat einmal gesagt, die Staaten und Regierungen können nicht das geeinte Europa schaffen, wenn nicht die Unterstützung der Völker vorliegt. Um diese Unterstützung müssen wir werben. Durch Offenheit und Ehrlichkeit. Und durch eine Europapolitik, die nicht von Geheimdiplomatie, Intransparenz und Bevormundung geprägt ist, sondern durch Eigenverantwortung und Vielfalt. Ich bin fest davon überzeugt, dass Europa auch im 21. Jahrhundert, gerade auch im Zeitalter der Globalisierung, geprägt sein sollte von Eigenverantwortung auf nationaler wie regionaler Ebene, von Wettbewerb und Vielfalt. Subsidiarität und Föderalismus sind der Schlüssel für eine harmonische Entwicklung der EU, gerade auch, wenn diese infolge der Osterweiterung noch größer und heterogener wird als heute. Für dieses Europa der Vielfalt spricht alles. Damit die EU im 21. Jahrhundert weiterhin eine Erfolgsgeschichte bleibt.

Die Europäisierung Europas – ein Gegengewicht zum transatlantischen Bündnis?

Dr. Friedbert Pflüger, MdB

Ich darf mich zunächst ganz herzlich für die ehrenvolle Einladung bedanken, im Rahmen dieser Vorlesungsreihe sprechen zu dürfen. Heidelberg ist eine der großartigen Universitäten in Deutschland, Heidelberg ist eine der großartigen Städte Deutschlands und man kommt gerne hierher, vor allem wenn man die Möglichkeit hat, an diesem Ort Gedanken über Europa auszutauschen.

Die Frage, die mir gestellt wurde ist, ob Europa stärker wird. Gibt es so etwas wie eine Europäisierung Europas? Ich glaube, dass man diese Frage ganz eindeutig mit „ja" beantworten kann. Nach zwei Jahrhunderten der Bruderkriege, ständigen Konflikte und Kriege war die Alte Welt, die über Jahrhunderte die Welt geprägt hatte, am Ende des Zweiten Weltkrieges geistig, kulturell, aber auch machtpolitisch gespalten; es lag materiell und geistig am Boden, und seine Machtzentren waren an die Peripherie oder sogar nach außen gewandert. Europa befand sich in der Krise; es hatte seine Souveränität verloren, und die Macht über die eine Hälfte lag in Washington, die über die andere in Moskau. Die Alte Welt bestimmte nicht mehr über sich selbst.

Das galt ganz besonders für den östlichen Teil, aber auch der westliche Teil Europas war – jedenfalls dann, wenn es ernst wurde und sich Krisenszenarien bildeten – ohne den Schutz der Vereinigten Staaten nicht denkbar.

1989/90 eröffnet sich durch den Fall der Mauer und den Zusammenbruch des Kommunismus plötzlich eine neue Chance. Die Alte Welt kann nun ihr Schicksal wieder selbst in die Hand nehmen, wieder ein handelnder Akteur auf der Weltbühne werden. Allerdings nur dann, wenn es die richtigen politischen Entscheidungen trifft, wenn es in der Lage ist, die Trennungslinien von Jalta zu überwinden, wenn es fähig ist, die Lehre aus der Vergangenheit ziehen, dass der Kontinent und jedes einzelne Land auf diesem Kontinent durch nationalistische und ethnische Konflikte nur geschwächt wird. Haben wir uns um all das in ausreichendem Maße bemüht? Wie ist die Bilanz nach 10 Jahren? Ich würde sagen, wir haben einiges erreicht, aber wir sind noch weit davon entfernt, der Verantwortung, die uns diese historische Chance auferlegt, zu entsprechen.

Wir haben zuerst unser eigenes Land geeinigt. Das ging mehr schlecht als recht, aber im Ganzen, würde ich sagen, ist es schon eine Leistung, Deutschland zu vereinen, das Land gemeinsam in die EU und in die NATO zu bringen und das auf eine Weise zu tun, dass die Nachbarn damit ganz gut leben können. Das hat es in der deutschen Geschichte noch nie gegeben. Dieses Deutschland hat heute nur Partner und Freunde um sich herum. Die Einheit ist in Washington und Moskau, in Warschau und Paris gleichermaßen akzeptiert, und aufs Ganze gesehen hat dies, auch wenn es Fehler gegeben hat, über die wir sicher streiten können, funktioniert.

Aber was ist mit dem übrigen Europa, was ist mit den übrigen Hausaufgaben? Eine dieser Aufgaben haben wir immerhin gelöst: Wir haben den europäischen Binnenmarkt geschaffen. Eine großartige Leistung. Als ich 1990 in den Bundestag kam, hörte ich ständig: „Am 1.1.93 treten alle Regeln für den Binnenmarkt in Kraft." Und ich weiß noch, wie wir alle damals sagten: „Geht denn das überhaupt?" Viele hundert Gesetze mussten noch harmonisiert werden, muteten wir uns damit nicht zuviel zu? Die Skeptiker sagten, man müsse auf das Detail achten, und erst seien noch die und die Voraussetzungen zu erfüllen. Und wahrscheinlich müsse man das Ganze hinauszögern. Jedenfalls sei die Substanz des Binnenmarktes wichtiger als der Zeitplan.

Aber wir haben es geschafft. Und der Binnenmarkt funktioniert. Dann wiederholte sich das Gleiche mit dem Euro. Ich glaube nach wie vor, trotz der Schwäche des Euro, dass das eine ungeheuer wichtige Weichenstellung ist, nicht nur ökonomisch, sondern auch politisch. Wenn die Menschen in Europa eine Währung haben, dann kämpfen sie nie wieder gegeneinander. Dann wird die Einheit sozusagen unwiderruflich. Das ist die große Leistung des Euro.

Auch ökonomisch ist der Euro wichtig, denn er macht uns Europäer im globalen Maßstab erst konkurrenzfähig. Ein Binnenmarkt mit 14, 15 oder 16 Währungen ist ein Unding. Wir haben in Europa durch den Euro eine Stabilitätskultur geschaffen; Länder, die weniger auf Stabilität achteten, haben sich bestimmten, von uns Deutschen klar formulierten Stabilitätskriterien angepasst. Diese Währung durchzusetzen war eine großartige Leistung. Im Bundestag und in der öffentlichen Diskussion habe ich dabei dasselbe erlebt wie bei der Einführung des Binnenmarkts: Kriterien seien wichtiger als der Zeitplan, man solle das Ganze doch noch einmal ein oder zwei Jahre hinausschieben. Das könne nicht gut gehen.

Ich bin überzeugt, dass der Übergang zum Euro trotz aller Rückschläge und Schwierigkeiten gut gehen wird. Wir sind auf dem richtigen Weg. Der Euro ist im Moment schwach, doch alle Analysten sagen, dass er im Grunde völlig unterbewertet sei. Er ist in Wahrheit nicht schwach, sondern leidet nach wie vor unter der gewaltigen Stärke und Dynamik der amerikanischen Wirtschaft. Das kann schon in ein oder zwei Jahren völlig anders aussehen. Der Euro ist eine große politische Leistung, die den Frieden auf unserem Kontinent nach meinem Eindruck sicherer macht und der unseren Kontinent in die Lage versetzt, in den nächsten 30 oder 40 Jahren im globalen Maßstab mitzureden und konkurrenzfähig zu sein. Wir haben auch sonst das eine oder andere richtig gemacht. Zum Beispiel haben wir die NATO nach Polen, Tschechien und Ungarn ausgedehnt. Dafür habe ich mich schon sehr frühzeitig eingesetzt, weil es den Wünschen der Länder, die unter dieses sicherheitspolitische Dach kommen wollten, entsprach. Wir durften es ihnen nicht verwehren. Dazu hatten wir kein Recht. Sie haben Revolutionen gemacht und wollten zum Westen gehören.

Ich werde nie vergessen, wie Professor Bartoszewski im Deutschen Bundestag zum 50. Jahrestag des Endes des Krieges sagte: „Wenn Ihr es ernst meint mit der Revolution und der europäischen Integration, wenn Ihr es ernst meint mit der Überwindung von Jalta, dann müsst Ihr dazu beitragen, dass Polen, Tschechien und Ungarn und andere Länder in die NATO kommen." Bartoszewski ist übrigens ein großartiger Mann. Er ist polnischer Außenminister, 75 Jahre alt und hat neun Jahre seines Lebens im Gefängnis gesessen, zunächst in Auschwitz, dann in den stalinistischen Gefängnissen. Wer bei uns an den eigenen Parteifreunden Kritik übt, dem kann es schlimmstenfalls passieren, dass er nicht in irgendeinen Vorstand gewählt wird oder nicht als Kandidat aufgestellt wird. Aber es droht kein Bautzen und kein Auschwitz. Was hat wohl ein Mann durchgemacht und wie viel Charakter muss jemand haben, der quasi ein ganzes Leben immer wieder im Widerstand gelebt hat. Der hingenommen hat, dass seine Karriere nicht weitergeht, dass er von seiner Frau getrennt war, dass seine Kinder Nachteile hatten.

Und dieser Professor Bartoszewski, ein überzeugter Katholik, ist ein Freund Deutschlands. Er spricht perfekt deutsch und hat gerade ein kleines Büchlein geschrieben, in dem steht: Es lohnt sich, anständig zu sein. Bartoszewski mahnt uns: „Nachdem wir schlimme Zeiten erlebt haben – viele haben noch mehr gelitten als ich und überlebten den Terror Stalins und Hitlers nicht –, haben wir jetzt Polen in die Freiheit geführt. Also hat sich der ganze Kampf doch gelohnt. Aber gelohnt hat er sich nur, wenn Ihr uns auch mit offenen Armen empfangt. Wenn Ihr offen seid für uns, wenn Ihr Eure EU und Eure NATO nicht abschottet gegen uns, sondern jetzt sagt: Kommt und macht mit!"

Das eine oder andere haben wir schon richtig gemacht. Was ist jetzt noch zu tun, was haben wir bisher unterlassen? Das Erste und Wichtigste in den nächsten fünf bis zehn Jahren, die große Aufgabe deutscher Europa- und Außenpolitik ist die Osterweiterung der Europäischen Union. Ich habe gehört, dass vor mir in dieser Vortragsreihe der bayerische Staatsminister Bocklet gesprochen und dabei auf die praktischen Probleme hingewiesen hat. Die gibt es en masse. Und wenn Sie die Beamten fragen, die an den Verhandlungstischen der EU sitzen und mit den Ländern Mittel- und Osteuropas Verhandlungen führen, dann können Sie Bücher füllen mit den Problemen, die alle zu bewältigen sind. Und Sie können sich davon entmutigen lassen. Sie können sagen, dass die Beitrittsländer es nicht schaffen werden, den ganzen acquis communautaire der EU, der inzwischen über 80.000 Seiten umfasst, zu übernehmen. Dass es ihnen nicht gelingen wird, in wenigen Jahren funktionsfähige Verwaltungen, Banken, Sozialversicherungs- und Rechtssysteme aufzubauen. Wie soll das funktionieren?

Dieses zögerliche Herangehen ist die eine Seite. Die Praktiker rechtfertigen sich damit, dass sie die Probleme ernst nähmen. Das ist auch ganz wichtig und wir dürfen die Bedenken der Praktiker auch nicht übergehen. Aber wir dürfen uns nicht davon fortreißen lassen. Stellen Sie sich vor, wir hätten mit der Wiedervereinigung unseres eigenen Landes so lange gewartet, bis unsere Gesetze in den neuen Bundesländern alle übernommen sind und funktionieren, bis unser Rechtssystem übernommen und die Wirtschaft dort konkurrenzfähig ist. Nein, wir haben an einem bestimmten Punkt, mit Kanzler Kohl an der Spitze, eine Entscheidung getroffen und gesagt: „An diesem Datum wollen wir es machen. Und was dann noch nicht geschafft ist, das werden wir kurze Zeit später schaffen." Das war politisch riskant und es hat auch nicht alles funktioniert, wie man offen zugeben muss. Aber die Weichenstellung war im Ganzen doch richtig.

Und so wie damals müssen wir jetzt wieder handeln. Wir müssen den Kandidaten-Ländern jetzt Beitrittsdaten nennen. Zieldaten, nicht Garantiedaten. Wir müssen jetzt mit ihnen in den Dialog darüber eintreten, wie wir in den nächsten zwei Jahren vorgehen werden, auf jedem einzelnen Gebiet. Und die Führung dürfen nicht die Beamten haben, die ich nicht verachte, sondern hochschätze. Die aber völlig überfordert wären, wenn man diese Angelegenheiten in ihre Hände geben würde. Die Führung müssen die Politiker haben, die Staatsmänner. Sie müssen die Ziele und die Daten benennen, genau wie beim Euro, genau wie beim Binnenmarkt. Und wenn das nicht erfolgt, wenn die Länder Mittel- und Osteuropas den Eindruck haben, dass ihre Aufnahme immer weiter vertagt wird und sie immer weiter vertröstet werden, was wird dann in diesen Ländern passieren? Dann werden die Nationalisten wieder die Oberhand gewinnen. Der frühere polnische Außenminister Bronislaw Geremek, auch er ein wunderbarer Mann, sagte: „Alle fünf Jahre erklärt Ihr uns, es dauere noch fünf Jahre. 1995 habt Ihr uns gesagt, im Jahr 2000 seien wir Mitglied in der EU. Jetzt, im Jahr 2000 redet Ihr von 2005, es gibt einzelne bei Euch, die reden von 2007, wie der niedersächsische Europaminister Senfft oder verschiedene Verbände, die mit Studien herausgekommen sind, dass es vor 2007 nicht zu machen sei. Wollt Ihr die Aufnahme eigentlich immer weiter vertagen? Und wenn Ihr sie immer weiter vertagt, dann können wir in unseren Ländern nichts mehr verändern. Dann erlahmt die Kraft und die Opferbereitschaft."

In den letzten zehn Jahren haben fast alle Länder Mittel- und Osteuropas Revolutionen durchgeführt, das waren Umwälzungen, nicht nur Reformen. In diesen Ländern hat sich das ganze Leben geändert. Tausende von Arbeitnehmern wurden freigesetzt, wie man so schön sagt. Warum?

Weil man den acquis communautaire der EU erreichen wollte. Wir haben von ihnen verlangt zu privatisieren und wettbewerbsfähig zu werden. Sie haben mit zum Teil ungeheuren Opfern ihre Landwirtschaft reformiert. Ganz zu schweigen von der psychischen Befindlichkeit der Menschen, die sich plötzlich in marktwirtschaftlichen Systemen eigenverantwortlich zurechtfinden müssen. Und sie sagen zu uns: „Ihr sagt uns, dass wir noch dies und das reformieren und umsetzen müssen, aber was schafft Ihr eigentlich in Euren Ländern? Habt Ihr Euch vernünftig vorbereitet? Ihr habt mit dem Feinputz viel mehr Schwierigkeiten als wir mit dem Aufbau des Hauses." Daran ist sehr viel wahr. Sehen Sie sich an, was es uns gekostet hat, in Deutschland Bahn und Post zu reformieren oder Strukturreformen in der Wirtschaft durchzuführen. Wie lange dieser Prozess dauert, welche Interessengruppen sich ihm entgegenstellen. Und jene osteuropäischen Länder verwirklichen diese Reformen in einem großartigen Tempo. Wir müssen jetzt reagieren und diesen Ländern endlich konkrete Zeitperspektiven geben.

Ich möchte noch etwas zu Bronislaw Geremek sagen: Er ist Kind deutscher Juden, im Warschauer Ghetto aufgewachsen. Seine Muttersprache ist Deutsch. Kurz bevor das Ghetto von den Deutschen niedergewalzt wurde, ist er herausgeschmuggelt worden. Er ist bei der polnischen Bauernfamilie Geremek aufgewachsen und hat ihren Nachnamen angenommen. Geremek bekam vor zwei Jahren im Aachener Kaisersaal den Karlspreis und hielt zum ersten Mal eine offizielle Rede in deutscher Sprache. Er sagte, es sei ihm nicht leicht gefallen, deutsch zu sprechen, denn Deutsch sei die Sprache der Mörder seiner Eltern. Aber er wolle deutsch sprechen, weil Deutschland sich mehr als jedes andere Land dafür engagiert habe, dass sein Land, Polen, Mitglied der NATO und der EU wird. Er sei enttäuscht von Frankreich, auf das Polen viel mehr Hoffnungen gesetzt hatte. Aber Deutschland habe seine Pflichten erfüllt. Dazu kann ich nur sagen: Wenn wir das nicht verstehen, dass es diese Erwartungshaltung, diese Hoffnung in Richtung westliche Länder gibt, wenn wir das ausklammern und nicht verstehen, was für eine Riesenchance das ist, dann machen wir einen katastrophalen Fehler. Wenn wir uns nur noch von Stahlquoten, Heringsquoten und Berichten über Anpassungsschwierigkeiten leiten lassen sowie von der Frage, ob man ein phasing in oder phasing out vor 2006 in welcher Höhe bei Direktbeihilfen in der Landwirtschaft gestalten muss, wenn wir uns davon wegtragen lassen, dann haben wir keine Chance, dieses Europa in Zukunft zu gestalten.

Ich möchte Ihnen noch ein anderes Beispiel geben: Der rumänische Außenminister Petre Roman, der sicher kein großer Deutschlandfreund, sondern eher frankophil ist, dessen Vater im spanischen Bürgerkrieg auf Seiten der Kommunisten gefallen ist und der nun der Präsidentschaftskandidat der Sozialisten ist, sagt: „Diejenigen, die sich am meisten um Rumänien kümmern, und zwar nicht in dem Sinn, dass sie morgen dort Geld verdienen wollen, sondern auch Demokratie herbringen und Seminare veranstalten, sind die Deutschen."

Eine große Chance für uns in ganz Mittel- und Osteuropa. Und eine große Verpflichtung. Und haben wir nicht auch so etwas wie eine Bringschuld? Was wäre denn mit der deutschen Wiedervereinigung ohne Lech Walesa auf der Danziger Leninwerft? Oder was wäre die deutsche Wiedervereinigung ohne den Mut der Ungarn, den Grenzzaun durchzuschneiden? Und jetzt stellen wir uns hin und sagen: „Aber ihr müsst noch warten" und vertagen den ganzen Beitritt ad calendas graecas, weil es technische Probleme und Schwierigkeiten gibt?

Im Übrigen sind diese technischen Probleme und Schwierigkeiten auch lösbar. Ein Thema nach dem anderen wird in hohem Tempo abgehakt, und wenn manchmal Schwierigkeiten auftauchen, liegt es in den seltensten Fällen daran, dass die Länder Mittel- und Osteuropas unwillig wären, sondern es liegt daran, dass die EU-Kommission, die mit zwölf Ländern verhandelt, es nicht mehr schafft, die Papiere vorzulegen. Die beitrittswilligen Länder sind nicht selten sehr viel besser vorbereitet.

Ich möchte noch einmal meinen ersten Punkt wiederholen: Es gibt eine große politische und moralische Verpflichtung, diese Einigkeit des Kontinents jetzt zu bewerkstelligen. Alles andere wäre eine reine Katastrophe. Es gibt in Polen einen Radiosender namens Radio Maria. Er macht von morgens bis abends nationalistisch-klerikale Propaganda gegen die Europäische Union. Das Argument ist: Wir haben gerade die Souveränität erreicht, jetzt sollen wir sie schon wieder an Brüssel abgeben? Das Argument ist: Jetzt kommen diese Europäer mit ihrer Dekadenz und ihren westlichen Vorstellungen, mit ihren primitiven Kriminalfilmen und ihrer Pornographie. All das überschwemmt jetzt Polen, und Polen wird am Ende dieses Prozesses weniger katholisch sein als je zuvor. Die Familien werden zerstört und das ureigene Polnisch-Nationale wird kaputtgemacht.

Diese Propaganda stößt leider bei vielen Polen auf offene Ohren. Es gibt viele, die genau diese Empfindungen haben: Sind wir eigentlich diesem ganzen dramatischen Prozess gewachsen? Kommen die nicht einfach hierher, um uns zu beherrschen? Wenn wir den Osteuropäern keine Perspektive geben, dann werden solche Kräfte in all diesen Ländern Auftrieb bekommen. Und das bedeutet dann, dass die alten Konflikte zwischen Polen und Litauen, zwischen Polen und der Ukraine wieder aufflammen. Wir dürfen nicht vergessen, dass die Polen wegen der Westverschiebung ihres Landes nach dem Krieg die gleichen Probleme mit der Ukraine haben wie viele bei uns mit Schlesien. Die Menschen aus Galizien, das sich Stalin einverleibt hatte, wurden vertrieben und durften sich in Schlesien ansiedeln. Sie sind dort nicht freiwillig hingegangen, nicht weil sie Deutsche aus Schlesien vertreiben wollten. Sondern sie wurden ausgesiedelt und dort wieder zwangsweise angesiedelt.

Nicht nur in Polen, sondern überall in Mittel- und Osteuropa gibt es alte ethnische Konflikte, zum Beispiel zwischen Rumänien und Ungarn. Und was passiert, wenn die Menschen keine Perspektive in Richtung Europa haben, das konnten wir auf dem Balkan sehen. Der Wiederaufbau des Balkans kostet über 100 Milliarden DM. Gigantische Summen müssen aufgewendet werden, um die Kriegsschäden wieder gutzumachen. Die Osterweiterung der Europäischen Union ist für einen geringen Teil dieses Geldes zu haben. Und das friedlich und ohne große Flüchtlingsmassen. Wenn wir diese Perspektive weggeben, dann werden die Kosten höher. Was sind uns Frieden und Stabilität wert?

Die Osterweiterung ist aber auch im engeren Sinne in unserem Interesse. Nicht nur in Bezug auf Frieden und Stabilität, sondern auch, was die harten Fakten angeht. Allein Polen hat 40 Millionen Verbraucher, die als Abnehmer unserer Produkte in Frage kommen. Allein Deutschland hat einen Handelsbilanzüberschuss mit den Ländern Mittel- und Osteuropas von 40 Milliarden DM. Das heißt, wir verdienen bisher an diesem Prozess, wir schaffen bei uns Arbeitsplätze. Bei uns hat man immer den Eindruck, wir würden gnädig etwas weggeben oder uns den Armen zuwenden; es sei eine idealistische und altruistische Maßnahme. Nein, *wir* verdienen, *wir* setzen dort unsere Produkte ab. Bei uns allein werden durch den Handel mit Polen schon heute dreihunderttausend Arbeitsplätze gesichert.

Auch die Landwirtschaft klagt immer über ihre Sorgen. Dabei haben wir viel mehr landwirtschaftliche Produkte in die Länder Mittel- und Osteuropas exportiert, als wir von ihnen bezogen haben. Wenn sich überhaupt jemand beklagen könnte, dann sind das die polnischen Bauern.

Ich glaube, wir müssen etwas realistischer an die Sache herangehen. Der Außenhandel mit Mittel- und Osteuropa übertrifft inzwischen den Außenhandel mit den USA. Die Staaten Mittel- und Osteuropas werden die Tiger Europas mit Zuwachsraten von fünf bis sechs Prozent jährlich. Das ist genau das Wachstum, das wir für unsere exportorientierte Industrie brauchen.

Viele befürchten wiederum, dass nach der Osterweiterung Tausende von Arbeitnehmern zu uns kommen. Tausende von Billiglohnkräften, die deutsche Arbeitnehmer von ihren angestammten Jobs vertreiben. Alle Studien, wie zum Beispiel die des DGB oder der europäischen Kommission, sagen, dass das Gegenteil eintreten wird. Es werden wahrscheinlich mehr Menschen kommen, wenn wir die Osterweiterung immer weiter vertagen. Warum verlassen Menschen ihre Heimat? Sie tun das in den meisten Fällen nicht, weil sie woanders ein paar Mark mehr verdienen können. Menschen verlassen ihre Heimat in Massen erst dann, wenn sie keine Perspektive mehr sehen.

Als wir Spanien und Portugal in die EU aufgenommen haben, gab es die gleichen Ängste: Dass jetzt alle zu uns kommen. Das ist nicht geschehen, im Gegenteil: Sehr schnell sind diese Länder stabilisiert worden und die Menschen sind gerne dort geblieben. Die Studien sprechen heute von höchstens einhundertfünfzigtausend Menschen, die pro Jahr kommen werden. Das heißt nicht einhundertfünfzigtausend Arbeitnehmer, sondern Menschen, also Arbeitnehmer und ihre Familienangehörigen zusammengenommen. Jeder weiß, dass wir sie in vielen Bereichen brauchen, nicht nur bei der Spargelernte und der Weinlese, sondern auch im Hightech-

Bereich. Wir sollten nicht zu ängstlich an die Sache herangehen. Jedenfalls ist die Gefahr, dass Massen von Flüchtlingen oder Illegalen zu uns kommen, größer, wenn wir die Perspektive des vereinigten Europas verweigern. Wenn Mittel- und Osteuropa hinzukommen, dann entsteht mit einer halben Milliarde Verbraucher der größte Binnenmarkt der Welt. Das ist die beste Voraussetzung, um global konkurrenzfähig zu sein. In zehn oder fünfzehn Jahren, mit entwickelten Volkswirtschaften, wird uns die ganze Welt um diesen großen europäischen Binnenmarkt beneiden. Ein riesiges Potenzial an Wachstum und Wettbewerbsfähigkeit. Wenn wir es richtig machen und wenn wir jetzt nicht zu kurzfristig denken. Gerade auch auf den Gebieten, auf denen die Stärke der deutschen Wirtschaft liegt – Energie, Kraftwerke, Verkehrsinfrastruktur, Kläranlagen, Wasserversorgung –, ist der Nachholbedarf in Mittel- und Osteuropa besonders groß. Die deutschen Firmen stehen bereit. Ich habe letzte Woche auf einem Wirtschaftstag in Berlin gesprochen. In der Wirtschaft sagen alle, bis auf wenige Ausnahmen: Lasst uns zügig mit der Osterweiterung vorangehen. Wie macht man das? Bildet man jetzt kleine Gruppen oder große Gruppen? Sind das politische Zielsetzungen, die wir völlig unabhängig vom Verhandlungsstand in Brüssel festlegen? Natürlich nicht. Die Kopenhagen Kriterien gelten uneingeschränkt: politische Stabilität, Wettbewerbsfähigkeit, Umsetzung des acquis communautaire, Soziale Marktwirtschaft.

Und wir sehen jedes Jahr in den Fortschrittsberichten der Kommission, wie sich die Länder Mittel- und Osteuropas entwickeln. Anfang November 2000 sind die neuen Fortschrittsberichte herauskommen. Allen Ländern, bis auf Bulgarien und Rumänien, wird zugestanden, dass sie sowohl politische Stabilität erreicht hätten wie auch Soziale Marktwirtschaft. Die meisten dieser Länder sind auch bereits wettbewerbsfähig. Alle Länder haben auf dem Weg zur Umsetzung des acquis communautaire gewaltige Fortschritte gemacht. Natürlich gibt es auch noch Defizite. Aber der ganze Fortschrittsbericht liest sich wie eine große Erfolgsgeschichte. Und diese Erfolge sollten wir zur Kenntnis nehmen.

Bevor es beitritt, muss jedes Land die Kopenhagener Kriterien erfüllen und darf nicht aus politischen Gründen bevorzugt werden. Aber was tun wir, wenn die Länder in ihrer Leistung so nah beieinander liegen, dass wir nur schwer zwischen ihnen differenzieren können? Malta und Zypern, sagt die EU-Kommission in ihrem Fortschrittsbericht, schaffen es auf jeden Fall. Eine zweite Gruppe, bestehend aus Estland, Ungarn und Polen, ist ebenfalls weit vorne. Dann kommt eine Gruppe von zwei Ländern, die etwas zurückgefallen sind, Tschechien und Slowenien. Dann folgen mit einigem Abstand Lettland, Litauen und die Slowakei. Außerhalb der aktuellen Konkurrenz liegen Bulgarien und Rumänien, die auch selbst erkannt haben, dass ihr Beitritt vor 2007 oder 2008 nicht realisierbar ist.

Aber zwischen Malta und Zypern einerseits und den baltischen Ländern Lettland und Litauen sowie der Slowakei sind die Abstände so gering geworden und die Aufholjagd der zurückliegenden Länder ist so dramatisch, dass man sich fragen muss, ob es eigentlich Sinn macht, die Kandidaten in verschiedenen Wellen aufzunehmen. Also etwa zwischen Tschechien und der Slowakei noch einmal zwei oder drei Jahre eine künstliche Trennung zu ziehen, obwohl die beiden Länder schon eine Zollunion haben. Hat es Sinn, dann noch einmal an der Grenze zwischen Tschechien und der Slowakei eine Schengen-Grenze zu ziehen? Eine EU-Außengrenze mit allen Sicherheitsmaßnahmen, die dazugehören? Hat es Sinn, Estland in einer ersten Runde aufzunehmen, aber Lettland und Litauen, durch die der ganze Warenverkehr läuft, erst zwei oder drei Jahre später? Oder ist es nicht aus politischen Gründen sinnvoll, die wie in einer europäischen Regatta nach Brüssel fahrenden und so nah beieinander liegenden Segelboote nicht mehr zu trennen? Müssen wir uns nicht eventuell auf eine große Kraftanstrengung 2004 oder 2005 konzentrieren? Mein Vorschlag ist, genau dies zu tun, sofern nicht eines dieser Länder in den nächsten Jahren völlig aus dem Rahmen fällt. Big Bang nennt man das.

Das ist nicht sehr populär, weil alle erst einmal Befürchtungen haben. Aber wen wollen wir in der ersten Runde außen vor lassen? Wollen wir wirklich manche Länder auf Kosten anderer bevorzugen? Die Situation für Bulgarien und Rumänien ist klar. Aber darüber hinaus hat das wenig Sinn. Und wenn die Verhandlungen mit Polen, dem „härtesten Brocken", dem größten Land mit 40 Millionen Menschen, erfolgreich verlaufen, dann sollte auch der Beitritt von Lettland, Litauen und Malta nicht scheitern. Ich bin dafür, bis Ende 2002 die Verhandlungen abzuschließen. Dann müssen die Parlamente die Verträge ratifizieren und das Beitrittsdatum für die erste große Gruppe – der 1.1.2004 oder eventuell der 1.1.2005 – festgesetzt werden. Man sollte diesen Ländern die Möglichkeit geben, sich an der Europawahl des Jahres 2004 zu beteiligen. Das wäre mein Vorschlag.

Aber dazu ist es erforderlich, dass wir in der EU unsere Hausaufgaben machen. Das heißt, wir dürfen nicht immer nur mit dem Finger auf andere zeigen. Was tun wir eigentlich, um unsere Institutionen in der EU darauf vorzubereiten?

Mitte Dezember 2000 findet in Nizza ein EU-Gipfel statt, der vier wesentliche Aufgaben lösen soll. Erste Aufgabe: Die Mehrheitsentscheidung im Europäischen Rat zur Regel machen, damit nicht ein Land mit seinem Veto alles blockieren kann. Das ist die absolute Voraussetzung, wenn wir die EU auf 25 Staaten erweitern. Dann muss eine qualifizierte Mehrheit darüber entscheiden, wie es weiter geht. Zweite Aufgabe: Die Stimmengewichtung im Rat neu organisieren, denn jetzt kommen viele kleine Länder dazu. Wenn jedes Land etwa gleich viele Stimmen hat, dann können später die kleinen Länder die großen majorisieren, ohne dass eine Mehrheit der Bevölkerung dahintersteht. Also müssen wir die Stimmengewichtung stärker in Einklang bringen mit der demographischen Größe der einzelnen Länder. Dritte Aufgabe: Bisher hatten die großen Länder zwei EU-Kommissare, die kleinen einen. Stellen Sie sich vor, es kommen zehn Beitrittsländer dazu. Dann haben wir eine riesige europäische „Regierung", die nicht mehr funktionsfähig ist. Also muss man versuchen, die Zahl der Kommissare zu verringern und eventuell eine Hierarchisierung durchführen. Das heißt, es wird Kommissare mit ganz wichtigen Ressorts und weniger wichtigen Ressorts geben. Die vierte Aufgabe in Nizza wird sein, die sogenannte Verstärkte Zusammenarbeit zu regeln. Ein Teil der Länder – die Vorbereitungspapiere sprechen von acht Ländern – soll in der Lage sein, wenn nicht alle mitmachen wollen, innerhalb der Verträge für einen Teil der Länder eine vertiefte Zusammenarbeit vorzunehmen, ohne dass die anderen daran teilhaben. Das ist das Europa der zwei Geschwindigkeiten.

Das sind die Aufgaben von Nizza. Alle vier Aufgaben sind wichtig, um die EU vor dem Hintergrund der Erweiterung handlungsfähig zu machen. Der Europaausschuss des Deutschen Bundestags wird jede Woche vom Auswärtigen Amt informiert. Wir Parlamentarier haben bisher nicht den Schatten eines Eindrucks, dass Nizza die großen Erwartungen erfüllen wird, die die Staaten Mittel- und Osteuropas – und auch wir – in diese Konferenz setzen. Einigen wird man sich bei den Kommissaren, auch bei der Stimmengewichtung sowie der Verstärkten Zusammenarbeit. In diesen Fragen sind sich die Regierungen inzwischen ziemlich nahe gekommen. Aber bei der wichtigsten Aufgabe, der Mehrheitsentscheidung, liegen die Staaten meilenweit voneinander entfernt.

Und jeder hat seine heilige Kuh. Die Briten haben die Steuergesetzgebung, die Franzosen die Handelspolitik, wir haben die Asyl- und Einwanderungspolitik, bei der wir uns nicht überstimmen lassen wollen. Warum eigentlich? Andererseits sagen wir doch immer, dass wir eine gerechtere Lastenverteilung bei den Zuwanderern und bei den Asylbewerbern haben wollen. Solange ein einziges Land mit seinem Veto eine solche gerechte Lastenaufteilung verhindern kann, wird sie nicht kommen, solange ist man auf den Goodwill der Länder angewiesen. Ich bin entschieden dafür, dass wir als Deutsche auch auf diesem Gebiet bereit sind, die Mehrheitsentscheidung anzuerkennen. Gerade in unserem eigenen Interesse, gerade damit nicht ein einziges Land alles blockieren kann. Das bedeutet allerdings auch – ich bin mir der Tragweite dieses Standpunkts durchaus bewusst –, dass wir wahrscheinlich unser Grundrecht auf Asyl in der jetzigen Form nicht beibehalten können, sondern es ersetzen müssen durch das, was es in den anderen europäischen Ländern gibt, eine institutionelle Garantie.

Ich bin mir völlig darüber im Klaren, dass das angesichts der unseligen rechtsradikalen Anschläge, die wir erleben, keine einfache Maßnahme ist, weil leicht ein falscher Eindruck entstehen könnte. Ich will nicht, dass es den Flüchtlingen schlechter geht, ich will, dass wirkliche Flüchtlinge zu uns kommen können. Aber wir müssen das Grundrecht auf Asyl, das es nur in Deutschland gibt, das jedem Verfolgten auf der Welt oder dem, der sich dafür hält, erst einmal ein Bleiberecht in Deutschland einräumt, abschaffen oder wir können nicht harmonisieren. Das können wir nur dann, wenn wir ein vernünftiges Einwanderungsgesetz haben. Wenn wir uns dazu bekennen, dass wir Einwanderungsland sind und Zuwanderung benötigen. In einem solchen europäisch harmonisierten Gesamtpaket können wir dieses Problem lösen. Aber unsere Bundesregierung, die ansonsten in der Frage der Mehrheitsentscheidung Vorreiter in Europa ist, zögert in dieser Frage. Auf dem Gebiet der Asylpolitik müssen auch noch die Deutschen über manchen Schatten springen.

Das Treffen in Nizza hat für die weitere Entwicklung Europas eine Schlüsselfunktion. Wenn die EU dort versagt und in dem Bereich der Mehrheitsentscheidung nicht weiterkommt, dann – das garantiere, oder besser befürchte ich – wird Folgendes eintreten: Die Menschen werden noch mehr von Europa desillusioniert sein. Es wird eine Zunahme des sogenannten Intergouvernementalismus geben, also der Auffassung, anstehende Probleme sollten mehr direkt zwischen den einzelnen europäischen Regierungen und weniger innerhalb der EU-Institutionen geregelt werden.

Das intergouvernementale Element mag wichtig sein, aber das eigentliche Europa ist das vergemeinschaftete Europa, denn nur dieses hat eigentlich den Friedensfortschritt gebracht. Wir müssen die gemeinsamen Institutionen, vor allen Dingen Kommission und Parlament, stärken und ausbauen.

Wenn das Treffen von Nizza scheitert, so ist zu befürchten, dann könnten diese beiden Institutionen in eine große Krise geraten, der Europäische Rat könnte seine Autorität verlieren, ja Brüssel könnte generell an Anziehungskraft verlieren und der Nationalismus in Mittel- und Osteuropa wieder zunehmen. Meine Sorge ist, dass wie schon so oft eine Art Minimalkonsens herauskommt, der letztlich niemandem weiterhelfen wird.

Der letzte Punkt, den ich ansprechen möchte, ist die Außen- und Sicherheitspolitik. Da bin ich am skeptischsten, dass wir wirklich etwas Vernünftiges zustande bringen. Herr Solana hat nun seit einem Jahr das Amt des Hohen Vertreters der Außen- und Sicherheitspolitik der EU inne. Er ist ein ausgezeichneter Mann, ein sehr geschickter Verhandler. Sein Stab aus 30 bis 40 Beamten ist ein Organ des Europäischen Rates. Der Rat, die intergouvernementale Einrichtung in Brüssel, das heißt die Regierungschefs haben Solana eingesetzt. Er soll der Außen- und Sicherheitspolitik der EU Gesicht und Stimme geben.

Ein paar Häuser weiter sitzt aber der Außenkommissar der EU, Chris Patten, ein hochqualifizierter Brite, der die Außenvertretung der EU mit 3.500 Beamten unter sich hat. Er ist in 115 Ländern mit einer Ständigen Vertretung präsent. Dann gibt es noch Herrn Verheugen, den Kommissar für die Osterweiterung, und Herrn Lamy, den Kommissar für den Außenhandel, der zum Beispiel mit den USA über die Bananenregelung und die WTO und ähnliche Dinge spricht. Schließlich sind da noch 15 EU-Regierungschefs und 15 Außenminister, die alle auch gerne noch ein bisschen Außenpolitik machen und als Krisenmanager im Balkan oder zu Verhandlungen in Nahost fahren wollen. Und daraus soll sich eine gemeinsame Außen- und Sicherheitspolitik entwickeln? Henry Kissinger hat einmal gefragt: „Wen rufe ich eigentlich an, wenn es in Europa eine Krise gibt? Wer ist Mister Europa?"

Genau das sollte Herr Solana werden, aber er ist weit von dieser Rolle entfernt. Das ist keine persönliche Kritik an Herrn Solana, denn er hat überhaupt nicht die Möglichkeiten dazu, weil die eigentliche Macht bei der Kommission liegt. Er hat nur dreißig Leute, aber dafür schlägt er sich sehr tapfer. Er war am Nahostgipfel beteiligt und macht auch auf dem Balkan eine gute Politik, aber er ist weit davon entfernt, die europäische Telefonnummer zu sein.

Doch Chris Patten ist es auch nicht. Deshalb schlage ich vor, diese beiden Positionen zusammenzulegen oder sie in Personalunion zu besetzen. Der Kommissar für die Außenpolitik und der Hohe Repräsentant müssen ein und dieselbe Person sein. Dann kann aus dem Ganzen etwas wachsen, denn andernfalls wird immer jeder Außenminister stärker sein als im Moment Solana. Das müssen wir besser machen, und wenn wir eine europäische Verteidigungspolitik anstreben, also von den USA unabhängiger und selbst in der Lage sein wollen, Krisenmanagement zu machen, dann müssen wir auch bereits sein, dafür mehr auszugeben. Dann brauchen wir z. B. ein europäisches Transportflugzeug, ein europäisches Aufklärungssystem.

Dabei stellt sich natürlich die Frage, ob die hohen Summen dafür gerechtfertigt sind. Doch wenn wir diese Systeme nicht entwickeln, dürfen uns auch nicht beklagen, dass die Amerikaner alles weiter alleine machen. Ich glaube, dass wir in Europa auf absehbare Zeit nicht den Willen aufbringen werden, das Notwendige zu tun, um selbst auch militärisch und sicherheitspolitisch Gewicht zu haben. Wir werden noch lange Jahre auf die Amerikaner angewiesen bleiben, und deshalb bleiben NATO und Präsenz der Amerikaner auf unserem Kontinent von großer Bedeutung. Hier hat die Europäisierung Europas Grenzen, hier besonders brauchen wir die Amerikaner.

Ich glaube, dass wir im Großen und Ganzen mit den Amerikanern gut gefahren sind. Das heißt nicht, das wir mit ihnen immer in allen Punkten übereinstimmen müssen. Ich bin zum Beispiel sehr skeptisch gegenüber dem Projekt der nationalen Raketenabwehr der Amerikaner. Man sollte sich mit ihnen auch kritisch auseinandersetzen. Aber ihre Präsenz auf unserem Kontinent schafft Balance und Stabilität. Das deutsch-polnische Verhältnis zum Beispiel hätte sich in den letzten zehn Jahren nicht so gut entwickelt, wenn die Amerikaner nicht wären. Sie sind für die Polen eine Rückversicherung, sie haben so weniger Ängste vor dem großen Nachbarn.

Was wäre, wenn die Amerikaner sich zurückziehen würden? Würde dann nicht eine Rückkehr der Nationalismen drohen? Bestünde nicht die Gefahr, dass jedes Land wieder anfinge, mit jedem Land Koalitionen zu schließen? Die Präsenz der Amerikaner hat auf unserem Kontinent im Ganzen eine stabilisierende Wirkung. Und solange wir nicht bereit sind, Geld für unsere Sicherheit auszugeben, brauchen wir sie sowieso für jeden kleinen manifesten Konflikt. Vor drei Jahren hätte es wegen einer kleinen Felseninsel namens Imia zwischen Griechenland und der Türkei fast einen Krieg gegeben. Die beiden Länder standen sich bereits hochgerüstet gegenüber. Die Europäer haben in solchen Fällen kein Gewicht, auf beide Seiten erfolgreich einzureden. Derjenige, der das mit einigen Telefonaten geregelt hat, war damals Herr Holbrooke im Auftrag von Bill Clinton.

Solange wir so schwach sind, sollten wir nicht immer nur über die Amerikaner schimpfen und uns vor allem nicht über die Stärke Amerikas aufregen, sondern über die eigene Schwäche. Ich wünsche mir, dass Europa auch auf diesem Gebiet stärker wird, aber wir sollten uns hüten vor Hybris und vor Muskelspielen, als könnten wir in absehbarer Zeit die sicherheitspolitische Funktion der Amerikaner in Europa übernehmen. Das kann ein langfristiger Prozess sein und nicht mehr. Europa ist schon stark, kann stärker werden durch die Erweiterung, die Vollendung des Binnenmarktes und die gemeinsame Währung. Es ist eine enorme Chance für die Alte Welt, wieder die alte Kraft zu entwickeln. Aber in weiten Bereichen, vor allem militärisch und sicherheitspolitisch, bleiben wir auf Amerika angewiesen. Im Ganzen gibt es zu dieser transatlantischen Partnerschaft keine Alternative, und die Europäisierung Europas sollte ganz eng mit Washington abgestimmt werden. Diese Freundschaft zu den Vereinigten Staaten von Amerika ist mir persönlich sehr wichtig.

Menschenrechte, Ökonomie, Demokratie – neue Traditionen, alte Interessen?

Prof. Gert Weisskirchen, MdB

Ich will in meinem Vortrag die im Titel formulierte Frage zu beantworten versuchen. Die Antwort soll nicht aus den Augen verlieren, welchem Zweck sie dient, nämlich: ‚Vom Frieden' zu reden. Zu befestigen, was ihn möglich macht, zu bekräftigen, was Deutschland tun soll, um die gegenwärtigen und die künftigen Aufgaben politisch zu lösen, dazu hat die Universität Heidelberg eingeladen.

Im Angesicht der Kriege vom Frieden reden? Ossip Mandelstam wagte zu Beginn des 20. Jahrhunderts in die Zukunft zu blicken. Er erschrak und notierte, was er heraufziehen sah: ein Jahrhundert des Wolfshundes. Übertraf die Realität nicht seine Furcht? Wozu Menschen fähig sind, zu industrialisiertem Massenmord, zu Rassenwahn und Genozid – das „furchtbarste Jahrhundert der westlichen Geschichte", sagt Isaiah Berlin, war das vergangene. Ich verteidige den Wolfshund gegen den Menschen, der die Minima Moralia hinter sich wirft. Was aber lässt uns, trotz alledem, immer neu, Wege in den Gefahren suchen? Für mich ist es der Gedanke zum Frieden, dem Immanuel Kant folgte:

> Denn ein solches Phänomen in der Menschheitsgeschichte vergisst sich nicht mehr, weil es eine Anlage und ein Vermögen der menschlichen Natur zum Besseren aufgedeckt hat.

Die drei zentralen kantischen Fragen will ich mir stellen:

- „Was kann ich wissen?"
- „Was darf ich hoffen?"
- „Was soll ich tun?"

Meine Antworten will ich Ihnen präsentieren, sie beziehen sich auf die Menschenrechte, die Ökonomie, die Demokratie. Meine Antworten lassen sich besser verstehen, wenn Sie das Motiv meines politischen Handelns kennen: Freiheit, Gerechtigkeit, Solidarität – das sind die Grundwerte, regulativen Ideen ähnlich, die Zusammenhandeln begründen. Sie leuchten Horizonte aus, denen wir uns nähern können.

Sie sind der Moderne eingeschrieben. Wer die Spuren dieser Tradition verliert, verirrt sich im Dickicht der Gewalt. Das ist die neue Tradition, das Unerhörte, der „heiße Strom" der Geschichte: Interessen müssen nicht kriegerisch aufgeladen werden. Interessen, individuelle, kollektive auch, können ausgeglichen, verabredeten Regeln unterworfen werden.

Freiheit, Gerechtigkeit, Solidarität – der Kern ihrer Essenz ist unveräußerlich. Sie entsprechen der Würde eines jeden Menschen. Unantastbar ist sie, weil sie jeglicher individueller Beliebigkeit entzogen ist. Was unveräußerlich ist an den Grundwerten, wie stark sie wirken, welche Kräfte sie generieren, welche Macht sie begrenzen, das ist in den zugänglichen Räumen der Öffentlichkeit immer neu zu debattieren. Aus der Kontroverse erst entsteht Konsens. Neue Traditionslinien können gezogen werden, wenn Interessen im Streit ausgesprochen werden. Die Schärfe des Arguments erhärtet die Chance auf wechselseitiges Verstehen, wenn und soweit der Sprecher des Gegenarguments mit gleichem Recht anerkannt ist. Zygmunt Bauman transferiert in seinem Buch „Moderne und Ambivalenz" Toleranz in Solidarität. Wer hofft, auf dem Weg von der Toleranz in die Solidarität alte Gewissheiten zurückzugewinnen, die in der Moderne zu verschwinden drohn, der wird sie nicht finden. Für Bauman ist der Zustand der Toleranz ambivalent:

> Er lässt sich gleich leicht (oder gleich schwer) loben oder verurteilen; er kann Anlass zu Freude und genauso zu Schmerz sein. In Kontingenz zu leben bedeutet ohne Garantie zu leben, mit einer provisorischen, pragmatischen, pyrrhonischen Gewissheit ‚bis auf weiteres' – und diese schließt die emanzipatorische Wirkung der Solidarität ein.

Freiheit, Gerechtigkeit, Solidarität sind Grundwerte; im Gespräch mit Anderen werden sie erkannt, wandern in das Selbst ein, werden umgearbeitet, bleiben in ihrer Gestalt offen, bewahren ihren Kern: Habits of the heart, Gewohnheiten des Herzens, individuell angeeignet – so werden sie gesellschaftlich bindend.

Was kann ich wissen?

Menschenrechte, Ökonomie, Demokratie – Menschen haben sie erfunden, damit das Zusammenleben erträglich wird, ist. Das Wissen darum, dass sie und wie sie konstruiert worden sind, macht es uns möglich, ihre Leistungsfähigkeiten je für sich zu messen, zu prüfen, wie sie zusammenwirken, einander verstärken oder ob und inwieweit sie sich wechselseitig lähmen, auch blockieren.

Was darf ich hoffen?

Gesetzt, die voranschreitende wissenschaftliche Analyse aller Prozesse bleibt offen, die Bewertung der gewonnenen Erkenntnisse im Diskurs innerhalb der Gesellschaft und zwischen den Gesellschaften von Vorurteilen unbelastet, dann vermag das neu Erworbene den Verlust an veraltetem

Wissen ersetzen. Werden alle menschlichen Fähigkeiten aufgeschlossen, schießt die Hoffnung über die Wirklichkeit hinaus.

Was soll ich tun?

Bewahren die Menschenrechte, Ökonomie, Demokratie ihren inhaltlichen Kern, nicht als unberührbare Ikonen, sondern als dem herrschaftsfreien Diskurs offen, ändern sich nach der Kontroverse im Konsens einzelne, auch Ensembles ihrer konstruktiven Elemente, dann öffnen sie sich für die Zukunft. Menschen begründen Freiheit neu, wenn sie sich in der Öffentlichkeit begegnen als Gleiche. Hannah Arendt nennt diesen Gründungsakt Constitutio Libertatis.

1. Zu den Menschenrechten

Werden die, die nach uns kommen, blicken sie auf ihr Jahrhundert zurück, das vernichtende Urteil Grillparzers dementieren können, das er über das zwanzigste verhängt hat, es werde „aufsteigen" von der „Humanität über die Nationalität zur Bestialität"? Werden sie bestätigen, dass sie im Zeitalter der Menschenrechte leben? Wird die Realität erfüllen, was real möglich, aber noch nicht ist: Wird die „kopernikanische Revolution", wie Noberto Bobbio sie genannt hat, anders zum Individuum hin blicken, neu seine Rechte anschauen, dadurch gar, wie Otto Kallscheuer zu hoffen scheint, den Fortschritt neu begreifen?

Mit der Revolution des Bürgertums gelten die Menschenrechte als 'self-evident', wie es in der Declaration of Independence heißt. Die Vertreter des französischen Volkes legen zu Beginn ihrer „Déclaration des droits de l'homme et du citoyen" ihre historische Erfahrung nieder, dass die „Unwissenheit, das Vergessen und die Verachtung der Menschenrechte die einzigen Ursachen des Verfalls der öffentlichen Ordnung" sind.

In Zeiten historischer Umbrüche werden die Menschenrechte häufig neu entdeckt. 1948 verkündete die Generalversammlung der Vereinten Nationen feierlich, dass die Mitgliedsstaaten sich selbst darauf verpflichtet haben, die Menschenrechte zu achten und Grundfreiheiten durchzusetzen. 1966 folgte der universellen Erklärung der Menschenrechte schließlich der völkerrechtlich verbindliche Abschluss der universellen Menschenrechtspakte über bürgerliche und politische sowie über wirtschaftliche, soziale und kulturelle Rechte. Diese Verträge antworteten auf den vollständigen Verlust an zivilisatorischer Gewissheit, den die Nazi-Diktatur hinterlassen hatte. Wiederhergestellt werden sollte durch die internationale Staatengemeinschaft der

> basale Anspruch eines jeden Menschen, den andere, Menschen oder Staaten, nicht zurückweisen können: das Recht auf Rechtfertigung, das Recht, als moralische Person geachtet zu werden. (Rainer Forst)

Staaten verfügen nicht über Rechte, die sie an ihre Bürger ausleihen. Rechte entspringen keiner autoritativen Quelle, sie eignen der Person an.

Sie wird als Rechtsperson geboren. Die Geburt der Menschenrechte als Bürgerrechte ist die Geburtsstunde des europäischen Nationalstaates. Die Staaten sollten, schreibt Immanuel Kant „aus dem gesetzlosen Zustand, der lauter Krieg enthält, herauskommen", indem sie „ebenso wie einzelne Menschen, ihre wilde (gesetzlose) Freiheit aufgeben, sich zu öffentlichen Zwangsgesetzen bequemen, und so einen (freilich immer wachsenden) Völkerstaat ... bilden." In drei Definitivartikeln zum ewigen Frieden entfaltet Kant die Trias aufeinanderbezogener Stabilisatoren, die bis heute zu verankern und zu befestigen sind:

- „Die bürgerliche Verfassung in jedem Staate soll republikanisch sein";
- „Das Völkerrecht soll auf einem Föderalism freier Staaten gegründet sein";
- Kant verlangt die Anerkennung eines Weltbürgerrechts, eines „Besuchsrechts, welches allen Menschen zusteht, sich zur Gesellschaft anzubieten, vermöge des Rechts des gemeinschaftlichen Besitzes der Oberfläche der Erde."

Der Spannungsbogen zwischen dem Universalismus der Menschenrechte und dem Partikularismus der Bürgerrechte ist der Moderne eingeschrieben. Er kann zerreißen. In Zeiten des Umbruchs wird seine Belastbarkeit bis ins Unerträgliche getestet.

In seinen „Aussichten auf den Bürgerkrieg" hat Hans Magnus Enzensberger das Aufkommen „marodierender Banden" in den frühen 90er Jahren, die mit roher Gewalt rauben, morden und plündern, zu erklären versucht mit dem Zerfall der bipolaren Weltordnung. Das Ende der Sowjetunion beschreibt Michael Ignatieff in seinen „Reisen in den neuen Nationalismus" als den Beginn einer neuen Bürgerkriegsepoche. Enzensberger und Ignatieff beobachten Rückfälle in Barbarei. In die Irre geht ihre Spekulation, der Atavismus vorgeschichtlicher Gewalt kehrte zurück, weil die Bindefähigkeit übergreifender Ordnungssysteme mit ihnen verschwunden sei. Immer schon hatte die Gegenaufklärung behauptet, der Universalismus überfordere die Menschen und die Staaten. Enzensberger verlängert ihren Einspruch gegen die Aufklärung auf den Appell, auf jede Form von Menschenrechtspolitik sei zu verzichten. Damit aber jeder Mann und jede Frau eine menschliche Existenz zu führen in der Lage sei, ist es notwendig, minimale Anforderungen an eine Moral des Zusammenlebens durchzusetzen. Daher sind Menschenrechte als Ansprüche zu verstehen, die die Individuen sich wechselseitig einräumen. Sie garantieren einander die Bedingungen, die einzufordern ihr Recht und einzuhalten ihre Pflicht ist. Liberale Freiheitsrechte, politische Partizipation und soziale Teilhabe sind dabei aufeinander bezogen und ergänzen sich.

„Die Idee der Menschenrechte", schreibt Albrecht Wellmer, „bezeichnet einen normativen Horizont, der im Medium des demokratischen Diskurses immer wieder aufs Neue in rechtliche Konkretisierungen übersetzt werden muss.[1]

Drei Generationen von Menschenrechten werden unterschieden:

(1) Menschenrechte als negative Abwehrrechte: das Recht auf Leben und Freiheit, das Folterverbot, die Gewissens- und Religionsfreiheit, die Meinungs- und Informationsfreiheit, der Schutz vor willkürlicher Festnahme, Inhaftierung oder Ausweisung, schließlich das Verbot, die in der Allgemeinen Menschenrechtserklärung verkündeten Rechte und Freiheiten zu diskriminieren.

(2) Menschenrechte als Leistungsverpflichtungen der Staaten sind die, die ein Staat anderen Rechtssubjekten gegenüber eingegangen ist, das sind, neben anderen Staaten, auch die internationalen Organisationen und, begrenzt, Individuen.

(3) Rechte von Gruppen und Völkern, das Recht auf Entwicklung, auf Frieden und auf eine gesunde Umwelt. Die jüngste Generation ist Völkerrecht in frühem Stadium.

Schwach sind die globalen Regime, die Universalität der Menschenrechte in den partikularen Kontext durchzusetzen. Sie können in zwei Strategien gruppiert werden:

- Die Repressalie. Erfüllt ein Staat seine völkerrechtlichen Pflichten nicht, dann darf das in seinen Rechten verletzte Rechtssubjekt eine ihm gegenüber dem rechtsbrüchigen Staat auferlegte Pflicht verletzen. Verletzt ein Staat die Menschenrechte, können andere Staaten ihrerseits eingegangene Verpflichtungen aussetzen. Begrenzt wird das Repressalienrecht vom Gewaltverbot.

- Die humanitäre Intervention. Ob und inwieweit zum Schutz der Menschenrechte in einen Staat von außen mit Gewalt eingegriffen werden darf, ist heftig umstritten. Mit dem Westfälischen Frieden hatte die Staatengemeinschaft neue Prinzipien eingeführt, um die gegeneinander gerichtete Aggression zu zähmen. Die Souveränität begrenzt das Eingreifen. Die Charta der VN verleiht in Kapitel VII dem Sicherheitsrat die Macht, notfalls militärische Maßnahmen zu ergreifen. Zuvor muss eine Bedrohung oder ein Bruch des Friedens festgestellt werden, dies können auch schwere Verletzungen von Menschenrechten sein. Seit der Resolution 688 des Sicherheitsrats der VN, eine Schutzzone für die Kurden im Nordirak zu errichten, wird das Souveränitätsprinzip zugunsten der humanitären Intervention zurückgedrängt. Ob die humanitäre Intervention auch dann berechtigt sein kann, wenn bestimmte Mitglieder des Sicherheitsrates sich ihr verweigern und an ihnen vorbei andere Mitglieder des SR durch eine multilaterale Übereinkunft militärisch eingreifen, ist hart umstritten.

Jürgen Habermas sieht mit dem Blick auf den Kosovo-Krieg einen Vorgriff auf eine weltbürgerliche Ordnung, deren Verwirklichung durch den Eingriff befördert werde. Hinter dem Souveränitätsprinzip kann sich seither kein Diktator mehr verschanzen, Völkermord begehen und die Rechte von Menschen schwer verletzen.

Das 21. Jahrhundert hat gute Aussichten, das Zeitalter der Menschenrechte zu werden. Wird ihre Universalität regional aufgenommen und in feste Regime überführt, dann können sie in die kulturellen Kontexte übersetzt werden und dann umso stärker wirken. Vor 50 Jahren ist die Europäische Menschenrechtskonvention unterschrieben worden. Anders als in der ersten Hälfte des Jahrhunderts sollte Europa zu einer Region des Friedens, der Gerechtigkeit und der Menschenrechte werden. Heute arbeiten 41 Staaten im Europarat zusammen, um einen Raum zu schaffen, der für die 800 Millionen Menschen, die in ihm leben, einen Mindeststandard an Grund- und Menschenrechten zu schaffen. Sich diesem Mindeststandard zu unterwerfen, sich fortwährend prüfen zu lassen, ob sie eingehalten werden, das ist die Eintrittskarte in den Europarat. Und die neuen Staaten, auch Russland, öffnen sich. Zwölf Zusatzprotokolle haben den Raum des gemeinsamen Rechts bis heute zusätzlich verdichtet. Jüngst hat Herta Däubler-Gmelin in einer Rede im Deutschen Bundestag Luzius Wildhaber zitiert, den Präsidenten des Europäischen Menschenrechtsgerichtshofs in Straßburg:

> Die Konvention war ... ein Text, geeignet, auf die Rechtsordnungen der Vertragsstaaten einschneidend und entscheidend zu wirken. Mit ihrem Vertrauen in die Europäische Menschenrechtskommission und in den Europäischen Gerichtshof für Menschenrechte waren es die Bürger, die ... die Möglichkeit gaben, die Rechte und Freiheiten der Konvention zur Wirkung zu bringen.

Mit der Individualbeschwerde zum Europäischen Gerichtshof ist im europäischen Rechtsraum Neuland betreten worden. Menschenrechte praktisch durchsetzen zu können, das ist in den Ländern des Europarats, soweit sie die entsprechenden Konventionen ratifiziert haben, zu einem bürgerschaftlichen Besitzstand geworden. Bis Ende Oktober 2000 sind bereits 15.000 Verfahren in Straßburg registriert und geprüft worden. Gegenüber dem vergangenen Jahr ist das ein Anstieg von 22 Prozent. Allein 1.000 Beschwerden kommen aus Russland. Das Vertrauen in das System des europäischen Menschenrechtsschutzes wächst.

Die Menschenrechte rücken in das Zentrum der europäischen Politik. In dieser Legislaturperiode hat der Deutsche Bundestag einen ständigen Ausschuss für Menschenrechte eingerichtet. Ohne dem Beschluss über den Bundeshaushalt 2001 vorzugreifen, darf ich sagen, dass Mittel bereitgestellt werden, damit ein eigenständiges und unabhängiges Menschenrechtsinstitut gegründet wird. Die ersten Schritte ist die Bundesrepublik Deutschland vorangekommen, damit das Statut des Internationalen Strafgerichtshofs von uns ratifiziert werden kann. Jeder Diktator soll wissen: Einer Verfolgung wird er sich auf Dauer nicht entziehen können.

Neben den sich verdichtenden Integrationsräumen besonders des alten Kontinents wachsen vermehrt Akteure der zivilen Gesellschaften in allen Regionen heran, die die fortschreitenden Kommunikationstechniken nutzen. Sie greifen einen Gedanken Kants auf, „dass die Rechtsverletzung an einem Platz der Erde an allen gefühlt wird." Die Welt wächst zu einer moralischen Gemeinschaft zusammen. Die Regierenden haben es immer schwerer, den Hilferuf einer bedrohten Zahl von Menschen zu überhören. Akteure der sich vernetzenden transnational operierenden zivilen Gesellschaften erhöhen den Druck auf die Politik, sich gegen Menschenrechtsverletzungen zu wenden, wo auch immer sie begangen werden. Multilaterale Netzwerke, an denen sich Staaten, gesellschaftliche Organisationen und Einzelpersonen beteiligen, beginnen die rohe Gewalt einzudämmen, die sich hinter dem Rücken der weltweiten Demokratisierungsprozesse ausbreiten.

2. Zur Ökonomie

Theo-Ben Gurirab, Präsident der 54. Generalversammlung der Vereinten Nationen im Jahr 2000, Außenminister Namibias, hat, aus dem Blickwinkel derer, die die „Dritte Welt" genannt werden, eine Frage an die führenden Wirtschaftsmächte der Welt gestellt: „Können wir ihnen vertrauen"?

Globalisierung, sagt Gurirab, „Globalisierung wird von einigen gesehen als eine Kraft des sozialen Wandels, die die Kluft zwischen den Reichen und den Armen schließen hilft, zwischen dem industrialisierten Norden und dem sich entwickelnden Süden", „aber Globalisierung wird auch gesehen als eine zerstörerische Kraft."

Die stürmische Debatte über die möglichen Folgen der Globalisierung hatte in die Straßen von Seattle Proteste getragen. Zuletzt hat diese Debatte das Zentrum einer wahrhaftigen globalen Organisation erreicht: die Vereinten Nationen.

Mark Malloch Brown, Administrator des VN-Entwicklungsprogramms, hat auf eine bedeutsame Trendverschiebung aufmerksam gemacht, die in den sich entwickelnden Ländern zu erkennen ist: Eine unabhängig handelnde Weltwirtschaft wird nicht mehr rundweg abgelehnt. Mehr noch: Sie wollen Teil der Weltwirtschaft sein und diese öffnen – öffnen für die Bedürfnisse derer, die am wenigsten fähig sind, sich dem Wettbewerb zu stellen.

Inklusion also wird gefordert; damit alle ihre Fähigkeiten einbringen und sich mit anderen Marktteilnehmern messen können. Kofi Annan hat diesen Grundgedanken aufgenommen: „Gegen die Globalisierung zu argumentieren", heißt es, sei ähnlich, „wie gegen die Gesetze der Schwerkraft zu argumentieren." Aber das darf nicht bedeuten, diese als Naturgesetz hinzunehmen.

Im Gegenteil: „Wir müssen die Globalisierung zu einer Lokomotive machen, die Menschen aus der Not herauszieht, und nicht zu einer Macht, die sie niederdrückt."

Der Millenium-Gipfel der Vereinten Nationen hat ernsthaft die Probleme diskutiert, die die Menschen bewegen. Mehr als eine Milliarde Menschen müssen ihr Leben fristen mit weniger als einem Dollar Einkommen am Tag; eine Milliarde Menschen haben keinen Zugang zu sauberem Wasser. Die Staats- und Regierungschefs haben sich in New York dazu verpflichtet, diese Zahlen bis zum Jahr 2015 um die Hälfte zu verringern. Bis 2015 soll auch für alle Kinder eine volle Primarschul-Bildung geschaffen werden. Dies wird auch das Jahr sein, so eine weitere Verpflichtung, in dem die Ausbreitung von AIDS gestoppt sein soll.

Die Gruppe der Staaten, die gegenwärtig die polarisierenden Modernisierungsprozesse ohne die ausbalancierenden Instrumente fester Demokratien erfahren, werden das Gesicht der Erde zukünftig formen. Ihre Gesellschaften befinden sich in einem gefährlichen Wettlauf gegen die Zeit: Schaffen sie es, den allgemeinen Lebensstandard anzuheben ohne die ökologischen Ressourcen unwiederbringlich aufzuzehren? Schaffen sie es, den Millionen Heranwachsenden ausreichend Arbeit anzubieten? Was wird geschehen, wenn sie sich über die Verheißungen der Moderne durch die offenen medialen Zugänge informieren können, wenn ihnen aber der praktische Zugang zum Wohlstand verweigert wird?

Die Gefahren, die heraufziehen, können bewältigt werden. Zu Beginn der Industrialisierung hat Adam Smith zwei strategisch Handelnde erkannt, die den Wohlstand der Nationen schaffen: die unsichtbare Hand des Marktes und die sichtbare Hand des Staates. Heute geht es darum, diese beiden geschichtlich gewandelten Konstruktionen, den demokratischen Rechtsstaat und die soziale Marktwirtschaft national und transnational neu aufeinander einzustellen.

Eine dritte Hand ist hinzugekommen: die zivile Gesellschaft. Sie handelt nicht mehr allein im nationalen Rahmen, wie auch der Markt und der Staat nicht mehr. Alle drei Konstrukte haben sich transnational vernetzt und handeln, auch unabhängig voneinander, nicht selten gegenläufig. Soweit sie dadurch Kreativität freisetzen, hilft es der gesellschaftlichen Erneuerung. Solange der demokratische Rechtsstaat national und transnational vernünftige Regeln zu setzen vermag, die die Innovationskräfte der Produzenten fördern und zugleich zivilgesellschaftlichem Handeln entsprechen, können Konflikte, die die Gesellschaften zu zerreißen drohen, vermieden werden.

Die Triebfeder der entgrenzten Ökonomie ist die Logik des libertären Individualismus. Sie will die ungehinderte Expansion, des Gewinns, des Kapitals, maximieren. Diese Logik schafft immer neue Ungleichgewichte zwischen der realwirtschaftlichen Produktion von Gütern und Dienstleistungen und der Flut von Finanzderivaten, Rechten, Termingeschäften und finanziellen Transaktionen. Je dichter die voranschreitenden Computertechniken eingesetzt werden und sich international durchsetzen, desto rascher können die Eigentümer von Kapitalanlagen deren Werte durch Kapitalflucht retten. Der Abbau der keynesianischen Interventionsmöglichkeiten verschiebt die Gewichte zwischen Kapital und Arbeit dramatisch, zumal die expansive Haushaltspolitik des Staates in den vergangenen Jahren seine aktuelle Handlungsfähigkeit eingeschränkt hat. Internationalisierte Finanzmärkte tendieren dazu, die Zu- und Abflüsse von Kapital von Regeln freizuhalten. Staatliche Geldpolitik könnte, setzte sich dieser Trend durch, mit schwindendem Einfluss auch irrationale Ausschläge der Finanzmärkte nicht mehr bremsen. Demgegenüber schwinden auf sich internationalisierenden Finanzmärkten Risiken für die Ansammlung von Einkommen ohne produktive Tätigkeit. So häuft sich mehr und mehr spekulatives Geld an. Dies wiederum zwingt die Staaten, den Anlegern Gewinnchancen zu eröffnen. Der materielle Universalismus von Ökonomie und Technologie zielt darauf ab, Regeln zu schaffen, damit alle Regeln ausgesetzt werden, die der politische Lokalismus und Regionalismus gesetzt hat. Das Multilaterale Abkommen über internationale Investitionsbedingungen (MAI) sollte dies bewerkstelligen. Das Abkommen ist gescheitert. Vorerst. Jacques Attali, ehemals Berater von Präsident Mitterrand, hat das Gegenbild beschrieben, das das Multilaterale Abkommen zu Fall brachte:

> Die Titanic, das sind wir, unsere siegessichere, sich selbst beglückwünschende, blinde heuchlerische Gesellschaft, die gegenüber ihren Armen unbarmherzig ist – eine Gesellschaft, in der alles vorhergesagt wird, nur die Mittel der Vorhersage nicht ....
>
> Wir glauben alle, dass irgendwo im Nebel der Zukunft verborgen ein Eisberg auf uns wartet, gegen den wir prallen werden, um dann zu den Klängen von Musik unterzugehen.

Keineswegs aber ist der Staat dazu verurteilt, vor den internationalisierten Finanzmärkten zu kapitulieren. Leo Trotzki notierte einst: „Amerika ist der Ofen, in dem die Zukunft geschmiedet wird." Im Zentrum der New Economy steht das Internet. Es beschleunigt die industrielle Revolution dramatisch. Es tendiert dazu, Zeit und Entfernung aufzuheben. Die Techniken, die die Informationsrevolution bereitstellt, werden die Zugänge für die Teilnehmer an den globalen Prozessen erweitern, nicht jedoch für jeden gleich. Die Globalisierung öffnet immer neue Beteiligungschancen, garantiert für sich aber keinen egalitären Zugang. Zum einen erfordert sie wachsende individuelle kognitive Fähigkeiten, um die technischen Systeme zu nutzen und zugleich angemessene Deutungsmuster, damit diese Systeme in Formen sozialen Handelns eingeordnet werden können.

Eric Hobsbawm hat vorgeschlagen, sich das Modell eines fortgeschrittenen Stadiums der Globalisierung vorzustellen, alle Bewohner des Erdballs hätten überall den gleichen Zugang zu Gütern und Dienstleistungen. Das Experiment ergibt, dass die ungleiche Verteilung von spezifischen Ressourcen nicht aufgehoben werden kann. Das gilt besonders für

‚Positionsgüter', die „ihrer Eigenart nach nur begrenzt verfügbar oder völlig einmalig sind". Die Stärke des Globalisierungsprozesses wird in einem hohen Grad von Standardisierung und Homogenisierung liegen. Das macht sie übersichtlicher und zugleich störanfälliger. George Soros hat dies klarsichtig erkannt und fordert ein neues Engagement der Politik. Die sich entgrenzende Ökonomie wird testen, wo die Grenzen dieser Prozesse liegen werden. Die neuen Linien von Entgrenzung und Begrenzung werden von den neuen Techniken gezogen werden. Sie werden von Menschen konstruiert, die ihre kognitiven Fähigkeiten erweitern werden. Die Debatte darüber, wohin die Grenzen verschoben werden und wo sie ihr Ende finden sollen, darf allerdings nicht den Ingenieuren überlassen werden, sie muss in die Gesellschaft hereingeholt werden. Von drei Seiten naht das Ende des neoliberalen Fundamentalismus: aus dem Innern der Widersprüche, die die entgrenzte Ökonomie produziert, aus der Reformfähigkeit des Staates, der seine administrativen Grenzen neu bestimmt, sowie aus der wachsenden Bereitschaft der Zivilgesellschaft, Verantwortung zu übernehmen und die nachbarschaftlichen Beziehungen stärker selbst zu gestalten.

Die Informationsrevolution hat die Demokratisierung des Kapitalismus vorangetrieben. Zugleich jedoch hat sie auch neue innergesellschaftliche und intergesellschaftliche Spannungen erzeugt: Differenzen von materiellem Einkommen, gesellschaftlichem Status und mentalen Einstellungen. Was eine reicher werdende Welt im Angesicht wachsender globaler Disparitäten braucht, ist eine neue Debatte darüber, wie die Teilhabe am Reichtum künftig aussehen kann. Für den Ökonomie-Nobelpreisträger Amartya Sen liegt der Schlüssel darin, die

> Hauptursachen von Unfreiheit zu beseitigen: Armut wie auch Despotismus, fehlende wirtschaftliche Chancen wie auch systematischen sozialen Notstand, die Vernachlässigung öffentlicher Einrichtungen wie auch die Intoleranz oder die erstickende Kontrolle seitens autoritärer Staaten.

Sen versteht Entwicklung als Freiheit und Freiheit als soziale Verpflichtung. Weder der Davos-Man, der auf der jüngsten Welle des Kapitalismus surft, noch der Seattle-Man, der sich dem Globalismus entgegenstemmt, wird die Kraft des Politischen zurückgewinnen. Nicht die entgrenzte Ökonomie und nicht die stationäre Provinz ist das Bild der Zukunft, sie sind Obsessionen. Sich in Debatten zu verständigen auf erträgliche Balancen zwischen ökonomischer Produktivität und humanen Ansprüchen, das ist die Alternative. Sie in den Räumen der Öffentlichkeit auszutragen, ihre Ergebnisse zusammenzutragen und danach verantwortungsbewusst zu entscheiden, das sind die Aufgaben der Politik. Der materielle Universalismus der Ökonomie stößt mit dem normativen Universalismus der Menschenrechte zusammen. Wie kann vermieden werden, dass dieser Zusammenstoß in der Vernichtung des einen oder des anderen endet?

3. Zur Demokratie

Das ist die Hauptaufgabe der Politik: die Demokratie transnational zu erweitern, damit die Gesellschaften sich zur Welt öffnen, ohne dabei ihre Kraft zu verlieren, die Menschen, die sich entschieden haben, ihnen zugehören zu wollen, eine Chance zu eröffnen, einen anerkannten Platz in ihnen zu finden. „Das Herz der Demokratie ist Vertrauen", sagt Daniel Bell. Das Vertrauen ist immer neu zu erwerben. In welchen Formen dies geschieht, ist national und historisch verschieden, immer jedoch abhängig von der Entscheidung einer Wahlbürgerschaft. Sie ist die Legitimationsbasis der Demokratie. Wer auf sie verzichtet, der vernichtet sie. Sie konstituiert die Überzeugungskraft der Demokratie. Sie macht die Welt politisch lesbar, trotz aller wachsenden Komplexität und zunehmenden Kontingenz. Mit der sich radikalisierenden Moderne allerdings treiben die Konzepte Menschenrechte, Ökonomie, Demokratie die ihnen je innewohnende Dynamik voran. Nun wird die Leistungsfähigkeit der politischen Systeme auf ihre Existenzprobe gestellt. In den klassischen Formen der Demokratie wird ein hinreichendes Maß an Vertrauen produziert, das die Gefahr des Auseinanderdriftens der Gesellschaften dämpft. Je kräftiger allerdings der Bedarf an transnationaler Gestaltung anwächst, desto schwieriger sind die Balancen noch erträglicher Gleichgewichte herzustellen. Daher wird es immer dringlicher, neue Räume öffentlicher Debatten aufzuschließen. Im Verlauf dieser Demokratisierungsstrategie mögen neue Legitimationsmuster entstehen, die sich über die alte Legitimationsbasis legen werden – nicht, um die traditionellen Formen der klassischen Demokratie zuzudecken oder gar zu ersticken. Ihre unmittelbare Expressivität darf durch nichts beeinträchtigt werden. Wohl aber stellt sich das Erfordernis der Identität, je transnationaler die politischen Kooperationen geflochten werden und sich in regionalen Integrationsprozessen verdichten, möglicherweise als Hemmschwelle politischen Handelns heraus.

Was aber wird aus dem Konzept der Identität, wenn es der polykulturellen Realität begegnet? Muss nicht das eng formulierte Konzept der Bürgerschaft, soweit es an den homogenen Nationalstaat geknüpft ist, erweitert werden? Die Verträge von Maastricht und Amsterdam haben daraus für die Europäische Union den richtigen Schluss gezogen und die Unionsbürgerschaft für die Angehörigen aller Mitgliedsstaaten der EU eingeführt. Die jüngst unter dem Vorsitz von Roman Herzog erarbeitete Charta der Grundrechte bereitet einen konstitutionellen Prozess vor, der es möglich machen kann, dass der zentrale Mangel der neuen politischen Mehrebenen-Konstruktion der EU, der europäische Staaten-Verbund, durch direkte Entscheidungen ihrer Bürgerinnen und Bürger, korrigiert werden wird. Gewiss, die nationalstaatlich verfasste Demokratie bleibt auf lange Sicht der unverrückbare Grundstein, auf dem Vertrauen, Verlässlichkeit, Verantwortung und zugleich Kontrolle, Korrektur und Veränderung wachsen. Das Politische bleibt in der Demokratie gebunden daran, dass jedes einzelne Mitglied der Wählerschaft autonom entscheidet. Wie aber der politische Wille sich künftig ausdrücken wird und welche Formen er sich dabei sucht, ist zuerst daran zu messen, inwieweit er sich originär erhält und inwieweit die Repräsentanz die wachsenden Aufgaben mit hinreichender Effizienz löst.

Demokratie als „selbst-erklärte, normative Vorgabe der Einwirkung einer Gesellschaft auf sich selbst", wie Günter Frankenberg sagt, hat sich im repräsentativen Parlamentarismus ein angemessenes Instrument geschaffen. Gerade weil die Demokratie normativ offen ist für die Mitbeteiligung ihrer aktiven Bürgerschaft, wird die Suche nach ihren politischen Eingriffsmöglichkeiten nie abgeschlossen sein. Die Quelle des autonom handelnden Bürgers, sich seiner Freiheit gewiss, der sich mit den Freien und Gleichen Mitgliedern in der Gesellschaft zusammenschließt, um sich auf politische Ziele zu verständigen und sie gemeinsam anzustreben, ist zugleich die Quelle der Innovation in der Demokratie. Die Fähigkeit der Zivilgesellschaft, vielfältige, sich selbst steuernde Teilsysteme zu schaffen, antwortet auf den wachsenden Bedarf individuellen Handelns.

Die Suche nach neuen Ausdrucksformen der kulturellen Autonomie, sozialer Compassion und ökologischer Verantwortung erweitert die Demokratie. Die Akteure innerhalb dieser Teilsysteme, so sie sensitiv bleiben gegen die Verletzung der Grundwerte der Demokratie, erkennen die intra- und inter-gesellschaftlichen Netzwerke als entscheidend für ihre eigene Arbeit. Diese informellen Assoziationen werden zu Gemeinschaften des Wissens, des Lernens, des Handelns. Sie überschreiten Räume, verbinden Jetzt-Zeiten und kennen nur noch eine objektive Grenze: die des Globus und die der Integrität des Menschen.

Die Moderne hat die Chancen der unmittelbaren Begegnung über die Grenzen hinweg geöffnet. Aber sie wahrzunehmen, ist nicht allen Menschen real möglich. Der Weg von der „schweren Moderne zur leichten Moderne" (Zygmunt Bauman) ist hart. Er führt über die sich radikalisierende Moderne. Auf diesem Wege hat es Verlierer gegeben. Ihre Zahl wird nicht abnehmen. Politische Konstruktionen können auf diesem Weg zugrunde gehen, zumal dann, wenn sie im Wettbewerb der Ideen und Praxis ihre Kraft verlieren. Die Demokratie hat in der Moderne an Faszination nichts eingebüßt. Mit der jüngsten demokratischen Revolution von 1989 hat sich die dritte Welle der Demokratisierung Bahn gebrochen. Für dieses Jahr zählt das „Freedom House" 119 von 192 Staaten der Erde zu den Demokratien. Wer allerdings die politische Landschaft genauer unter die Lupe nimmt, der erkennt, besonders in Osteuropa, dass entscheidende Kriterien der modernen Demokratie fehlen. Wolfgang Merkel spricht denn auch von „defekten Demokratien", die aus dem Zerfall der kommunistischen Diktatur hervorgetreten sind. Demokratien reduzieren sich nicht allein auf den Akt der Wahl. Die Teilung der Gewalten wie ihre Kontrolle, die autonome Gesellschaft, der Rechtsstaat, die selbständige Öffentlichkeit: Sie sind Grundbausteine der Demokratie. Immerhin: 85 Staaten sind es, die dies garantieren. In ihnen leben 38 Prozent der Bevölkerung der Erde. Seitdem es die Menschheit gibt, ist dies der größte politische Fortschritt der Demokratie. Worauf gründet sich nun die Faszination der Demokratie? Was macht sie so attraktiv gegenüber anderen Regierungsformen?

Ronald Inglehart hat in seiner jüngsten Studie darauf eine bemerkenswerte Antwort gegeben: „Most stable democracies emerge in the context of rich human resource which, in turn, makes them strong competitors on the international stage." Das heißt, die stabilsten Demokratien erscheinen im Kontext reicher menschlicher Ressourcen, die sie zugleich zu starken Wettbewerbern auf der internationalen Bühne machen. Zwei weitere Schlüsselgedanken fügt Inglehart dem hinzu: den tiefen Wunsch nach Freiheit und die Garantie der Freiheitsrechte. Diese drei Schlüssel: die menschlichen Fähigkeiten, der Freiheitswille und seine rechtliche Garantie sind abgeleitet von den drei voneinander zu scheidenden Sphären der sozialen Realität: der Ökonomie, der politischen Kultur und den politischen Institutionen. Sie wiederum werden geschaffen durch drei Prozesse der Veränderung: die ökonomische Entwicklung, das Verlangen nach dem Ausdruck der eigenen Persönlichkeit und die Demokratisierung.

Amartya Sen hat ein ähnliches Modell entworfen. Auch er sieht die menschliche Entwicklung als die Erweiterung ihrer persönlichen Fähigkeiten, um ihr Leben in die eigene Hand zu nehmen und eigene Wahlmöglichkeiten zu treffen. Physische und kognitive Ressourcen, die eigene Körperlichkeit beherrschen und Wissen anzueigen ist das Äußere; hinzu kommen die inneren Fähigkeiten, sich selbst auszudrücken und seiner Selbst gewiss bleiben, auch in aktuell schwieriger Situation. Die Freiheit, gemeinsame Ziele zu wählen, gemeinsame Regeln, auch die politische Repräsentanz geht einher mit dem Wunsch nach privater Autonomie.

Inglehart sieht beide Anteile der Freiheit verknüpft im nie endenden Freiheitswillen. In sich modernisierenden Gesellschaften stützen sich die voranschreitenden Ökonomien und der sich ausbreitende Freiheitswille wechselseitig. Die von den Institutionen garantierten Freiheitsrechte, so Inglehart, geben dabei nicht den Ausschlag, sie zu sichern, sondern zuallererst ist es der Freiheitswille selbst. Wer nach der Zufriedenheit von Bürgerinnen und Bürgern in 18 post-kommunistischen Ländern fragt, kann Ähnliches finden. Im Übergang zur Demokratie gibt es ein überragendes Zeichen, an dem die Regierung gemessen wird: Wichtiger als die Entwicklung der Wirtschaft ist der Respekt vor den Menschenrechten.

Allerdings: Politische Affären untergraben das Vertrauen in das politische Handeln, nicht in die Demokratie. Und schließlich: Die Demokratie hat sich in der sich entgrenzenden Ökonomie zu bewähren. Treiben die Prozesse der Ökonomisierung aller territorialen Räume und aller Lebenswelten die Demokratie an die Grenzen ihrer Kompetenz oder gar an den Rand ihrer Akzeptanz? Die treibende Kraft der Ökonomie ist der Mensch selbst. Die Moderne hat ihm ungeahnte Chancen geöffnet. Er kann die Schätze, die ihm andere mitgegeben haben, auch nutzen, damit alle an seinem Können teilhaben. Ist die Kultur des Teilens stark, dann wird die

Ökonomie ihre selbstzerstörerische Kraft bändigen. Auch eine sich entgrenzende Ökonomie bedarf der Regeln. Sie werden in den Räumen der Öffentlichkeit debattiert, verhandelt und festgelegt. Die Demokratie ist dafür der angemessene Ort. Die Menschenrechte sind für das politische Handeln der Rahmen, dessen konstitutive Bestandteile nicht verletzt werden dürfen.

Die sich radikalisierende Moderne erschließt mit neuen Technologien der Kreativität erweiterte Möglichkeiten und öffnet den Blick. Hatte die schwere Moderne Kapital und Arbeit in einen eisernen Käfig eingesperrt, so hat die leichte Moderne einen der beiden Partner herausgelassen. Der andere Partner muss sich der neuen Technologie bedienen, um dem eisernen Käfig zu entkommen. Er kann sich mit anderen vernetzen, um einen neuen Universalismus aufzubauen. In den Räumen der demokratischen Öffentlichkeit finden die Kämpfe statt. Hier wird um Freiheit, Gerechtigkeit, Solidarität gerungen. In der sich entgrenzenden Ökonomie muss das Politische den Mut haben, neue Räume der Öffentlichkeit zu schaffen, damit die aktive Zivilgesellschaft ihren politischen Willen ausdrücken kann. War die Demokratie zunächst lokal gebunden, wird sie global werden müssen, damit sie die Ökonomie an die Regeln bindet, für die sich die Mehrheiten entscheiden.

Was aber, wenn die Öffentlichkeit nicht den Sinn erfüllt, den John Dewey ihr gab, nämlich Forum zu sein, in dem die Kommunikation einen Zugang zu neuer Wahrnehmung verschafft, zugleich über den Diskurs die Basis legt, damit sie beurteilt werden kann? Und was, wenn dieses Forum nicht geeignet ist, Grundwerte zu prüfen und sie einzuordnen in geschichtliche Entwicklungslinien? Ist es nicht so, dass die Öffentlichkeiten zerstreuen? Haben nicht die in Sparten, Nischen, Segmente zerfallenen Öffentlichkeiten begonnen, die regulative Idee der diskursiven Rationalität zu sprengen?

Benjamin R. Barber hat für die gesellschaftliche Entwicklung in den USA darauf eine Antwort gefunden. Für ihn ist die zivile Gesellschaft ein dritte Domäne zwischen Regierung und Markt. In seiner „starken demokratischen Perspektive" sind die Bürger als Mitglieder einer zivilen Gesellschaft zu verstehen, weil sie aktiv, verantwortungsbewusst, engagierte Mitglieder von Gruppen und Vereinigungen sind, die sich vorgenommen haben, gemeinsame Güter auszuprobieren, Güter, die mehr miteinander gemein haben als Güter des Marktes. Die Werte der Bürger in der zivilen Gesellschaft setzen einen anderen Akzent als den der Marktkonsumenten, sie verlassen den radikalen Individualismus. Mehr noch: Freiheit trägt in Barbers Konzept der Zivilgesellschaft die Verpflichtung auf soziale Verantwortung. Der aktive Bürger in der Zivilgesellschaft kann sich auch als Konsument wehren gegen den überhand nehmenden Egoismus des Marktradikalismus.

Allerdings braucht er dazu die Demokratie. Sie versucht gegenwärtig mit drei Strategien, der Ökonomie einen neuen Rahmen zu setzen.

(1) Die Rechtssetzung wird ergänzt durch Konsensgespräche. Sie sollen einvernehmliche Vereinbarungen mit den beauftragten Repräsentanten der gesellschaftlichen Gruppen auszuhandeln versuchen. Diese Strategie erweitert das korporative Modell des Regierungshandelns, das die Bundesrepublik Deutschland seit ihrer Gründung begleitet.

(2) Kompetenzen werden auf die Europäische Union übertragen. Diese Strategie wurde zunächst als intergouvernementaler Prozess gestartet und führt in die sich immer dichter integrierenden und ausweitenden europäischen Räume. Ökonomisches Handeln wird an feste Regeln gebunden. Noch hat sich die Demokratie nicht stark entwickelt. Exekutives Handeln wird vom Europaparlament und den nationalen Parlamenten kontrolliert. Begrenzt können die Parlamente im Vorweg auf das Regierungshandeln Einfluss nehmen.

(3) Souveränitätsrechte werden an internationale Organisationen abgetreten. Diese Strategie bleibt dem Regierungshandeln vorbehalten. Drei Gruppen sind dabei zu unterscheiden:

(a) Systeme der Sicherheit, wie die NATO und die WEU;

(b) Systeme der ökonomischen Zusammenarbeit, wie der IWF und die WTO;

(c) Systeme der staatlichen Zusammenarbeit, wie die OSZE und die UNO.

Diese Strategie wird von den parlamentarischen Demokratien begleitet und sie können erheblich Entscheidungen der Regierungen über die Aufstellung nationaler Haushalte steuern. Die Parlamentarischen Versammlungen der NATO, der WEU und der OSZE haben besondere Möglichkeiten, die Regierungen und die jeweiligen Organisationen zu beraten.

Und dennoch: die drei Strategien bringen die Gefahr mit sich, die Parlamente und damit die repräsentative Demokratie zu schwächen.

Was ist zu tun?

1. Die Zugänge zu Information, Bildung und Wissen müssen stets allen offen stehen.

   Sich miteinander zu verständigen, Regeln des fairen Ausgleichs unterschiedlicher Interessen immer neu zu finden, übereinstimmende Ziele diskursiv zu ermitteln und dann gemeinsam zu handeln, sind die Grundbausteine des sozialen Lernens.

2. Die politischen Entscheidungen müssen stets transparent sein.

   Räume der Öffentlichkeiten müssen die Chance bieten, Kontroversen austragen zu können. Ohne sie untergräbt die Unsicherheit der Einzelnen die Demokratie. Individuelle Freiheit ist Voraussetzung und Ergebnis gemeinsamer Anstrengungen.

3. Neue Formen der Beteiligung an der Demokratie sind nötig.

Die parlamentarische Demokratie wird durch die stärkere Mitwirkung der Bürgerschaft zwischen den Wahlen gestärkt. Die Bürgerinnen und Bürger als am Politischen Interessierte, als vom Politischen Betroffene oder als Experte für das Politische sollen erweiterte Möglichkeiten haben, Verantwortung zu teilen.

4. Die Mängel an demokratischer Essenz in der EU sind zu beheben.

Die Mitgliedsstaaten der EU sollten Gruppen der zivilen Gesellschaft fördern, damit eine europäische Zivilgesellschaft entstehen kann. Besonders die Medien können entscheidend dazu beitragen. Die Rolle des Europäischen Parlaments ist zu stärken. In einer öffentlich zu führenden Verfassungsdebatte sind die Abgrenzungen der Kompetenzen zwischen den Nationalstaaten und der EU zu prüfen.

5. Die supranationalen Organisationen erhalten Parlamentarische Versammlungen, die sie beraten. Mit begrenzten Initiativrechten können sie die Organisationen zum Handeln auffordern. Gruppen von nationalen und internationalen zivilen Gesellschaften sind an öffentlichen Verhandlungen zu beteiligen. Ihnen steht ein volles Informationsrecht gegenüber den Parlamentarischen Versammlungen zu.

6. Jenseits staatlichen Handelns sind weiterführende Modelle der Demokratie zu entwickeln. Ob das kosmopolitische Konzept David Helds trägt, steht dahin. Ein geschichtetes Modell globaler Demokratie kann ohne eine öffentlich-rechtliche zugeordnete Verantwortung nicht die Zustimmung der Bürger finden. Vertrauen ohne Rechtsbindung wäre ein Rückfall hinter die aufgeklärte Moderne. Die Menschenrechte sind nur garantiert, wenn demokratisch legitimierte Institutionen über ihre Einhaltung wachen, sie durchsetzen können und ihre Verletzungen ahnden.

7. Die Regionen der Erde sollten integrierende regionale Systeme schaffen, in denen Menschenrechte, Ökonomie, Demokratie sich entfalten. Sie können die Spannungen zwischen dem Universalismus und dem Partikularismus im regionalen Kontext produktiv umarbeiten und auf die jeweiligen Besonderheiten beziehen.

8. Die Vereinten Nationen sollten gestärkt werden, damit sie besser ausgerüstet wird, um aktiv Konflikten vorbeugen zu können. Friedenseinsätze sollten in aller Regel ein robustes Mandat erhalten, das Sekretariat muss in seiner Führungsfähigkeit optimiert werden und die Mit-

gliedsstaaten müssen mehr tun, damit gut ausgebildete Soldaten, Polizei und ziviles Fachpersonal schnell in Krisenregionen entsandt werden.

9. Die ökonomischen Akteure sollten sich besinnen, dem Rat von George Soros folgen und dem „Raubtier-Kapitalismus" (Helmut Schmidt) absagen. Soziale und ökologische Mindeststandards für die Produktion von Gütern und Dienstleistungen sollten sie bereit sein, gemeinsam mit den Repräsentanten der Politik auf der Ebene des Nationalstaats, der regionalen und internationalen Organisationen auszuhandeln.

10. Die Demokratie wird sich in der voranschreitenden Moderne behaupten, wenn sie das Wir-Bewusstein der Bürgerinnen und Bürger über den Nationalstaat hinaus öffnet. Der Zufall will es, an welchem Ort der Welt wir geboren werden. Jeder von uns aber will in seiner Persönlichkeit anerkannt werden. Öffnet sich die Demokratie nach innen und ermutigt die Kreativität ihrer Bürgerschaft, dann stärkt sie nicht allein die individuelle Persönlichkeit. Sie erneuert dann auch die Formen der demokratischen Mitbeteiligung in deliberativen Diskursen. Öffnet sich die Demokratie nach außen transnational, dann hilft sie mit, Konflikte zu bearbeiten, die ihr sonst an ihren Grenzen drohen. Demokratien, die der Freiheit, Gerechtigkeit und Solidarität verpflichtet sind, bedrohen sich nicht.

Werden diese zehn Schritte gegangen, dann kann der Verlust an nationaler Regelungskompetenz ausgeglichen werden durch den Neugewinn an demokratischer Mitbeteiligung. Das setzt jedoch reformbereite Parlamente voraus und eine aktive Bürgerschaft, die sie fordert und unterstützt.

Otfried Höffe hat in „Demokratie im Zeitalter der Globalisierung" einen Blick in die Zukunft geworfen. Er lehnt Ökonomismus ab, die „Verdrängung der Politik durch den Markt" und den „ökonomistischen Fatalismus", demzufolge die Wirtschaft nicht nur über die Mittel entscheide, sondern auch über die Ziele. Seine Antwort heißt: demokratische Rahmenverantwortung. Werde

> der Handlungsbedarf global, so legt sich der Gedanke eines ebenso globalen Gemeinwesens nahe: einer weltweiten Rechts- und Staatsordnung, die sich als globale Demokratie, als Weltrepublik, etabliert.

Demokratie ist Mitbeteiligung, Offenheit, die Fähigkeit, sich zu verändern und sich treu zu sein. Demokratie will Spannungen aushalten, sie produktiv aufnehmen, sie kreativ umarbeiten in ein menschlicheres Zusammenleben. Das ist schwieriger geworden. Ohne Pluralität aber ist Modernität nicht zu gewinnen und ohne Toleranz keine Solidarität. Zusammenhandeln in der Demokratie, sagt Hannah Arendt, baut nicht auf der Kontinuität der Geschichte auf. Die Kontinuität der Geschichte, das sind die

Ströme der Gewalt, die durch sie hindurch fließen. Die Demokratie versucht, Inseln zu bilden in diesen Strömen. Freiheit und Menschenwürde und die Sicherheit des Rechtsstaats, sie unterbrechen die furchtbare Kontinuität ihrer Abwesenheit. Demokratie unterbricht Terror und Barbarei und Verelendung. Diktaturen knüpfen an Mythen an, Demokratie unterbricht sie.

Was wir brauchen, ist eine neue Universalität, eine, die über Grenzen reicht. Sie will, dass Menschen sich wechselseitig verstehen ohne nationale Enge. Sie wird den Grund legen für eine neue Legitimation für eine neue Republik. Sie „erweist sich", so endet Zygmunt Baumans jüngstes Buch „Die Krise der Politik", „als die einzige Alternative zu den blinden, urwüchsigen, erratischen, unkontrollierten, entzweienden und polarisierenden Kräften der Globalisierung."

Anmerkungen

[1] In: Recht auf Menschenrechte, S. 138.

Gemeinsame Sicherheit in Europa – was bedeutet das?

Rudolf Scharping, Bundesminister der Verteidigung

Mein Beitrag zu dieser Vortragsreihe zum Thema „Frieden" gilt dem Problem der Friedenssicherung. Friedenssicherung ist eines der politischen Hauptziele, das wir verfolgen, um ein sicheres und freies Deutschland, ein sicheres und freies Europa, ein stabiles internationales Umfeld zu gewährleisten. Wenn man diese Politik der Friedenssicherung erfolgreich betreiben will, dann stellen sich Fragen. Welches Verständnis von Sicherheit haben wir? Was benötigen wir zur Gewährleistung von Sicherheit an Instrumenten, an Mitteln? Welche Rolle fällt Deutschland in diesem Zusammenhang zu? Welche seinen Verbündeten und Partnern? Welche Rolle spielen die internationalen Organisationen, die Vereinten Nationen, die OSZE, aber auch die NATO und die Europäische Union?

Wir diskutieren diese Fragen in einer einmaligen Situation in Europa. Die Europäische Union wird häufig missverstanden als ökonomisches Projekt. Tatsächlich ist sie vor allem ein zivilisatorisches Projekt, ein kulturelles Projekt, ein Projekt der Friedenssicherung. Insofern ist die Erweiterung der EU nicht nur die Wiedervereinigung des gemeinsamen Kontinents, sondern auch die Frage danach, wie wir dieses Europa in zivilisatorischer, kultureller, sozialer, friedenssichernder und nicht zuletzt auch ökonomischer Sicht verstehen.

In meinen Augen wird die Europäische Union ihre Erweiterung nur dann erfolgreich bewältigen, wenn sie die notwendigen inneren Voraussetzungen institutioneller Reform und stärkerer demokratischer Gestalt der EU tatsächlich leistet, wenn die Europäer verstehen, dass sie weltpolitischer Akteur sind. Ob sie das wollen oder nicht, ob ihnen das klar ist oder nicht, das spielt bei der Frage der weltweiten Verantwortung, die Europa hat, keine Rolle. Die Frage ist lediglich, wie wir diese Verantwortung annehmen und wie wir sie wahrnehmen. Wer einmal mit Politikern, Menschenrechtlern, Wissenschaftlern oder Journalisten in Südamerika, Afrika oder Asien gesprochen hat, der weiß, welche Anziehungskraft, welche Vorbildfunktion den Europäern in dieser Hinsicht zukommt. Als dem einzigen regionalen Zusammenschluss auf der Erde, der auf der Grundlage rechtsstaatlicher Demokratie eine kluge Verbindung zwischen wirtschaftlicher Leistungsfähigkeit, sozialer Verantwortung und kluger Vorsorge für die Zukunft darstellt. Insofern ist die Entwicklung in Europa nicht nur eine Sache, die uns betrifft, sondern die auch über unsere Rolle im globalen Dorf entscheiden wird.

Im Übrigen gewinnt die europäische Integration und Zusammenarbeit auch auf dem Gebiet der Außen- und Sicherheitspolitik nicht nur erstaunliches Tempo, sondern auch immer größere Bedeutung. Die Europäische Union wird in absehbarer Zeit auch sicherheitspolitischer Akteur sein. Sie war es schon zu Zeiten, in denen wenige daran gedacht haben. Zum Beispiel sind im Zusammenhang mit den Fragen nach den politischen Bedingungen einer Beendigung des Kosovo-Konflikts alle wesentlichen Initiativen von Europa und insbesondere von der Bundesrepublik Deutschland ausgegangen. Die Frage, wie wir also mit unserer Verantwortung umgehen, wird das Entscheidende sein, und dabei spielt auf dem Gebiet der Außen- und Sicherheitspolitik der gerade beendete militärische Konflikt eine Rolle.

Soweit wir über die Außen- und Sicherheitspolitik reden, ist die internationale Lage durch gegenläufige Entwicklungen geprägt. Auf der einen Seite haben wir einen epochalen Gewinn. Das Ende des Ost-West-Konflikts bedeutet für uns nicht nur das Ende einer widernatürlichen Teilung in Europa, sondern auch das Ende eines die ganze Welt und ihre Entwicklung dominierenden Konflikts. Es bedeutet für uns eine nicht unerhebliche Chance, eine europäische Friedensordnung zu schaffen, und es bedeutet für Deutschland nicht nur einen gemeinsamen Staat, sondern auch eine wachsende Verantwortung in Europa und für seine Integration. Es bedeutet für Deutschland nicht zuletzt, dass es nicht mehr an der Nahtstelle des Ost-West-Konfliktes als geteiltes Land existiert, sondern in der Mitte eines durch die NATO und durch die EU geprägten und erweiterten Raumes von Stabilität. Das bedeutet aber auch – ob wir wollen oder nicht, ob wir es annehmen oder nicht – für Deutschland größere internationale Verantwortung, bedeutet größere Verantwortung für ein Europa des Rechts, der Sicherheit und insbesondere der Freiheit.

Diesen Entwicklungen steht eine andere, gegenläufige Entwicklung entgegen. Krisen und Gewalt sind unverändert Realität im globalen Rahmen genauso wie in Europa selbst. Zur Zeit gibt es auf der Erde über dreißig kriegerische Konflikte, und nicht zuletzt in Europa haben die Balkankriege gezeigt, dass wir von einer Welt des Friedens noch weit entfernt sind. Wir sollten uns auch darüber klar sein, dass die Herausforderungen an unsere Sicherheit nicht nur an Komplexität, an Vielfalt gewonnen haben, sondern dass diese Herausforderungen fast immer zunächst nicht-militärischer Natur sind. Ethnische und religiöse Konflikte, ökonomisches Gefälle und ökologische Probleme, internationaler Terror, organisierte Kriminalität, soziale Verwerfungen, das sind alles Herausforderungen an Sicherheit, die sich militärisch auswachsen können und in die traditionellen Dimensionen der Sicherheitspolitik führen können. Aber fast alle diese Herausforderungen, wenn ich einmal absehe von dem sehr ernsten Problem der Existenz von Massenvernichtungswaffen und ihrer Weiterverbreitung, sind zunächst nicht-militärischer Art. Wir sollten uns darüber im Klaren sein, dass das Konsequenzen dafür hat, wie wir Sicherheitspolitik verstehen.

Nicht zuletzt führt in Europa der Zerfall der Sowjetunion zu einem besonderen Krisenpotenzial. Es gibt so etwas wie einen postsowjetischen Krisengürtel von Moldawien bis Tatschikistan. In diesen Regionen verbinden sich Probleme zwischen Bevölkerungsgruppen und Ethnien mit erheblichen wirtschaftlichen und sozialen Problemen aus dem Übergang zur Marktwirtschaft, aus der Verabschiedung der Planwirtschaft und aus den durchaus schwierigen und konfliktbeladenen Ansätzen einer neuen Staaten- und Nationenbildung.

Und schließlich gehört dazu, dass ein großer Teil der Herausforderungen, denen wir uns jetzt und in der Zukunft gegenüber sehen, nicht mehr Krisen zwischen Staaten sind, sondern Krisen innerhalb von Staaten, zwischen Bevölkerungsgruppen, zwischen religiösen Gruppen und anderen. Alles das muss berücksichtigen, wer eine brauchbare Außen- und Sicherheitspolitik für die Zukunft formulieren will.

Wir haben also in Europa nicht nur ein unvergleichliches Maß an Wohlstand, Sicherheit und Stabilität gewonnen, wir müssen auch nüchtern sehen, dass sich dieses Maß an Wohlstand, Sicherheit und Stabilität alles andere als konfliktfrei, alles andere als risikofrei darstellt und dass wir deshalb der Zusammenarbeit und der kooperativen Sicherheitsstruktur bedürfen. Das internationale Sicherheitssystem kennzeichnet sich nicht nur durch integrative Tendenzen, durch Globalisierung, durch erste Ansätze weltgesellschaftlicher Zusammenhänge, die auch dann, wenn sie scheitern, durchaus real vorhanden sind, in der WTO genauso wie in internationalen Institutionen wie Weltbank, Währungsfonds bis hin zu den besonders wichtigen Vereinten Nationen. In diesem Prozess der Globalisierung verbirgt sich zugleich ein Prozess der Regionalisierung, wie man in Südamerika, in Asien und an anderen Stellen in der Welt vor allem an Freihandelszonen und wirtschaftlichen Zusammenschlüssen erkennen kann. Diesen bemerkenswerten integrativen Tendenzen stehen destabilisierende Entwicklungen entgegen, auf die ich aufmerksam zu machen suchte.

Was im euro-atlantischen Raum, rund um den Atlantik zwischen Kanada, Nordamerika und der Europäischen Union und den künftigen Mitgliedern der Europäischen Union zu bedenken sein wird, ist das Folgende: Wir stellen im transatlantischen Raum 15 Prozent der Weltbevölkerung, produzieren über 50 Prozent des Weltsozialprodukts, repräsentieren über 40 Prozent des Welthandels. Wir sind die beiden einzigen Regionen auf der Erde, die ein vergleichbares Verständnis von politischer Demokratie, von Rechtsstaatlichkeit haben und die einen vergleichbaren Wohlstand haben. Vor diesem Hintergrund gibt es ein hohes Maß an Interessenidentität zwischen Nordamerika, also Kanada und den USA einerseits und Europa andererseits. Diese Interessenidentität kann nicht allein nur sicherheitspolitisch begründet werden. Das erkennt man zum Beispiel daran, dass zur Zeit 65 Prozent der amerikanischen Auslandsinvestitionen nach

Europa gehen und davon die Hälfte nach Deutschland, dass über 45 Prozent der europäischen Auslandsinvestitionen in die USA gehen, dass es mehr deutsch-amerikanische oder amerikanisch-deutsche Firmen als deutsch-französische, französisch-deutsche oder niederländisch-deutsche zusammen gibt. Das ist ein hohes Maß an Verflechtung, das auf diese anderen Dimensionen des Ökonomischen, des Ökologischen, des Sozialen und des Kulturellen noch einmal nachdrücklich aufmerksam macht. Es macht im Übrigen auch darauf aufmerksam, dass wir den Herausforderungen an gemeinsame Sicherheit und übrigens auch an gemeinsame Wertvorstellungen nur gemeinsam werden begegnen können. Das bedeutet auch, dass die traditionellen Begriffe von Verteidigung und Sicherheit eine geografische und inhaltliche Erweiterung erfahren.

Wer von erweiterter Sicherheit spricht, der sollte die Elemente deutlich machen. Ich nenne drei: Unsere Sicherheit kann herausgefordert werden durch vielfältige Entwicklungen, auch weit entfernt von uns. Also muss man sich wegen der nicht-militärischen Ursachen denkbarer Konflikte, wegen der geografisch viel größeren Variabilität auf einen umfassenden Sicherheitsbegriff einstellen. Umfassende Sicherheit bedeutet, Ursachen und Erscheinungsformen von Krisen oder Konflikten zu erkennen und ein umfassendes Spektrum von Instrumenten besitzen, um ihnen zu begegnen. Das heißt, moderne Sicherheitspolitik kann sich nicht alleine und auch nicht zuerst auf militärische Mittel stützen. Allerdings wird sie zu ihrer Glaubwürdigkeit und zur Vollständigkeit ihrer Instrumente neben den politischen, den ökonomischen und kulturellen Mitteln des Dialogs, des Austauschs, der Verflechtung und der Integration auf militärische Rückversicherung nicht verzichten können.

Das zweite Element erweiterter und moderner Sicherheitspolitik ist die Konsequenz aus einer veränderten internationalen Lage, wie ich sie versucht habe zu umreißen. Das Ergebnis heißt: Prävention ist die absolute Priorität jeder Politik der Friedenssicherung. Politische und wo immer notwendig auch militärische Krisen- und Konfliktprävention setzt an dem Ort an, an dem Krisen entstehen und ihre Ursachen wirksam werden. Sie wartet nicht, bis die Folgen solcher Entwicklungen das eigene Territorium, in dem Fall das transatlantische oder europäische Territorium erreicht haben. Selbst wenn man die Wahrscheinlichkeit militärischer Auseinandersetzungen für sehr gering hält, ausschließen kann man sie leider nicht. Im idealen Fall gelingt es, durch vorausschauende Politik Krisen frühzeitig zu erkennen, ihre Ursachen zu entschärfen und den Einsatz von Streitkräften überflüssig zu machen. Dann allerdings muss man über alle diese Instrumente verfügen. Das ist mit den Worten von Ernst-Otto Czempiel, einem der Gründerväter der Konfliktforschung in Deutschland, eine völlig veränderte Situation, ein Paradigmenwechsel.

Die Friedensordnung, die man sich früher vorgestellt hat, beruhte auf Prinzipien, wie sie im Wesentlichen 1648 mit dem Westfälischen Frieden formuliert worden sind: der Souveränität der Staaten und der Nichteinmischung in ihre inneren Angelegenheiten. Das gilt heute nicht mehr. 1975 wurde mit der Schlussakte von Helsinki nicht nur der Schlusspunkt und der krönende Abschluss der brandtschen Ost- und Entspannungspolitik gesetzt, sondern zum ersten Mal ein internationales Dokument formuliert, in dem steht, dass Menschenrechte nicht alleine die innere Angelegenheit eines Staates seien. Das hat sich 1992 der Weltsicherheitsrat der Vereinten Nationen zu eigen gemacht, das Europäische Parlament 1994. Das beschreibt eine Haltung. Diese Haltung teile ich. Ärgerlich ist allerdings, dass dieser Haltung nicht auch eine entsprechende Politik zur Seite steht. Und dass deswegen die Gefahr der bloßen Akklamation immer noch im Raum steht.

Ich will das an einem Beispiel deutlich machen, von dem ich seit gut anderthalb Jahren weiß, dass das immer wieder zu heftigen Debatten führt. Zunächst zur Prävention: Wer nüchtern auf die Zeit von 1990 bis 1999 schaut, kommt zu einem klaren Ergebnis: Die Politik der Prävention auf dem Balkan hat schlicht versagt. Das ändert sich auch nicht dadurch, dass es zwischen dem Herbst 1998 und dem Frühjahr 1999 intensive Bemühungen gegeben hat, das noch zu ändern. Aber vielleicht ist das auch ein ungerechtes Urteil, denn man hat ja Herrn Milosevic beim Dayton Peace Agreement als einen Faktor der Stabilität auf dem Balkan missverstanden. Ein Missverständnis, das auch gegenüber Saddam Hussein auf dem Höhepunkt der Konflikte zwischen den USA und dem Iran durchaus Platz gegriffen hat. Das heißt aber – mit Blick auf die Europäer –, solange wir alle zusammen in der Europäischen Union und darüber hinaus nicht in der Lage sind, eine wirksame präventive Politik zu formulieren, also auf gut Deutsch, uns mit zivilen Mitteln, mit demokratischen, mit ökonomischen, mit den Mitteln des kulturellen Dialogs in die inneren Verhältnisse eines Staates einzumischen, solange das nicht ein klares Konzept ist, läuft man immer wieder Gefahr, dass ursprünglich nicht-militärische Ursachen für Krisen und Konflikte am Ende nur noch militärisch bewältigt werden können. Folglich plädiere ich sehr nachdrücklich dafür, dass die Europäer ihre Fähigkeit einer gemeinsamen Außen- und Sicherheitspolitik in diesem präventiven Sinne deutlich verbessern. Das ändert nichts an der Notwendigkeit von Krisenmanagement oder Krisennachsorge.

Ich habe von der Initiative aus dem Frühjahr 1999 gesprochen und von der Schlussakte von Helsinki. Der Stabilitätspakt für Südosteuropa ist nichts anderes als die sinngemäße Übersetzung der Schlussakte von Helsinki 1975 auf die spezifische Situation Südosteuropas, des Balkans, in der Gegenwart. Die Schlussakte von Helsinki sprach von drei Körben als den Kernpunkten demokratischer Entwicklung: 1. Rüstungskontrolle, Abrüstung und Sicherheit, 2. Entwicklung ökonomischer und anderer Beziehungen, 3. Achtung von Menschenrechten und Minderheitenrechten. Das sind exakt dieselben Pfeiler, die den Stabilitätspakt ausmachen. Und auch hier kann man sehen, dass jeder, der solche Entwicklungen als ein ökonomisches Hilfsprojekt begreift – was sie auch, aber nicht nur sind –, und jeder, der die Europäische Union als ein ausschließlich ökonomisches Projekt missversteht, sie einer fundamentalen politischen Intention beraubt und, auch innerhalb der Bevölkerung, einer viel überzeugenderen Faszination für solche Entwicklungen. Der Stabilitätspakt für Südosteuropa ist die Konsequenz aus gescheiterter Krisenprävention und der Versuch, für die Zukunft die aktuelle Krisennachsorge mit einer ungewöhnlich ambitionierten Präventionsstrategie zu verbinden.

Ich möchte zu dem dritten Element der umfassenden und erweiterten Sicherheitspolitik noch etwas hinzufügen: Es gibt nach meiner Überzeugung in der heutigen Welt keine autarken Inseln der Stabilität mehr. Sicherheit kann weniger denn je allein nationalstaatlich gewährleistet werden. Komplexe Herausforderungen, Unteilbarkeit der Sicherheit, neue Möglichkeiten der Zusammenarbeit, auch über Bündnisgrenzen hinweg: Das alles begründet das Prinzip der gemeinsamen Sicherheit. Wieder aus dem Umfeld, der Idee und der Entwicklungsgeschichte der Entspannungspolitik gilt: Nicht die Stärke des Staates, sondern die Stärke des Rechts soll entscheidend sein. Das lässt sich aber nur in internationalen und multinationalen Zusammenhängen entwickeln, nicht alleine durch die Kooperation der Großen, mit den Kleinen am Katzentisch. Bündnisse, Partner, effektive internationale Kooperation sind die Instrumente gemeinsam zu gewährleistender Sicherheit. Das bedeutet aber nicht nur die Stärkung Internationalen Rechts, Internationaler Organisationen und multinationaler Zusammenschlüsse, sondern auch adäquate Wahrnehmung von Verantwortung durch jeden einzelnen Nationalstaat in diesen Zusammenschlüssen.

Damit ist die Frage nach der Verantwortung der Bundesrepublik Deutschland aufgeworfen. Ich möchte dafür sieben Ziele formulieren:

Das *erste* Ziel: Die euro-atlantische Gemeinschaft weiterentwickeln. Auf deren Bedeutung habe ich hingewiesen. Die Vereinigten Staaten sind aufgrund ihrer Geschichte, ihre Werte, ihrer Interessen und ihrer Verantwortung immer auch eine europäische Macht. Gemeinsame Sicherheit in Europa lässt sich ohne amerikanischen Anker kaum denken. Wenn wir den Stabilitätsraum Europa ausbauen und festigen wollten, dann wird das nur vor dem Hintergrund einer engen und gut ausgebauten Partnerschaft mit den USA gelingen.

Die euro-atlantische Staatengemeinschaft befindet sich in einer Phase der Neuorientierung. Es steht fest, dass sowohl Amerika als auch Europa sich den Herausforderungen, ihren Chancen und Risiken gemeinsam besser stellen können. Also ist auch die europäische Integration der richtige Ansatz, um dem besser gerecht zu werden. Dabei wird auch Amerika seine Rolle neu definieren müssen. Der amerikanische Botschafter hat einen interessanten, allerdings auch problematischen, jedenfalls hinterfragenswürdigen Satz geäußert, als er die Rolle der USA zu beschreiben suchte: Sie seien gleichzeitig Hauptakteur des Wandels, Verfechter einer stabilen Struktur, Labor der Welt und Weltpolizist. Genau da beginnen die Fragen. Aber zunächst ist die euro-atlantische Staatengemeinschaft in einer durch viele Instabilitäten oder potenzielle Instabilitäten geprägten Welt ein

Faktor demokratischer Stabilität und wirtschaftlicher Prosperität geworden. Auf beiden Seiten des Atlantiks gibt es eine sehr enge wirtschaftliche Verflechtung. Gemeinsame Geschichte, gemeinsame Werte, gemeinsame Leistungen und gemeinsame politische Strategien treten hinzu. Die USA sind die einzig verbliebene Weltmacht. Wenn Europa im Rahmen der NATO und in anderen internationalen Zusammenhängen ein gleichberechtigter Partner werden will, dann führt das in Amerika zu der einen oder anderen Irritation. Mit der muss man leben; man kann sie auch ausräumen, wenn man möchte. Jedenfalls wird diese neue transatlantische Bindung entweder auf der gleichberechtigten Partnerschaft aufbauen oder sie wird permanent dem Risiko der Inbalance, des Nicht-Funktionierens unterliegen. In diesem Sinne plädiere ich für eine Fortentwicklung der transatlantischen Partnerschaft, und zwar im Interesse gemeinsamer Sicherheit im euro-atlantischen Raum und mit Europa als einem handlungsfähigen globalen Akteur.

Damit ist ein *zweites* Ziel genannt: Die Stärkung der europäischen Handlungsfähigkeit. Das ist nicht nur eine Frage der politischen Logik der europäischen Integration oder der Rolle der Europäer innerhalb der NATO. Die europäische Stimme wird in der Welt entweder gemeinsam gehört oder sie wird überhört werden. Voraussetzung für eine langfristig tragfähige und gleichberechtigte Partnerschaft mit den amerikanischen Verbündeten und für eine engere sicherheitspolitische Zusammenarbeit mit Russland ist also eine stärkere, besser koordinierte Außen- und Sicherheitspolitik der Europäer und insgesamt eine selbstbewusstere Rolle der Europäer. In diesem Sinne gibt es Fortschritte. Ich möchte sie nicht im Einzelnen aufzählen, weil das zu einer Chronologie verschiedener Gipfel seit 1999 geriete. Sie ist nachlesbar. Wer aber Sicherheit gemeinsam gewährleisten will, muss auch gemeinsam handlungsfähig sein.

Das entwickeln die Europäer mit ihrer Gemeinsamen Außen- und Sicherheitspolitik. Sie schaffen sich die notwendigen politischen und militärischen Strukturen schon im nächsten Jahr. Sie schaffen sich die Möglichkeit der humanitären Hilfe bis hin zum Krisenmanagement. Sie schaffen sich nicht die Möglichkeit gemeinsamer Verteidigung, das würde über den EU-Vertrag hinausgehen. Sie schaffen sich die Möglichkeit nicht nur institutionell, sondern auch durch die Aufstellung schnell verfügbarer Einsatzkräfte und zwar in einem Umfang, wie er in der Öffentlichkeit mehrfach dargestellt worden ist: 60.000 Mann Landstreitkräfte, sowie See- und Luftstreitkräfte etc.

Drittens: Neben diesen Fähigkeiten des Krisenmanagements schaffen sich die Europäer auch die Voraussetzungen für die notwendige Prävention. Wer präventive Politik betreiben will, muss aufklären können. Wer nichts sieht, nichts erfährt, nichts weiß, kann keine präventive Politik betreiben. Das ist der eigentliche Sinn von strategischer Aufklärung.

Hinzu tritt viertens die Fähigkeit der Europäischen Union zu zivilem Krisenmanagement. Ein Erfahrung aus den letzten Monaten und Jahren – eine besonders bittere Erfahrung, aber auch eine Notwendigkeit dieses erweiterten Sicherheitsbegriffs – war es, als in der Bundesrepublik Jugoslawien von der OSZE eine unbewaffnete Mission von Beobachtern aufgebaut werden sollte. Es hat sich sehr schnell herausgestellt, dass die Staaten der OSZE dieselben Mängel haben wie auch die Staaten innerhalb der UNO: zu schwache Reaktionsmöglichkeiten, zu langsame Reaktionsgeschwindigkeiten. Immer mit der Konsequenz, dass sich Konflikte wesentlich rascher weiterentwickeln, als es bei einem präventiven Einsatz ziviler Möglichkeiten vielleicht geschehen würde.

Deshalb gehört nicht nur eine militärische Kapazität dazu, sondern – mindestens genauso stark – die Möglichkeit des zivilen Krisenmanagements mit einem gemeinsamen europäischen Polizeikontingent, mit der Fähigkeit, zivile Verwaltung zu betreuen oder bei deren Aufbau zu helfen, Katastrophenschutz zu betreiben und rechtsstaatliche Möglichkeiten zu stärken. Für das alles werden wir in Europa auch gemeinsame Fähigkeiten brauchen, die nicht nur auf staatlicher Ebene organisiert werden dürfen. Wenn es um ziviles Krisenmanagement geht, wird es sehr auf ein koordiniertes Zusammenwirken nicht nur von Staaten, sondern auch von staatlichen und nicht-staatlichen Institutionen ankommen. Genauso wie es auf der traditionellen Seite der Sicherheitspolitik, des Militärs, auf gemeinsame, auch industrielle und technologische Fähigkeiten der Europäer ankommt. Haben sie die nicht, dann werden sie auch politisch immer die zweite Geige spielen.

Drittes Ziel: Kooperation und Partnerschaft weiter ausbauen. Es gibt umfassende Kooperations- und Partnerschaftsbeziehungen in diesem Verständnis gemeinsam zu gewährleistender, umfassend verstandener Sicherheit. Nichts kennzeichnet den europäischen Raum stärker als dieses grenzüberschreitende Geflecht bilateraler, multinationaler, kooperativer Beziehungen und Strukturen. Das gilt beispielsweise für den Nordatlantischen Kooperationsrat, der nicht nur die NATO-Mitglieder, sondern alle Staaten des ehemaligen Warschauer Paktes und die Nachfolgestaaten der ehemaligen Sowjetunion umfasst. Das gilt für das Programm „Partnerschaft für den Frieden", in dessen Rahmen heute 27 Nicht-NATO-Staaten mit den NATO-Staaten zusammenarbeiten. Das gilt für die Grundakte für die Beziehungen zwischen NATO und Russland aus dem Jahr 1997 wie für die Beziehungen zwischen der NATO und der Ukraine. Das sind nur wenige Stichworte für einen sehr umfassenden Prozess, und ich könnte das auch für die Bundesrepublik Deutschland erläutern.

Die Bundesrepublik Deutschland unterhält zur Zeit sicherheitspolitische bzw. militärpolitische Beziehungen zu 110 Ländern auf der Erde. Insbesondere zu den Staaten der ehemaligen Sowjetunion und zu den mittel- und südosteuropäischen Staaten, was dazu führt, dass ein bestimmtes Verständnis der Rolle von Streitkräften, des Primats der Politik, des Staatsbürgers in Uniform, der Prinzipien von innerer Führung in solche Staaten gewissermaßen exportiert werden kann. Und dass es auch ein politischer und sicherheitspolitischer Gewinn ist, wenn mehrere Verteidigungsminister aus Mittel- und Osteuropa, mehrere Generalstabschefs und andere hohe Offiziers- und Generalsränge in Deutschland ausgebildet worden sind und ein anderes Verständnis von Streitkräften, vor allen Dingen vom Primat der Politik, von rechtsstaatlicher Demokratie mit nach Hause nehmen, liegt auf der Hand. Insofern beteiligt sich die Bundesrepublik Deutschland sehr aktiv am Programm „Partnerschaft für den Frieden".

In den gleichen Zusammenhang gehört die Multinationalität von Streitkräften. Früher sprach man von struktureller Nichtangriffsfähigkeit, bezogen auf Ausrüstung, Führungsstrukturen und Bewaffnung der Streitkräfte. Heute sind die Streitkräfte der Staaten der EU aus einem ganz anderen Grund strukturell nicht angriffsfähig. Sie sind multinational organisiert und einer nationalen Verfügung nur noch sehr begrenzt zugänglich. Die Bundeswehr beispielsweise ist die am weitestgehend verflochtene Armee, die es in Europa gibt. Wir haben eine gemeinsame deutsch-französische Brigade, ein deutsch-niederländisches Korps, ein dänisch-polnisch-deutsches Korps. Das kann nur der gering schätzen, der keine Ahnung davon hat oder entwickeln will, was es bedeutet, wenn Staaten, die im Zweiten Weltkrieg gegeneinander standen, wenn Bevölkerungen, die unter Deutschland, seiner Macht und seiner Hybris entsetzlich gelitten haben, heute zu diesem Deutschland ein Vertrauen fassen, das wir leider oft genug für selbstverständlich halten und dessen historische Hintergründe und Wurzeln wir nicht einfach zur Seite legen sollten. Insofern kann man sagen, dass nie zuvor in der Geschichte des deutschen Militärs eine so hohe Akzeptanz, aber auch ein so hohes Maß an multinationaler Integration gelungen ist, wie sich das jetzt hier in Deutschland, mit den wenigen Beispielen demonstriert, faktisch darstellt.

Man kann dieses Prinzip der Kooperation, des Miteinander zur Gewährleistung gemeinsamer Sicherheit auf dem Balkan demonstrieren. In Bosnien-Herzegowina arbeiten zur Zeit 35 Nationen zusammen, im Kosovo 39 Nationen. Allein in dem Bereich, den die Bundesrepublik Deutschland verantwortet, findet man Soldaten aus Deutschland, Bulgarien, Österreich, der Schweiz, der Türkei und Russland. Sie arbeiten dort eng zusammen. Dieser Auslandseinsatz deutscher Soldaten löst große Aufmerksamkeit, manchmal auch Aufgeregtheit aus; das Engagement, die Emotionalität angesichts kriegerischer Auseinandersetzungen ist berechtigterweise außerordentlich hoch. Das erklärt aber nicht, warum nicht dieselbe Intensität des Engagements, nicht dieselbe Emotionalität den viel wichtigeren Aufbau eines wirklichen Friedens begleitet, der mehr ist als die Abwesenheit kriegerischer Auseinandersetzung.

Ich bin immer wieder erstaunt, wie wenig Leidenschaft und Engagement in die friedlichen Prozesse investiert wird. Im Film „Der Himmel über Berlin" hat Wim Wenders einen alten Mann auf dem damals noch ruinierten Potsdamer Platz auf einen Stuhl gesetzt und sinnieren lassen, was es am Frieden sein, dass er so langweilig erscheint. Dass man keine Lieder über ihn singt, dass man keine Begeisterung für ihn entfaltet. Ich finde, wir sollten darüber nachdenken, ob wir nicht in einem Zusammenwirken von vielen zivilgesellschaftlichen Kräften, Medien, Politik bis hin zu internationalen Organisationen die Glaubwürdigkeit und die Fähigkeit zur präventiven Politik auch dadurch stärken könnten, dass wir das Engagement, die Leidenschaft, die Emotion in friedlichen Prozessen etwas sichtbarer machen oder wecken.

Eine gesamteuropäische Friedensordnung haben wir noch nicht erreicht. Wir haben aber eine Chance dazu, und deswegen nenne ich als *viertes* Ziel die Förderung der regionalen Zusammenarbeit. Auch wenn es globale Vernetzung gibt, an der Notwendigkeit der Krisenvorsorge, der Vertrauensbildung, der Entwicklung von kooperativen Strukturen, der Zusammenarbeit in den Regionen führt kein Weg vorbei. Man kann das im Nahen und Mittleren Osten sehen, auch in den jetzt sehr heftigen Auseinandersetzungen. Man kann es in Südosteuropa und Südostasien erkennen, im Kaspischen Raum und sogar in bestimmten Teilen Afrikas. Das sind Regionen mit erheblichen, zum Teil gewaltigen Instabilitäten und der Gefahr, dass sich dies auf das globale Gleichgewicht negativ auswirken kann. Vor diesem Hintergrund kann Europa sich weniger denn je alleine auf sich selbst konzentrieren. Auch wenn unsere sicherheitspolitischen Ressourcen nicht überall auf der Welt eingesetzt werden können und dürfen. Wir sollten ein politisches Interesse daran haben, regionale Ansätze der Zusammenarbeit, wie sie sich hier in Europa über fünf Jahrzehnte entwickelt haben, zu stärken und zu fördern mit den Mitteln, die uns zur Verfügung stehen.

Ich möchte dies am Beispiel des Kaspischen Raumes zeigen, jenem Dreieck zwischen Zentralasien, dem Kaukasus und dem Mittleren Osten. Hier läuft alles zusammen, was man an Krisenursachen „besichtigen" kann: religiöser Fundamentalismus, Terror, Drogen, die streitige Nutzung von Rohstoffen, insbesondere von Öl und Gas. Wenn es gelänge, in dieser Region die europäischen Erfahrungen des KSZE-Prozesses oder – falls er gelingt – des Stabilitätspakts einzubringen und nutzbar zu machen, dann wäre das nicht nur ein Vorteil für die betroffenen Staaten. Es wäre vor allem ein Vorteil für die dort lebenden Menschen und es wäre auch ein Vorteil für uns.

Der Ansatz der regionalen Zusammenarbeit gilt auch für Europa. Interessanterweise waren es die Verteidigungsminister Schwedens und Deutschlands, die eine stärkere, nicht nur sicherheitspolitisch begründete Kooperation rund um den Ostraum initiiert haben. Dieser Raum war geprägt von Gegensatz zwischen zwei Militärbündnissen. Wer jemals mit einem estnischen, lettischen oder litauischen Politiker spricht oder auch mit anderen Bürgern dieser Staaten, der weiß um die Angst vor einer neuen, in diesem Fall russischen Dominanz über diese drei kleinen Ostseeanrainerstaaten. Das ist nur aufzuheben durch ein dichtes Geflecht bi- und multilateraler Beziehungen mit dem Ziel, den gesamten Raum zu stabilisieren und die Beziehungen der Staaten auf eine gleichberechtigte Grundlage zu stellen, so schwer das auch ist.

Man wird rund um die Ostsee den Wunsch, Mitglied in der NATO zu werden, der die Politik der drei baltischen Staaten beherrscht, ergänzen müssen um die Möglichkeit, Mitglied in der EU zu werden, ergänzen müssen um die Möglichkeit einer intensiven Kooperation unter Beteiligung Russlands und der anderen Ostseeanrainerstaaten. Und hier schlägt sich noch einmal nieder, was ich mit einem umfassenden, modernen Sicherheitsbegriff meinte: die Bekämpfung der organisierten Kriminalität, eines der drängendsten grenzüberschreitenden Risiken, gemeinsamer Umweltschutz, auch als Modell für andere Regionen und zur Vermeidung von Risiken, die sich ebenfalls kriegerisch auswachsen können. Sicherheitspolitische Zusammenarbeit auf vielfältige Weise, so wie es die skandinavischen Staaten vorbildlich entwickelt haben.

Man kann dasselbe Prinzip der Stärkung regionaler Zusammenarbeit auch auf dem Balkan zeigen, zum Beispiel in Bosnien, im Kosovo und am Stabilitätspakt. Man sollte sich hier vor allzu naiver Ungeduld hüten. Gerade die Wahlergebnisse in Bosnien-Herzegowina haben gezeigt, wie lange es dauert, bis die nationalen ethnischen Konflikte auch nur gemildert, geschweige denn überwunden sind. Wenn wir nicht sehr aufpassen – darauf hat die Weizsäcker-Kommission aufmerksam gemacht –, wird man solche Konflikte auch sehr bald in Nordafrika studieren können, wo sich innerhalb der nächsten drei Jahrzehnte die Bevölkerung verdreifachen wird. Was wir heute nicht investieren in die Entwicklung einer zufriedenstellenden ökonomischen Situation, in die Sicherung des Wassers und der übrigen natürlichen Lebensbedingungen, in die Festigung demokratischer und rechtsstaatlicher Strukturen, das werden wir morgen und übermorgen als Wanderungsdruck auf ganz Europa zu spüren bekommen. Wir sollten uns nichts vormachen: Sicherheitspolitik bedarf der regionalen Zusammenarbeit und einer vorausschauenden, das heißt langfristig angelegten, umfassenden Politik, denn sonst verfällt man immer wieder in die Mauern bauenden, Grenzen ziehenden, militärisch abschirmenden Formen von Sicherheit, die auf Dauer unter vielen Gesichtspunkten nicht als Priorität der Politik verstanden werden sollten.

Fünftes Ziel: Fortsetzung der Rüstungskontrolle. Wir werden in den nächsten Jahren in Europa und weltweit einiges zu tun haben. Die Abrüstungs- und Nichtverbreitungsbemühungen erfordern ein viel größeres Maß an Aufmerksamkeit als das in den letzen Monaten deutlich geworden ist. Man kann sich auf der erreichten Bilanz nicht ausruhen, selbst wenn sie bahnbrechend ist. In den letzten fünfzehn Jahren wurden in Europa die nuklearen Mittelstreckenraketen vollständig beseitigt. Die taktischen Nuklearwaffen drastisch reduziert. Die USA und Russland haben ihre strategischen Nuklearwaffen deutlich verringert. Der nukleare Nichtverbreitungsvertrag ist auf unbegrenzte Zeit verlängert. Das Verbot chemischer Waffen ist ratifiziert. Ein umfassendes Verbot von Atomtests ist beschlossen. Vor genau zehn Jahren haben in Paris die NATO-Staaten und die Staaten des früheren Warschauer Paktes den Vertrag über die Begrenzung konventioneller Streitkräfte in Europa unterzeichnet. Letztes

Jahr ist dieser Vertrag weiterentwickelt und im Sinne von Rüstungskontrolle und Abrüstung verbessert worden. Das kann und muss man als beeindruckende Erfolge gemeinsamer Sicherheit durch Rüstungskontrolle und Abrüstung verstehen.

Heißt das, dass wir auf diesem Gebiet nachlassen können? Wir können es nicht, angesichts regionaler Konflikte, angesichts der wachsenden Zahl von Staaten, die über nukleare Waffenpotenziale verfügen, und angesichts der Weiterverbreitung von weitreichenden Trägersystemen. Dabei kommen unglücklicherweise insbesondere die biologischen und chemischen Waffen ohne Trägersysteme aus, jedenfalls ohne technische Trägersysteme. Jeglicher Alarmismus liegt mir fern, allerdings auch jede naive Gutgläubigkeit. Es gibt biologische und chemische Waffen, die über Jahrzehnte wirken, wenn man sie einmal eingesetzt hat. Es gibt eine kleine Insel im Atlantik, auf der ein Giftgas ausprobiert worden ist, das im Irak tonnenweise produziert wurde. Seitdem es Ende der vierziger Jahre ausprobiert worden ist, haben die Briten immer wieder getestet, ob das Gift noch wirkt, indem sie einige Schafe zu dieser Insel brachten. Die Tiere haben das nie lange überlebt. Um einen biologischen oder chemischen Kampfstoff zu entwickeln, der eine Million Menschen und mehr das Leben kosten kann, bedarf es eines skrupellosen Menschen und einer Parfümflasche.

Das heißt aber auch, und hier wird ein in der Zukunft immer wichtiger werdender Zusammenhang deutlich: Wenn die demokratischen, rechtsstaatlich verfassten Staaten die Gewährleistung der äußeren und inneren Sicherheit ihrer Bürger nicht mehr glaubwürdig einlösen können, dann wird das möglicherweise zu einer Gefahr für die demokratische und rechtsstaatliche Verfasstheit dieser Staaten. Man sollte sich nicht leichtfertig irgendwelchen Illusionen hingeben. Es geht nicht nur um nukleare und konventionelle Abrüstung, Stärkung regionaler Zusammenarbeit, krisenstabile Sicherheitsstrukturen und Prävention. Es geht auch darum, mit Demokratie und Rechtsstaatlichkeit verträgliche, sie fördernde und stabilisierende Möglichkeiten der Gewährleistung von Sicherheit für Bürgerinnen und Bürger zu finden. Das wird alleine mit repressiven Mitteln und staatlichen Sicherheitsinstrumentarien nicht gelingen können.

Das *sechste* Ziel ist, die Sicherheitsorganisationen zu stärken. Davon habe ich bereits gesprochen: NATO, Europäische Union, Vereinte Nationen und OSZE. Das Hauptproblem bei den Vereinten Nationen ist ein mehrfaches. Für Menschenrechte beanspruchen wir für die UNO weltweite Geltung. Die Instrumente zur Durchsetzung haben wir nicht. Wir beanspruchen das Gewaltmonopol für die Vereinten Nationen. Die Instrumente dafür haben die Vereinten Nationen nicht. Wir beanspruchen, dass die Vereinten Nationen präventiv und schnell reagieren, geben ihnen die Instrumente dafür aber nicht. Das hat die Bundesrepublik Deutschland in den letzten zwei Jahren geändert. Sie hat mit den Vereinten Nationen sowie mit einer Reihe anderer Staaten ein gemeinsames Abkommen formuliert, das die Reaktionsgeschwindigkeit und die Reaktionsqualität der

Vereinten Nationen steigern soll und wird. Ohne die Stärkung des Internationalen Rechts, ohne die Stärkung Internationaler Organisationen ist weltweite Sicherheit nicht vorstellbar. Daher hat die Bundesregierung auch den sogenannten Brahimi-Bericht unterstützt. Sie ist im Moment das einzige Land auf der Erde, das für den entsprechenden Krisenreaktionsfonds die finanziellen Mittel bereitgestellt hat. Wir leisten unseren Beitrag zu dem, was Stärkung der UNO, Stärkung der Internationalen Rechts, Stärkung der präventiven Möglichkeit, Stärkung der Reaktionsgeschwindigkeit und der Reaktionsqualität insbesondere der UNO angeht. Das gilt auch für die OSZE und die Verpflichtung aus der Charta für Europäische Sicherheit, die 1999 in Istanbul verabschiedet worden ist.

Siebtes und letztes Ziel: Russland in die europäische Entwicklung einbinden. Russland ist nicht nur die größte Militärmacht auf dem europäischen Kontinent, konventionell wie nuklear. Russland ist Ständiges Mitglied im Weltsicherheitsrat und hat dort Vetorecht. Ohne Russland gibt es keine mandatierten Möglichkeiten der UNO und keine mandatierten Möglichkeiten der Friedenssicherung und des Krisenmanagements. Die Erfahrungen mit Russland sind ungewöhnlich zwiespältig. Auf der einen Seite gibt es die reibungslose Zusammenarbeit zwischen den Streitkräften, auf der anderen Seite eine zum Teil inkohärente Politik, wie man insbesondere auf dem Balkan in den Monaten zwischen September 1998 und März 1999, zwischen März und April 1999 und dann auch bei den Beschlüssen des Weltsicherheitsrats gesehen hat. Ich möchte hier nicht alle Details ausbreiten, sondern nur auf einen Punkt aufmerksam machen: Solange die russische Politik sich nicht aus dem Denken in Einflusssphären und hegemonialen Ansprüchen löst, ist Russland immer ein zwiespältiger internationaler Partner. Ohne Russland hätte es die Bemühungen der Kontaktgruppe zur Verhinderung des Kosovokrieges nicht gegeben. Ohne Russland hätte es auch die Entscheidung des Weltsicherheitsrats zu einer politischen Beendigung diese Krieges nicht geben können. Allerdings hat Russland in meinen Augen den schwerwiegenden, wenn nicht sogar historischen Fehler gemacht, bei manchen Verhandlungen seine Interessen so mit Herrn Milosevic zu verbinden, dass jetzt die Wahrnehmung seiner Interessen in Südosteuropa deutlich geschwächt ist.

Das führt allerdings nicht an der Einsicht vorbei, dass die Eingrenzung des Krisenpotenzials auf dem Balkan, im Kaukasus, im Kaspischen Raum sowie im Nahen und Mittleren Osten der Mitwirkung Russlands bedarf. Dass die Verbesserung nuklearer Sicherheit im zivilen wie im militärischen Bereich der Mitwirkung Russlands bedarf und der Unstützung des Westens, der zur Zeit jährlich über eine Milliarde dafür bezahlt, dass Russland die technische Kontrolle seiner Atomwaffen aufrechterhalten kann. Ganz zu schweigen von dem, was der Westen bezahlt, damit Russland seinen Abrüstungsverpflichtungen gerecht werden kann. Folglich müssen auch Fortschritte bei Abrüstung, Rüstungskontrolle und Nichtverbreitungsmitteln ernsthaft weiterverfolgt werden. Und die Tatsache, dass Russland offenkundig bereit ist, ein bestehendes Abkommen der

Nichtlieferung von Raketentechnologie zu unterlaufen, ist kein ermutigendes Signal. Die Tatsache, dass die Verpflichtungen aus dem Chemiewaffenübereinkommen immer noch nicht vollständig erfüllt sind, ist auch nicht ermutigend. Dennoch führt kein Weg an einer geduldigen, langfristig angelegten, beharrlichen Politik der Einbindung Russlands und der Stärkung seiner ökonomischen Möglichkeiten vorbei, wenn wir gemeinsame Sicherheit in Europa wirksam ausdifferenzieren und ausbauen wollen. Jedenfalls wäre Ausgrenzung und Isolation der absolut falsche Weg. Außenminister Joschka Fischer hat es so formuliert, dass Russland ein organischer Teil und partnerschaftlicher Mitgestalter des neuen demokratischen Europa werden sollte. Das entspricht unserem Verständnis von gemeinsamer Sicherheit und den Verpflichtungen, die sich daraus ergeben.

Abschließend möchte ich noch einmal zusammenfassen, was gemeinsame Sicherheit für die Bundesrepublik Deutschland und auch für ihre Streitkräfte bedeutet. Wir verstehen uns und handeln als aktives Mitglied der UNO, der OSZE, aber auch der NATO und der EU. Wir verstehen die vier Institutionen als notwendig für den Weg zur europäischen Integration und Zusammenarbeit in internationalen Sicherheitsfragen. Nicht nationale Alleingänge, sondern die Verantwortung in multinationalen Zusammenhängen und Zusammenschlüssen ist Richtschnur deutscher Außen- und Sicherheitspolitik. Die zwingende Konsequenz ist, dass nur noch durch Zusammenarbeit und Stärkung des vorrangig im euro-atlantischen Bereich gewachsenen Systems der gegenseitigen Abhängigkeit Sicherheit gewährleistet werden kann.

Das ist auch eine Konsequenz unserer Geschichte und der damit verbundenen Erfahrung. Das Bündnis mit anderen demokratischen Staaten, vor allem mit den Vereinigten Staaten von Amerika, die gleichberechtigte und schrittweise Umsetzung des europäischen Einigungsgedankens auch in der Außen- und Sicherheitspolitik, die Zusammenarbeit und Integration unserer europäischen Nachbarn, eine Politik des Ausgleichs und der Partnerschaft, das ist der historisch gewachsene und politisch gewollte Bezugsrahmen deutscher Außen- und Sicherheitspolitik. Der deutsche Beitrag zur Stärkung der euro-atlantischen Stabilität erwächst aus dem politischen Gestaltungsanspruch der Bundesrepublik Deutschland und aus ihrem objektiven Gewicht.

Das objektive Gewicht wird in Deutschland häufig unterschätzt. Das macht unseren Nachbarn und Freunden eher Sorge. Der Glaube, dass Deutschland sich eher klein machen müsse, um seinen Nachbarn gegenüber sympathisch und freundlich zu erscheinen, ist falsch. Er wird oft genug als Flucht aus der Verantwortung missverstanden. Und folgerichtig sollten wir ohne jede Überheblichkeit und ohne jede Arroganz, aber doch mit einem sehr realistischen Blick unser tatsächliches – nicht nur unser ökonomisches – Gewicht betrachten und dafür sorgen, dass dieses Gewicht zurückhaltend und im Interesse europäischer Integration eingebracht wird. Wir sind der größte Nutznießer der Veränderungen der letzten zehn Jahre. Der Wegfall des Ost-West-Konflikts hat die Teilung des Kontinents überwunden, zum Fall der Mauer geführt und die deutsche Einheit ermöglicht. Also haben wir auch eine besondere Verantwortung, und dem werden wir auch bei der Gestaltung unserer Streitkräfte Rechnung tragen müssen. Damit ist die anstehende Reform der Bundeswehr angesprochen, auf die einzugehen den zeitlichen Rahmen dieses Vortrags allerdings sprengen würde.

Wandlungsprozesse im östlichen Mitteleuropa

Dr. Dietmar Bartsch, MdB

I. Wo beginnt, wo endet Europa? Europa – ein Zukunftsthema?

Seit geraumer Zeit haben sich die unterschiedlichsten Staatsmänner und politischen Verantwortungsträger einer Reihe von europäischen Staaten in diese Debatte eingemischt: J. Fischer mit seiner bekannten Rede an der Humboldt-Universität „Gedanken über die Finalität der europäischen Integration" (Mai 2000), der (ihm indirekt antwortende) französische Staatspräsident Chirac vor dem Bundestag (Juni 2000), die Premiers bzw. Außenminister Finnlands, Italiens, Belgiens und Großbritanniens u. a. Allen gemein ist, dass die europäische Einigung einer Debatte über Ziel, Richtung, Weg und Charakter der weiteren Vergemeinschaftung des Zusammenlebens der Staaten und Völker auf dem europäischen Kontinent bedarf. Die Menschen in der EU stehen den heutigen europapolitischen Entscheidungen immer fremder und distanzierter gegenüber, sie finden nur noch schwer einen Zugang zu den europäischen Entwicklungen, zur europäischen Idee. Es scheint sich zu rächen, dass die mit dem Maastrichter und Amsterdamer Vertrag vorgenommene Kursbestimmung der Vertiefung der europäischen Integration über die Köpfe der Menschen hinweg, als Elitenprojekt verwirklicht wurde: Jetzt sollte durch die Politik und in der öffentlichen Debatte die Wechselbeziehung zwischen den zentralen Integrationsaufgaben einerseits und den inneren Transformationsprozessen in den Staaten Mittel- und Osteuropas hergestellt werden. Ich bedanke mich deshalb für die Aufforderung und Einladung durch die Universität hier in Heidelberg, zu dieser überfälligen Debatte aus meiner Sicht etwas beisteuern zu können, einige Aspekte sowohl der Erweiterungsproblematik der Europäischen Union als auch der komplizierten gesellschaftlichen Wandlungsprozesse in den MOE-Staaten miteinander zu verbinden. Dass ein PDS-Politiker dazu spricht, zeugt davon, dass uns bezüglich Osteuropa besondere Kompetenz und mentale Nähe zugebilligt wird.

Und ohne das Thema verlassen zu wollen, gestatten Sie mir zu Anfang ein kleines – scheinbares – Abschweifen zum bevorstehenden EU-Rat in Nizza, weil mir beides durchaus – neben der Erweiterungsproblematik und den großen politischen Europa-Perspektiven, mit denen Sie sich im

Studium generale befassen, in einem engen Wechselverhältnis zu stehen scheint.

Erstmalig seit 1973 hat der EGB alle seine Mitglieder aufgerufen, sich vor Ort für die eigenen Interessen, für ein Europa der Bürgerinnen und Bürger, für eine stärkere soziale Ausrichtung des Integrationsprozesses einzusetzen. Nicht nur die Erwerbslosenbewegung, die europäischen Föderalisten und viele andere Interessensinitiativen und Gruppen, sondern auch die Gewerkschaften „europäisieren" also ihren Protest gegen die jahrelang inkonsequente bzw. vernachlässigte Wahrnehmung der arbeitenden Menschen in der EU durch die politischen und wirtschaftlichen Eliten der EU-Mitgliedsstaaten bzw. auch der EU-Kommission. Der von vielen beklagte Mangel an Dialog und Möglichkeiten der Menschen zur Teilhabe an gravierenden Entscheidungen über ihre ureigensten Entwicklungsperspektiven muss erkannt und angesprochen werden sowie zu Veränderungen führen.

Ich halte dies für einen grundlegenden, ja unverzichtbaren Politikansatz notwendiger Konfliktvorbeugung, zumal es bei der Europapolitik nicht um ein Politikfeld an sich, sondern eine alle Politikfelder erfassende zusätzliche Handlungsebene zum regionalen, bundespolitischen bzw. nationalen Politikentscheidungsraum handelt. Deshalb – so meine ich – muss eine der außen- und europapolitischen Aufgaben Deutschlands in der Wiedergewinnung der breiten Öffentlichkeit für politische Teilhabe und Gestaltungsbereitschaft liegen. Letztlich eines der wichtigsten Unterpfande für friedliche und zivile Konfliktprävention, für eine Sicherheitspolitik, die nicht auf (militärische) Interventionsfähigkeit abzielt, sondern auf die langfristige Konfliktverhütung.

In seiner Rede vor dem Deutschen Bundestag im Juni dieses Jahres hatte der französische Präsident Jacques Chirac angeregt, darüber nachzudenken, wo „die geographischen Grenzen der Europäischen Union letztlich zu ziehen sind". Mit der Erweiterung der EU werden sich auf mittlere Sicht diese Grenzen bis an den Finnischen Meerbusen, die Westgrenze Russlands und an die Südküsten des Mittelmeeres, auf längere Sicht möglicherweise bis nach Mesopotamien verschieben. Zugegeben, Europa definiert sich zunächst durchaus als ein geographischer Raum, der sich vom Atlantik bis zum Ural und vom Nordkap bis Gibraltar erstreckt. Ein Raum, der zugleich durch vielfältige Beziehungen mit Asien (vornehmlich über die Russische Föderation), mit Amerika (vornehmlich über Westeuropa) und mit Afrika (vornehmlich über die Mittelmeeranrainerstaaten) verbunden ist, so dass sich von daher seine isolierte Betrachtung ausschließen sollte. Bevor aber geographische Grenzen gezogen werden, sollten wir feststellen, dass Europa in seiner Vielfalt nie eine Einheit, sondern immer eine Mischung von verschiedenen National- und Regionalkulturen war, in der Vereinheitlichungs- und Diversifizierungstendenzen gleichzeitig wirken.

In Europa leben mehr als 40, in eigenen Staaten organisierte Nationen und in großen wie kleinen Staaten eine fast unübersehbare Zahl von Minderheiten sehr unterschiedlicher Größe. Sie besitzen unterschiedliche Mentalitäten, Traditionen, Interessen und Erfahrungen. Europa lebt von der Vielfalt seiner Ethnien und Kulturen, von ihren Entwicklungen, Veränderungen und auch den Spannungen, die zwischen ihnen bestehen. Und die seit 1989/90 eingetretenen Veränderungen werfen von daher gerade die Frage auf: Wo liegen Europas Grenzen? Um dies zu beantworten, möchte ich auf Anregungen von Ludger Kühnhardt verweisen:

> Diese Frage zu stellen heißt [...]zunächst und wohl auch dauerhaft nach innen zu schauen. Der territoriale Ansatz unseres politischen Denkens verleitet uns stets dazu, nach außen blicken zu wollen, an die geographischen Ränder zu schauen, nach Grenzsteinen Europas zu suchen. Endet Europa aber an den Grenzsteinen im Ural, zwischen Perwouralsk und Jekaterinenburg sowie an anderen Orten entlang der Kette des Urals, die von Geografen des frühen 19. Jahrhunderts bis zu Charles de Gaulle (auch ich habe dies in der Geographiestunde in der Schule so gelernt) und anderen als Grenze des europäischen Kontinents deklariert wurde? Ist Jekaterinburg wirklich asiatischer als Perwouralsk, Nowosibirsk als Kasan, Irkutsk als Rostov? Sollte Russlands Westgrenze gar Europas Grenze sein? Und Gibraltar oder Kreta seine eindeutige Südgrenze? Die Geographie allein löst das Rätsel wohl nicht auf.

Und Kühnhardt schlussfolgert, dass zu den Eigenschaften Europas stets die Abgrenzung gehörte, Wälle und Mauern nicht nur einmal errichtet wurden. Und

> [...] braucht Europa im 21. Jahrhundert Ähnliches - Mauern und Grenzsicherungen? Die Gegenfrage muss aber lauten: Kann aus Mauern tatsächlicher, dauerhafter Zusammenhalt erwachsen und Schutz?

Der hier zur Debatte stehende Zusammenhang zwischen deutscher Außen- und Sicherheitspolitik und den Wandlungsprozessen in Mittel- und Osteuropa verdeutlicht: Die Erweiterung der EU ist wohl allein schon deshalb eine richtige Antwort, weil sie sich den Veränderungsprozessen in der EU selbst stellt als auch den zu diesem Europa zugehören wollenden Staaten und Völkern Entwicklungsoptionen bietet und vom Prinzip her mit dieser Entwicklungsoffenheit der erneuten Mauerbildung entgegenwirken kann.

Wie schnell oder langsam sich die Ausdehnung der Union auch vollziehen mag: Das Europa vor und das Europa nach dieser jetzt unmittelbar bevorstehenden neuen Runde der Erweiterung der EU der 15 werden sehr verschieden sein. Erstmals seit den Anfängen der europäischen Integration wird die Vision eines vereinten Europas möglich – und: Gegenstand aktueller Tagespolitik. Aber obwohl seit langem darüber gesprochen, geschrieben und auch konkret verhandelt wird: Der öffentliche Diskurs ist zu diesen Realien noch nicht durchgedrungen, und die Politik hat bedauerlicherweise eigentlich alles unterlassen, um die Öffentlichkeit mitzunehmen. Dies schafft Verunsicherungen, Ängste und provoziert den Ruf nach Abschottung.

Eine EU-Entscheidung nach der anderen wurde in den letzten Jahren hinter den Kulissen ausgehandelt – nationalstaatliche Egoismen überwogen oft eine mögliche konstruktive Suche nach gemeinsamen Lösungen. Eine Ursache dafür sehe ich im Fakt, dass den Nationalstaaten die (un) „dankbare" Aufgabe überlassen blieb, die sozialen, wirtschaftlichen und anderen Folgewirkungen der Liberalisierungspolitik im Weltmaßstab abzufangen. Die EU als unerbittlicher, unsozialer Globalisierungs-„durchpeitscher" – wie die EU heute oftmals in den Boulevardblättern bezeichnet wird und wie viele auch die von ihnen nicht nachvollziehbaren, nicht transparenten Entscheidungsstränge dann so empfinden bzw. werten. Dies betrifft auch die künftigen mittel- und osteuropäischen Länder, die sich um eine Mitgliedschaft bewerben. Das kann gefährliche politische Tendenzen befördern.

II.

Die Erweiterung der Europäischen Union um die mittel- und osteuropäischen Staaten bedeutet fraglos eine tiefe Zäsur in der Entwicklung der EU und wird weitreichende Konsequenzen für den Charakter und die Perspektiven der europäischen Integration haben. Die Auswirkungen werden wesentlich größer sein als bei den bisherigen Erweiterungswellen. Quantitativ geht es um Staaten mit einer Bevölkerung von knapp 100 Millionen Menschen (ohne die Türkei, auf die ich hier nicht eingehe). Aus einer EU von 15 soll eine von 27 Staaten, aus einer mit 12 eine mit 22 Sprachen werden. 10 der dann 27 Länder werden mittel- und osteuropäische Staaten sein. Allein schon die quantitativen Aspekte stellen eine große qualitative Herausforderung an die Ausgestaltung der Institutionen der EU dar – und sind letztlich auch Hintergrund für die erbitterten Positionsbehauptungen im Vorfeld von Nizza: Die institutionellen Fragen (Mehrheitsverhältnisse und -entscheidungen im Rat, Größe und Rolle der Kommission, Größe und Rolle des Europäischen Parlaments) erweisen sich als die Machtfragen schlechthin und als Prüfstein, welche Rolle der Nationalstaat künftig in einem „Europa der Vielen" spielen soll.

Perspektivisch bedeutsamer als die quantitative Seite sind die wirtschaftlichen, sozialen, politischen und kulturellen Konsequenzen. Die Erweiterung wird das wirtschaftliche und soziale Gefälle in der EU weit über das bisherige Maß hinaus und geradezu dramatisch verschärfen. Bislang ist nicht erkennbar, wie die EU der sich daraus ergebenden sozial-, beschäftigungs- und regionalpolitischen Verantwortung gerecht werden will. Der Beitritt der mittel- und osteuropäischen Staaten zur EU – so wie er sich mit den Beschlüssen von Helsinki (Dezember 1999) vollziehen soll – hat weitere äußerst bedeutsame Folgerungen: Es sind Staaten, deren Bevölkerungen in kürzester Zeit Erfahrungen mit gegensätzlichen gesellschaftlichen und politischen Systemen und ihrer komplizierten Transformation mitbringen und zugleich mehrheitlich von dem EU-Beitritt erhoffen, mit diesem die Folgen der System- und Umbruchkrise zu überwinden und eine möglichst schnelle Eingliederung in die westeuropäische Wohlstands- und Stabilitätszone zu erreichen.

Mit diesem Schritt über bisheriges Grenzland hinweg öffnet sich die EU einem Kulturkreis, für den die westeuropäischen Eliten wenig Verständnis und Kenntnis mitbringen. Schließlich – und wieder sind wir bei der geographischen Grenzfrage – stößt die EU an die Grenzen Russlands, ohne bereits ihr strategisches Verhältnis zu diesem Land und seiner europäischen Rolle wirklich geklärt zu haben.

An dieser Stelle möchte ich darauf verweisen, dass die Bevölkerung in den EU-Mitgliedsstaaten durchaus nicht einhellig hinter den ehrgeizigen Zielen der politischen Eliten steht, was vor allem auf die medial, aber auch seitens politischer Kräfte geschürten Ängste vor Billigkonkurrenz, Verlust von Arbeitsplätzen und unkontrollierbaren Migrationswellen zurückzuführen ist.

Während beispielsweise in Österreich und Deutschland bei Umfragen eine knappe Mehrheit für den Beitritt Ungarns ist, immer noch an die 40 % die Aufnahme Sloweniens und Tschechiens befürworten, lehnen bis zu zwei Drittel der Befragten die Aufnahme Rumäniens, Bulgariens, Polens und der Slowakei ab. Selbst hinsichtlich der baltischen Staaten ist eine knappe Mehrheit gegen den Beitritt.

Vor einiger Zeit ergab eine Emnid-Befragung, dass 82 % der Deutschen für einen Beitritt Ungarns sind, 51 % gegen einen Beitritt Rumäniens.

Es ist klar, dass die Motive für die Osterweiterung der Europäischen Union entsprechend der Vielfalt der Akteure und Interessenlagen äußerst unterschiedlich sind. Dabei ist generell festzuhalten und für alle zutreffend, dass in der Osterweiterung jene Ziele dominieren, die die internationalen und speziell die westeuropäischen Großbanken, Anlagefonds und Wirtschaftskonzerne sowie die politischen und sicherheitspolitischen Eliten der europäischen Großmächte verfolgen:

- die Fortsetzung des wirtschaftsliberalen Umbaus der westeuropäischen Gesellschaften und die wirtschaftsliberale Beantwortung von Herausforderungen aus der Globalisierung der internationalen Finanzmärkte sowie der Erweiterung internationaler Arbeitsteilung,

- den Erhalt und Ausbau ihrer Position im erneuerten Wettbewerb zwischen den kapitalistischen Zentren und den unterschiedlichen internationalen Kapitalkonglomeraten,

- den Zugang zu und die perspektivische Kontrolle der lukrativen osteuropäischen Zukunftsmärkte für das westeuropäische Kapital,

- die Durchsetzung der von den politischen Eliten der europäisch gewollten ordnungspolitischen Strategien und sicherheitspolitischen Ordnung in Europa.

Die Erweiterung ist grundsätzlich ein spezifisches westeuropäisches Dominanz-Projekt, zugleich aber auch ein Projekt des globalen Wirtschaftsliberalismus und der von den USA beherrschten sicherheitspolitischen „neuen Weltordnung" mit ihrem westlichen Machtmonopol. Ohne den kapitaldominierten und interessengeleiteten Charakter der Erweiterung zu negieren, unterstützen wir diesen Prozess. In einer Welt, deren Geschicke immer enger miteinander verflochten sind, bietet die europäische Integration eine Chance, der globalen Verdrängungskonkurrenz, der Willkür der transnationalen Unternehmen und der krisenhaften Explosion der internationalen Finanzmärkte wieder politische Gestaltungskraft entgegenzusetzen.

Europa zukunftsfähig zu gestalten erfordert, den ganzen Kontinent zu einer friedlichen, demokratischen und entmilitarisierten Region zu entwickeln, in der die Menschenrechte gewahrt sind, soziale Gerechtigkeit herrscht und reale Schritte zu einer Produktions- und Lebensweise getan werden, die auf nachhaltige Entwicklung orientiert. Europa braucht einen gesamteuropäischen Wirtschafts- und Sozialraum, und kein europäischer Staat darf davon ausgeschlossen werden.

Zwischen 1988 und 1998 hat die EU ihre Exporte in die mittel- und osteuropäischen Beitrittsländer um das 6,5fache, die Importe um das 4,5fache gesteigert. Dass die deutsche Wirtschaft sich besonders für die Erweiterung engagiert, wird aus ihrer elementaren Interessenlage leicht erklärlich. Deutschland ist der bei weitem größte Handelspartner dieser Staaten. 40 % aller Exporte der EU in diese Region stammen aus Deutschland; Italien folgt abgeschlagen mit 14 %. Der deutsche Exportüberschuss betrug 1998 ca. 13 Mrd. DM. Gesellschaftlich mag es hohe finanzielle Kosten der Erweiterung geben (die von der EU bereitgestellten Beitrittshilfen – die Programme PHARE, SAPARD, ISPA – betragen gegenwärtig jährlich mehr als 2,6 Mrd. Euro), für die Privatwirtschaft und die Großbanken in Westeuropa ist sie bereits jetzt ein großes Geschäft, zumal auch ein sehr großer Teil aller Banken- und Unternehmensprivatisierungen in diesen Ländern in Form des Erwerbs durch westeuropäische Konzerne und Banken erfolgte. Andererseits ist die Osterweiterung für die Europäische Union und ihre Akteure nicht ohne Risiken und stellt die Fortsetzung der westeuropäischen Integration in ihrer supranationalen Tendenz vor ungelöste Herausforderungen.

Die Ziele der Beitrittsländer stehen teilweise im Gegensatz zu jenen der herrschenden EU-Akteure, ordnen sich dem Vorherrschaftsbestreben der EU jedoch eindeutig unter. Ohnehin sind die politischen Hauptkräfte in den mittel- und osteuropäischen Staaten nicht selten bestrebt, den Beitrittsprozess für die wirtschaftsliberale Ausprägung der gesellschaftlichen und ökonomischen Transformation in ihren Ländern zu nutzen. Mit der EU-Mitgliedschaft versprechen sie sich eine stabile Teilhabe an den Finanztransfers innerhalb der Union von den reicheren zu den ärmeren Regionen, Marktöffnung, Privatisierungsimpulse und Investitionen sowie eine Abfederung der sozial und wirtschaftlich dramatischen Transformationskonsequenzen. Eine große Rolle spielen für die meisten dieser Länder auch sicherheitspolitische Erwägungen, die ausgesprochen werden in Bezug auf die künftige Politik Russlands, unausgesprochen bleiben hinsichtlich deutscher Macht.

Die weitgehende Unterordnung der Ziele, Interessen und Erfahrungen der Beitrittsländer unter die Absichten der EU wird im gesamten Verhandlungsprozess deutlich und stellt seitens der bisherigen Mitgliedsländer der Europäischen Union die Aufnahmebedingung überhaupt dar.

Hinsichtlich des acquis communautaire (der Übernahme des Vertragsbestandes der EU) bedeutet das ein „take it or leave it", bei dem Sonderbedingungen, wie sie die südeuropäischen Staaten oder Dänemark erreicht hatten, nur schwer erreichbar scheinen. Selbst hinsichtlich eventueller Übergangsfristen werden primär die Interessen der EU oder einzelner ihrer Mitgliedstaaten zugrunde gelegt. Eine substanzielle, institutionelle, demokratische und soziale Reform der Europäischen Union sowie ihres Finanzhaushaltes, wie sie für die Osterweiterung dringend notwendig wären, werden dagegen massiv blockiert.

Die PDS hat sich in ihrem Europawahlprogramm von 1999 definitiv für die Unterstützung einer raschen Beitrittsperspektive ausgesprochen, ohne ihre Kritik an der gegenwärtig praktizierten Erweiterungspolitik zurückzunehmen Ich stimme mit all jenen überein, die deutlich zum Ausdruck bringen, dass zur Erweiterung selbst der Linken eine konsequente Unterstützung abverlangt wird.

- Wir haben einen exklusiven Charakter der Europäischen Union immer abgelehnt.

- In den osteuropäischen Staaten existieren (zumindest bislang) demokratische Mehrheiten und demokratische Entscheidungen für einen Beitritt zur Europäischen Union.

- Die wirtschaftsliberale Deregulierung und Zerstörung des Sozialstaats, die wenig soziale Gestaltung der Transformationsprozesse in den mittel- und osteuropäischen Staaten und andere negative Entwicklungen gehen nicht primär und per se von der Europäischen Union, sondern nach wie vor von den Nationalstaaten aus. Die gesellschaftlichen Transformationsprozesse unter Bedingungen eines „knallharten Manchester-Kapitalismus" und einer die Länder knebelnden Einflechtung in die Weltwirtschaft sind hier alle gesellschaftlichen Akteure – auch ohne EU – angesichts der Schwäche der Gegenkräfte gegenwärtig mit dieser politischen Grundtendenz konfrontiert.

- Die Europäische Union ist m. E. durchaus ein Raum, in dem auf moderne, zukunftorientierte Weise politische, demokratische, soziale, beschäftigungspolitische, ökologische Antworten auf die „Globalisierung" gefunden werden könnten. Dafür spricht nicht zuletzt die relativ große Weltmarktunabhängigkeit dieses Wirtschaftsraumes. Die europäische Integration könnte bei Veränderung ihrer politischen Richtung Ausgangspunkt für eine zukünftige Entwicklungen aufgreifende Erneuerung des Sozialstaates und des sozialen Zusammenhaltes, der Bewahrung und Entwicklung des kulturellen Reichtums, eines ökologischen Europas, der Rückgewinnung politischer Gestaltungsfähigkeit gegenüber der Wirtschaft sowie gesamteuropäischer kooperativer Sicherheit werden.

- Die Erweiterung der Europäischen Union sowohl um die mittel- und osteuropäischen als auch die südeuropäischen Staaten eröffnet die Chance, den westeuropäischen Horizont gesamteuropäisch zu öffnen (was real bislang nicht der Fall ist), eine kaum überschätzbare kulturelle Erweiterung zu realisieren sowie – insbesondere auch für die westeuropäische Linke – die Erfahrungen der osteuropäischen Völker mit unterschiedlichen Gesellschaftssystemen und ihrer Transformation aufzunehmen.

III.

Die Völker der mittelosteuropäischen Länder sehen im europäischen Integrationsprozess eine Chance, Anschluss an das in vielen Ländern Westeuropas erreichte wirtschaftliche und soziale Niveau zu finden. Die EU-Erweiterung wird nur dann zu Entwicklung, Stabilität und Frieden in Europa beitragen, wenn die eigenen grundlegenden Probleme der Union gelöst und nicht auf die Beitrittsländer übertragen werden. Statt jedoch die Erweiterung als Chance zu begreifen, im Rahmen eines langfristigen Aufbauprogramms eine gesamteuropäische Arbeitsteilung zu gestalten, werden die Beitrittsländer praktisch zu Absatzmärkten für westeuropäische Produkte und zur verlängerten Werkbank westeuropäischer Unternehmen degradiert. Ein langfristig konzipiertes Aufbauprogramm für die MOEL müsste zum Ziel haben, die Rekonstruktion ihrer Wirtschaften zu unterstützen und mit den anstehenden Strukturumwandlungsprozessen in den heutigen EU-Staaten zu verknüpfen. Gefördert werden sollten regionale Wirtschaftskreisläufe und der Wiederaufbau des regionalen Handels. Gleichzeitig muss den Beitrittsländern für eine Übergangsfrist der Schutz ihrer Märkte ermöglicht werden. Aus diesem Grund sind die Bestrebungen der Beitrittsländer zu unterstützen, spezifische Regelungen zum Eigentum an Grund und Boden zu vereinbaren, die die Vorrechte der Bürger dieser Länder sichern. Kontraproduktiv und rückwärtsgewandt sind jegliche Forderungen nach Rückgabe von 1945 konfisziertem Eigentum in Polen, Tschechien und Ungarn. Die Erweiterung darf nicht dazu missbraucht werden, die Ergebnisse des Zweiten Weltkrieges zu revidieren.

In den Beitrittsländern Mittel- und Osteuropas ist in den vergangenen Jahren im Durchschnitt das Bruttoinlandsprodukt um rund 25 % gesunken. Die Inflation hat die geringe Ersparnisse der Bevölkerung praktisch vernichtet. Die durchschnittliche Arbeitslosigkeit (mit Ausnahme Ungarns) liegt bei deutlich über 10 %. Während in diesen Ländern bis zu Beginn der 90er Jahre eine stabile soziale Struktur bestand, wird deren Gesellschaft heute durch wachsende Teilung in wenige Reiche und viele Arme bestimmt. Mit Ausnahme von Polen, Ungarn, Slowenien und der Slowakei ist das BIP heute geringer als 1989.

Für alle Beitrittskandidaten ist eine hohe Auslandsverschuldung charakteristisch. Der jährliche Schuldendienst beträgt ca. 30 Milliarden Dollar, der Umfang der Gesamtschulden ca. 270 Mrd. Dollar. Ursache dafür ist nicht zuletzt das Handelsbilanzdefizit der 10 Beitrittskandidaten (ohne Zypern und Malta) mit der EU, das mehr als 20 Mrd. Dollar beträgt. Daraus ergibt sich praktisch ein Transfer von Kapital aus den Beitrittsländern in die EU der 15. Zu mehr als einem Drittel ist der Export dieser Länder vom deutschen Markt abhängig. Damit bestimmt die deutsche Konjunktur auch maßgeblich deren wirtschaftliche Entwicklung. Bedenklich ist auch der Rückgang der ausländischen Direktinvestitionen.

Die Beitrittskandidaten aus den mittel- und osteuropäischen Ländern weisen bestimmte Besonderheiten auf: Die Umgestaltung von der realen sozialistischen Gesellschaft zur kapitalistischen Ordnung ist nicht abgeschlossen, das ökonomische Niveau, die Produktivität und der Umfang des BIP sind im Vergleich zu den Durchschnittswerten der EU wesentlich niedriger; während zum Beispiel das BIP Portugals pro Kopf der Bevölkerung ca. 50 % des Durchschnitts der EU beträgt, liegt das der Beitrittskandidaten bei weniger als einem Drittel. Die Landwirtschaft hat ein relativ großes Gewicht, der Anteil der Landwirtschaft an der gesellschaftlichen Produktion ist in diesen Ländern wesentlich höher als in den anderen Ländern der EU. Hinzu kommt, dass die Volkswirtschaften der Beitrittsländer historisch bedingt eine völlig andere Struktur im Vergleich zu den jetzigen EU-Mitgliedsstaaten aufweisen, die in ihrer Grundausrichtung durch den RGW und die Zusammenarbeit mit bzw. die Ausrichtung auf die damalige Sowjetunion geprägt wurde.

In den Beitrittsländern Mittel- und Osteuropas betrachten die derzeitigen Eliten den Beitritt als Königsweg zur Lösung ihrer aktuellen ökonomischen Probleme, die sich beim Übergang zur Marktwirtschaft ergeben haben. Die Diskussion in diesen Ländern, soweit sie überhaupt stattfindet, wird im Wesentlichen durch die Auffassung bestimmt, dass sie als kleinere Länder einer großen Wirtschaftsgemeinschaft beitreten müssen und ohne diesen Beitritt im internationalen Wettbewerb chancenlos wären. Daher sind sie letztlich bereit, fast alle vorgegebenen Bedingungen zu akzeptieren. In letzter Zeit zeigt sich jedoch in den Debatten ein wachsendes Problembewusstsein.

Für die Staaten Mittel- und Osteuropas bringt die angestrebte Mitgliedschaft eine riesige Bürde von Pflichten mit sich. Der Umfang des Gesetzwerkes, das die Kandidaten in nationales Recht übernehmen und umsetzen müssen, hat einen Umfang von ca. 20.000 Rechtsakten mit 80.000 Seiten, von denen allein 40.000 die Landwirtschaft betreffen. Die Beitrittsländer sind verpflichtet, dieses Gesetzwerk, das in insgesamt 31

Kapitel aufgeteilt ist, bis zum Beitritt umzusetzen und anzuwenden. Dabei entwickelt sich dieses Gemeinschaftsrecht u. a. durch den Druck der Welthandelsorganisation auf dem Gebiet der Agrarpolitik und auch im Ergebnis der Währungsunion weiter fort, und zwar in eine Richtung, die nicht den Erfordernissen des Transformationsprozesses in den Beitrittsländern entspricht. Es ist wahrscheinlich, dass die EU nicht über die Mittel und Instrumente verfügt, um die durch die Erweiterung wachsenden sozialen und ökonomischen Differenzen auszugleichen.

Ein Thema von großer politischer Brisanz hängt mit der Privatisierung von Grund und Boden in den Beitrittsländern, dem freien Niederlassungsrecht in der EU und den Folgen des Zweiten Weltkrieges zusammen. Der Beitritt der Länder, in denen vor Ende des Zweiten Weltkrieges Deutsche lebten, vor allem Polen und Tschechien, darf nicht durch Ansprüche an Grund und Boden belastet werden.

Die neuen Mitgliedstaaten der Union sind alle Ziel-1-Gebiet-Länder, (das Bruttosozialprodukt je Einwohner erreicht weniger als 75 % des gemeinschaftlichen Durchschnitts der Union). Dies könnte im weiteren Beitrittsprozess dazu führen, dass ohne einschneidende Veränderung dieser Situation die Bevölkerung der Ziel-1-Gebiete in der EU von 94 auf 200 Millionen anwachsen wird. Dies wird völlig neue Anforderungen an die bisherige Praxis der EU-Struktur- und Regionalpolitik stellen und gehört zu einem der komplizierten Verhandlungsgegenstände im Zuge der Beitrittsstrategie.

Während bei früheren Erweiterungsrunden Sicherheitsfragen keine zentrale Rolle spielten, ist das jetzt anders. Das Zusammentreffen der Beschlüsse zur Osterweiterung der NATO und der EU kommt nicht von ungefähr, sondern diese Entscheidungen stützen sich inhaltlich und strategisch. Teilweise ist das Vorgehen bei der Expansion der NATO direkt für den Beitrittsprozess übernommen worden.

Das auffallendste Merkmal des Transformationsprozesses in den MOEL ist deren Westorientierung. Das Schlagwort hieß und heißt zum Teil noch „Zurück zu Europa".

> Letztlich hatte die Unfähigkeit zur Krisenbewältigung und die Rotation der Eliten im Kommunismus zu einem internen Kollaps geführt, der den komplexen Übergang zu dem anpassungs- und lernfähigeren liberalen System auslöste

betont Markus Warasin („Die Osterweiterung der EU: Chancen – Risiken – Interessen"). Dabei wurde der Modernisierungsprozess mit der „Europäisierung des Ostens" gleichgesetzt und stellte ein einschneidendes Ereignis für die vorausgegangene jahrzehntelange De-Europäisierung dar. Für Mittel- und Osteuropa waren Europäisierung und Modernisierung zwei nicht voneinander zu trennende Begriffe. Und für Westeuropa fand die Expansion westlicher Wertvorstellungen konkrete Ausformung im Projekt der Osterweiterung.

Der Begriff Europa war im Osten ungemein positiv besetzt und wurde zugleich eines der inflationärsten Worte im politischen Alltag. Man spricht mit Vorliebe und Betonung von der Wiedervereinigung Europas, von der Rückkehr zu Europa, doch vergisst dabei, dass das Europa, zu dem der Osten zurückkehrt, ein anderes ist als das, das er einst gekannt hat. „Die Länder Mittel- und Osteuropas wurden nicht mit offenen Armen empfangen", schätzt Warasin zu Recht ein, „sondern Westeuropa hatte sich die traditionellen Attribute einer Großmacht angeeignet – eine gemeinsame Währung, eine gemeinsame Wirtschafts- und Sozialpolitik, eine gemeinsame Innen- und Rechtspolitik, gemeinsame Außen und Sicherheitspolitik – und auch klare Kriterien vorgegeben, die eine Integration erst ermöglichten. Europa hatte plötzlich viele neue Gesichter." Die oberflächliche Gleichung Europa gleich EU brachte der frühere ungarische Präsident Arpad Göncz auf den Punkt, als er erklärte, „das Europa der Zukunft wird ... das Europa der vollendeten Europäischen Union sein, die Ungarn unwiderruflich in ihren schützenden Schoß aufgenommen hat".

Trotz der Bekenntnisse zur Reintegration in Europa löste die Transformation auch eine Welle von komplexen Frage- und Problemstellungen sowie von neuen gesellschaftlichen Konflikten aus. Zu den charakteristischen Problemen zählen einerseits die Aufgabenüberlastung der Architekten der Demokratisierung, der Umgang mit Institutionen und dem Führungspersonal des alten Regimes, die Bewältigung einhergehender Wirtschaftskrisen und die Erwartungshaltung in der Bevölkerung sowie die Revitalisierung ethnischer, religiöser oder nationaler Konflikte andererseits. Während man im Westen darüber klagt, dass den Osteuropäern ihre anfängliche Euphorie und ihr Demokratisierungswillen abhanden gekommen sind, bedauert man im Osten das geringe Interesse der EU und ist aufgrund zahlreicher leerer Versprechungen frustriert. Zugleich scheint es zum Europäisierungs- und Integrationsprozess keine Alternative zu geben. Die Merkmale des Systemtypus westlicher Prägung wie Rechtsstaatlichkeit, liberale Demokratie, private Eigentumsordnung und Marktwirtschaft waren und sind für die Transformationsländer nicht nur aufgrund des Mangels an eigenen Alternativen maßgeblich, sondern auch, weil sie von den westlichen Handlungs- und politischen Partnern zur Bedingung für die Gewährung von Kooperation und Unterstützung gemacht wurden.

Gestatten sie mir auf ein Beispiel einzugehen, das anschaulich zeigt, wie langfristig Transformationsprozesse auf die heutige makro- wie mikrowirtschaftliche Sphäre einwirken und dabei auch den Fortgang der Beitrittsverhandlungen beeinflussen können: Die Funktion der Schuldenfalle.

In Hinblick auf die Beziehungen zwischen den Kernstaaten der EU und den Staaten Mittel- und Osteuropas sprechen Wissenschaftler von einer Schuldenfalle, durch die auf die Schuldnerstaaten Druck ausgeübt werden konnte, lange bevor die systematische Umwandlung dieser Gesellschaft in eine kapitalistische begann. Am augenfälligsten wird das am Beispiel Ungarns. Die Aufnahme von ausländischen Krediten führte zwischen 1976 und 1978 zum größten Investitionsboom in Ungarns Geschichte. Der kurz drauf folgende zweite Ölpreisschock, verbunden mit höheren Zinsen, führte 1981 zu einer Liquiditätskrise, so dass Ungarn 1982 um die Mitgliedschaft in Währungsfonds und Weltbank nachsuchte. Verbunden war dies mit harten Auflagen in Bezug auf ein rigoroses Sparprogramm bei den Staatsausgaben, besonders auf sozialem Gebiet, der massiven Liberalisierung des Außenhandels, der Einführung eines neuen Steuersystems und der Streichung von Subventionen. Der ehemalige Ministerpräsident Miklos Nemeth (USP) sprach in diesem Zusammenhang von einer „Marktwirtschaft ohne Adjektive". Nach Ansicht des Wirtschaftswissenschaftlers Laszlo Andor

> hat die Evolution der Schuldenkrise in Ungarn die Erosion des Ein-Parteien-Kommunismus beschleunigt und den Weg für die grundlegende politische Transformation von 1989 bereitet.

Dieses prinzipielle Muster der auf Ungleichheit basierenden Beziehungen, das in den 80er und verstärkt in den 90er Jahren zwischen West- und Osteuropa etabliert wurde, hat sich weiter vertieft; das Wesen dieses ungleichen Verhältnisses, das in den 90er Jahren entstand, werde auch nach der Erweiterung fortbestehen; diese werde kaum daran etwas ändern, im Gegenteil eher noch verstärken.

Im Sinne der wirtschaftlichen Transformationsprozesse bedeutet dies, dass die Erweiterung von den bereits wirkenden wirtschaftlichen Faktoren vorangetrieben wird – und kaum bzw. keinesfalls eine „eigene" Dynamik entwickeln werde.

Von daher könnten als wichtigste Charakterzüge des (ökonomischen) Verhältnisses zwischen EU und mittel- und osteuropäischen Staaten genannt werden:

- Handels- und Exportabhängigkeit

- Dominanz der EU über die mittel- und osteuropäischen Staaten bei der neuen internationalen Arbeitsteilung, Dominanz westlicher multinationaler Konzerne und Abhängigkeit von ausländischen Direktinvestitionen, die nicht ausreichend sind und die Binnenwirtschaft damit einseitig bzw. negativ beeinflussen.

- Kontrolle der EU über die Strukturen der Rechts- und Finanzsysteme der MOES

- Die Einbeziehung der bestehenden Klassen in den MOE-Ländern in die vom euroatlantischen Kapital für die Region favorisierten Maßnahmen bei gleichzeitiger Abwesenheit gewerkschaftlicher oder anderer gesellschaftlicher Akteure, die entsprechende Gegenkräfte aufstellen könnten.

Die Methode der Einführung westlicher Muster, Wertvorstellungen und Institutionen wurde von den Eliten gesteuert und besaß einen instrumentellen Charakter; sie war nicht historisch gewachsen und diente einem bestimmten Zwecke: In den Ländern Mittel- und Osteuropas bestand somit nicht nur Nachholbedarf, sondern sie waren buchstäblich gezwungen, um der Modernisierung willen nachzuahmen. Diese Entwicklung führte zu einer besonders exponierten Rolle der politischen Eliten, während die ehemals positive Grundhaltung in der Bevölkerung gegenüber „Europa" immer mehr bröckelte. Denn die Erwartungen, die mit dem Regimewechsel verbunden worden waren, wurden für die weitaus meisten Menschen in den MOEL nicht realisiert.

Die EU stellt sich das Ziel, die Unterschiede im Entwicklungsstand der verschiedensten Regionen und den Rückstand der am meisten vernachlässigten Gebiete zu verringern. In der Tat haben sich die Einkommensabstände zwischen den Mitgliedsstaaten verringert, während sie zwischen den reichsten und ärmsten Regionen der Union zunehmen. Ein Grund dafür ist unter anderem, dass sich die wirtschaftlichen Tätigkeiten vermehrt um die großen Metropolen herum konzentrieren. So beeinträchtigen Wirtschaftswachstum und weltweiter Wettbewerb die soziale Kohäsion in Europa. Regionale Unterschiede werden sich zweifelsohne durch den Beitritt der MOEL innerhalb der Union vergrößern. Eine stärkere Integration ist daher mit der Erweiterung schwer in Einklang zu bringen. Der europäische Traum könnte vor allem für die ärmeren Regionen traumatische Folgen haben, sollten die politischen Entscheidungsträger der wirtschaftlichen Integration statt der sozialen Kohäsion den Vorrang geben.

IV. Zu einigen Vor- und Nachteilen des EU-Beitritts von mittel- und osteuropäischen Staaten

Vorteile aus der Perspektive der MOEL:

- Direkter Zugang zum größeren Markt der Welt

- Zugang zu Kapital, neuen Technologien, neuen Organisationsfähigkeiten (Management); Strukturfonds und andere Hilfsprogramme stehen den ärmeren Mitgliedsstaaten, Regionen und Einzelpersonen offen

- Modernisierung der Verwaltungsstruktur, Gesetzgebung, Normen und Regelwerke

- Politische und militärische Integration mit einem stärkeren Partner bringt Vorteile

- Beschleunigte Entwicklung der Regionen, die an andere EU-Länder grenzen

- Umsetzung aller Stufen des Binnenmarktes mit den 4 Grundfreiheiten Kapital, Dienstleistungen, Arbeitskräfte und Freizügigkeit

- Wegfall der Anti-Dumping-Maßnahmen und der Schutzbestimmungen gegen Importe
- Verringerung der Transaktionskosten beim grenzüberschreitenden Verkehr
- Höhere Attraktivität für ausländische Direktinvestitionen
- Export von überschüssigen Arbeitskräften, was zu Transfers von Einkommen und Know-how und zur Verringerung der Arbeitslosigkeit führt
- Teilnahme an den Entscheidungsprozessen der Union und der Möglichkeit der Koalitionsbildung
- Umfassender Stabilisierungseffekt im wirtschaftlichen, politischen und militärischen Bereich

Nachteile aus Sicht der MOEL:

- Wirtschaftliche, soziale, technische und legislative Anpassung an die EU-Vorschriften erforderlich
- Eintritt in einen offenen Wettbewerb mit technologisch weiter fortgeschrittenen Produzenten auf allen Märkten, wodurch die jungen und wenig gefestigten Märkte der Beitrittsländer der uneingeschränkten Konkurrenz aus der EU ausgesetzt werden
- Die mitteleuropäischen Märkte werden für internationale Wirtschaftsakteure geöffnet, was dazu führen kann, dass die mittel- und osteuropäischen Länder permanent vom internationalen Kapital dominiert werden
- Ziel-1-Gebiete, die an die neuen Mitgliedsstaaten angrenzen, erhalten größere Möglichkeiten gegenüber anderen Regionen. Die Regierungen verfügen über wenig wirtschaftspolitische Instrumente, um Schocks, Ungleichgewichte und Entwicklungsunterschiede auszugleichen
- Ein massiver Zustrom von Auslandskapital kann zu Risiken führen, wenn sich nicht zuvor eine „kritische Masse" nationalen Kapitals gebildet hat
- Ausländische Begehrlichkeiten auf Grund- und Bodenbesitz, Einschränkung der wirtschaftlichen Autonomie
- Migration führt zu Brain-drain und nur selten zur Abwanderung unqualifizierter Arbeitsloser
- Transfers müssen absorbiert werden; ein Zuviel hat Ineffizienz zur Folge, im schlimmsten Fall führt das zur Abbremsung des Transformationsprozesses

- Eine Konfrontation „Arm-Reich" innerhalb der EU kann zu Blockaden und damit zum Aussetzen der Integrationsvorteile führen

Vorteile aus der Perspektive der EU

- Zugang zu einem größeren Markt
- Die politische und militärische Stabilität der Ostflanke der EU wird gesichert, wodurch eine bessere Kontrolle der „Pufferzone" zwischen den westeuropäischen Kernländern und den potentiell instabilen postsowjetischen Republiken ermöglicht wird
- Fortschritt auf dem Weg zur wirtschaftlichen und politischen Integration
- Ansiedlungsmöglichkeiten, Erholungsgebiete, Naturreservate
- Wettbewerbsfähigkeit gegenüber anderen großen Wirtschaftsblöcke

Nachteile aus EU-Sicht

- Wettbewerber werden auf sensiblen, wenig gefestigten Märkten zugelassen
- Für die armen Länder, Regionen, Institutionen und Einzelpersonen müssen Mittel bereitgestellt werden
- Durch mehr Ambivalenz und Heterogenität könnte der Integrationsprozess verwässern
- Koalitionsbildung der „Armen und Kleinen" könnte die „reichen und großen" Mitgliedsstaaten in die Enge treiben
- Import von Instabilität

V. Osterweiterung und Integration – ein Widerspruch in sich

Die einheimischen pro-europäisch orientierten Eliten haben eine baldmögliche EU-Mitgliedschaft ihrer Länder zu einem zentralen Thema ihrer politischen Programme erhoben. Durch diese Orientierung erhält ihr sozial hart gefederter Modernisierungskurs zusätzliche Legitimation und eine die breite Bevölkerung mobilisierende Perspektive, schätzt der Politikwissenschaftler Lutz Schrader ein, der im übrigen die Osterweiterung aus wirtschaftlicher, sozialer und politischer Perspektive in hohem Maße für dysfunktional und riskant hält. Den Verantwortlichen im Westen wie im Osten wirft er vor, die Augen vor den Herausforderungen der Osterweiterung als einer komplexen politischen Aufgabe zu verschließen.

1.

Die westeuropäischen Mitgliedsländer der EU profitieren trotz der in den Europa-Abkommen vereinbarten asymmetrischen Liberalisierung deutlich mehr vom sogenannten Heranführungsprozess als die mittelosteuropäischen Kandidatenländer. Die EU-Staaten realisieren im Außenhandel mit den MOEL inzwischen einen Überschuss von rund 10 Mrd. Euro. Den mittelosteuropäischen Staaten wird wie selbstverständlich die Rolle einer verlängerten Werkbank, des Zulieferers und des kostengünstigen Nischen-Produzenten innerhalb einer von den westeuropäischen Unternehmen organisierten Arbeitsteilung zugewiesen. Westeuropa profitiert zunehmend von dem Bedarf an Investitionsgütern für Industrie, Landwirtschaft und Infrastruktur in Mittelosteuropa.

2.

Es ist unklar, wie im Interesse einer sozial ausgewogenen und dynamischen Entwicklung Mittel- und Osteuropas verhindert werden kann, dass dauerhaft mehr Ressourcen aus den Beitrittsländern abgezogen werden, als sie durch Zuwendungen aus den Struktur-, Regional- und Landwirtschaftsfonds der EU erhalten werden.

3.

Auch wenn die EU mit der wirtschaftlichen Konvergenz einzelner weniger entwickelter Volkswirtschaften Erfahrungen und begrenzte Erfolge vorweisen kann, fehlt es bisher an schlüssigen Konzepten und effizienten Instrumenten, um die gesamte mittelosteuropäische Region mit einem deutlich geringeren Entwicklungsniveau als das von Irland, Griechenland oder Spanien (und auch Ostdeutschland!) an das Niveau der Union heranzuführen. Ein Beispiel für das Fehlschlagen des Angleichungsmodells ist Ostdeutschland, dessen Eingliederung in die Bundesrepublik und die EU de facto die erste Osterweiterung gewesen ist. Trotz sehr hoher finanzieller Transfers nimmt der wirtschaftliche Aufholprozess eine lange Zeit in Anspruch und hat noch nicht zu einer Angleichung des west- und ostdeutschen Niveaus geführt. Öffentliche Gesamttransfers von fast 1000 Mrd. DM bewirkten zwischen 1991 und 1996 gerade einmal ein Wachstum des ostdeutschen Pro-Kopf-BIP von 31,5 % auf 54 % des westdeutschen Niveaus.

4.

Die dramatische Zunahme der regionalen Disparitäten innerhalb und zwischen den Staaten ist eine der dramatischsten Folgen der Transformations- und Annäherungsstrategie der Kandidatenländer. Sowohl in den traditionellen Industrieregionen als auch in den überwiegend landwirtschaftlich geprägten Gebieten sind in der Regel keine ausreichenden Ressourcen für die Umstrukturierung und Modernisierung vorhanden. Auch die Erfahrungen der EU lehren, dass für eine erfolgreiche Aufholjagd der

Transfer finanzieller Ressourcen nicht ausreicht. „Was in der EU-alt nicht gelingt," so Schraders Analyse,

> hat in der erweiterten EU erst recht wenig Aussicht auf Erfolg [...] Das bestehende Instrumentarium der Regional- und Kohäsionspolitik ist völlig unzureichend. Das westeuropäische Privatkapital zeigte bislang wenig Interesse, sich für die Erneuerung rückständiger Regionen zu engagieren [...] Als Konsequenz droht gerade in den sicherheitssensiblen östlichen Grenzregionen der EU eine krisenhafte Zuspitzung der sozialen Situation und eine abnehmende Akzeptanz des Erweiterungsprozesses.

5.

Sowohl die Liberalisierung des gemeinsamen Agrarmarktes der EU nach den Vorgaben der WTO als auch die Beibehaltung der bisherigen Politik hätten einschneidende wirtschaftliche und soziale Konsequenzen für die MOE-Staaten. Besonders in Ländern mit einer arbeitsintensiven Landwirtschaft würde ein Sterben bäuerlicher Höfe (Bauernlegen) im großen Maßstab mit einem Vordringen der westdeutschen Agrar- und Lebensmittelkonzerne (und eventuell ehemaliger Grundbesitzer) einhergehen. Schon heute verlieren die MOEL kontinuierlich Marktanteile im Agrarhandel. Es würde dem Prinzip der Gleichheit der Mitgliedsstaaten widersprechen, wenn die EU-Bauern weiterhin Subventionen erhielten, während die Bauern in den neuen Mitgliedsstaaten von dieser Form der Unterstützung ausgeschlossen würden. Diese Ungleichbehandlung wäre auch angesichts des Gefälles im wirtschaftlichen Reichtum absurd. Und lassen sie mich hier nur auf die aktuellen Herausforderungen, besser Aufgaben einer grundlegenden Umgestaltung der EU-Agrarpolitik verweisen, die sich aus der BSE-Problematik für die gesamte EU ergeben können.

6.

Die vorrangig durch ökonomische Zwänge und Interessen motivierte Osterweiterung muss von der Bevölkerung der Bewerberländer mit exorbitanten sozialen Kosten bezahlt werden. Dabei stehen die härtesten Anpassungsleistungen erst noch bevor. Die Einkommensschere zwischen einer kleinen Oberschicht und einer immer größer werdenden Gruppe, die am Rande des Existenzminimums oder schlicht in Armut lebt, öffnet sich von Jahr zu Jahr weiter. Meist werden die Kosten und Lasten als unabänderliche Folge jeglicher Modernisierung dargestellt. Über die bereits absehbaren Folgen der EU-Osterweiterung wird dabei meist hinweggegangen. Doch stellt sich die Frage, ob sich die erweiterte EU weitere „verlorene Generationen" angesichts der geographischen Nähe zwischen dem reichen Westen und dem armen Osten wird leisten können.

7.

Die hochgradige Außenabhängigkeit, die Brüchigkeit des sozialen Zusammenhalts und die Zerbrechlichkeit de innenpolitischen Stabilität der assoziierten Länder werden durch den anvisierten Beitritt in der Tendenz nicht gemildert, geschweige denn überwunden, sondern mit hoher Wahrscheinlichkeit noch verstärkt. Dieser Ausblick vermittelt einen Begriff von der Diskrepanz zwischen dem mit der Osterweiterung verfolgten politischen Ziel, Frieden und Stabilität nach Mittel- und Osteuropa zu exportieren, und den realen Destabilisierungsrisiken angesichts der naturgemäß begrenzten Anpassungsfähigkeit der mittelosteuropäischen Transformationsgesellschaften.

Will man die EU-Osterweiterung nicht als bloßes technokratisches oder Eliteprojekt abtun, muss man sich ernsthaft mit den hinter dem Prozess stehenden Interessen und Beweggründen beschäftigen, z. B. mit der Frage, warum sich die EU-Mitglieds- und die Kandidatenländer auf dieses riskante Unterfangen einlassen. Der Strategie und Politik der Osterweiterung liegt eine genuin politische Logik zugrunde. Sie ist die Balance zwischen dem Maß des den westeuropäischen Gesellschaften Zumutbaren einerseits und dem Übermaß an Hoffnungen der mittelosteuropäischen Gesellschaften andererseits. Sie versucht, für die Westeuropäer den Schrecken der Öffnung der Europäischen Union nach Osten zu minimieren und dennoch für die Mittel- und Osteuropäer die Verheißung der Rückkehr nach Europa einzulösen.

Grundsätzlich werde die Fragwürdigkeit des gegenwärtigen Integrations- und Erweiterungsstrategie deutlich, die auf eine einseitige Übertragung westeuropäischer Politikmuster auf einen wirtschaftlich, sozial und kulturell andersartigen Kontext ausgerichtet ist und dabei zu verdrängen scheint, dass sich dieses Muster bereits in Westeuropa in zunehmenden Maße als untauglich erweist. Schrader :

> Ohne erhebliche Korrekturen an der gegenwärtigen Erweiterungslogik besteht die Gefahr, dass in den Staaten Mittel- und Osteuropas genau das Gegenteil dessen eintritt, was angestrebt wird: Also nicht die Herausbildung und Konsolidierung der Demokratie und Rechtsstaatlichkeit, sondern deren Fehlentwicklung und Destabilisierung.

VI.

Während der gemeinsame Nenner der Erweiterungspolitik der EU-Staaten darin besteht, ein Mehr an kontinentaler und globaler Macht und Handlungsfähigkeit ohne Verlust an Sicherheit und Identität zu erreichen, ist die Politik der MOEL primär darauf gerichtet, die Folgen der System- und Umbruchkrise zu überwinden und eine möglichst schnelle Eingliederung in die westeuropäische Wohlstands- und Stabilitätszone zu erlangen. Für die Westeuropäer steht außer Frage, dass sich die Mittel- und Osteuropäer auf die EU zubewegen und den acquis communautaire ohne Abstriche übernehmen, während sich die EU-Aspiranten in vorauseilendem Gehorsam oder aus Furcht, von anderen Konkurrenten überholt zu werden, fügen. Ziele und Motive stehen also in einem dialektischem Zusammenhang.

Eines der größten Missverständnisse auf westeuropäischer Seite ist die Annahme, man könne hochkomplexe sozio-kulturelle Prozesse, wie sie in den Transformationsländern ablaufen, von außen steuern, ja über Beratungs- und Unterstützungsleistungen wie die Zusammenarbeit mit einheimischen Eliten gleichsam neu programmieren. Es wird kaum in Rechnung gestellt, dass die meisten dieser Völker ihre uneingeschränkte nationale Souveränität erst vor wenigen Jahren wiedergewonnen haben und sie sehr sensibel auf Diskreditierung und Bevormundung reagieren und der Transfer von Souveränitätsrechten nach Brüssel nicht auf ungeteilte Zustimmung stößt. Wenn aber der Verlust der Europa-Idee an Akzeptanz und Integrationskraft immer sofort in die Stärkung nationaler/nationalistischer Strömungen umschlägt, hat dies unabsehbare Folgen für die Realisierungschancen der Osterweiterung insgesamt. In einem unlängst in der FAZ veröffentlichten Aufsatz von Dr. Martin Brusis (13.11.00) über Koordinaten der Integrationsbereitschaft der ost- und mitteleuropäischen Staaten kommt der Autor zu dem mich doch sehr interessierenden Schluss, dass die untersuchten Koordinaten der Integrationsbereitschaft – Integrationserfahrungen, nationale Identitätskonzepte, Akteur- und Themenkonstellationen – ein differenziertes Bild der Gewichtung zwischen stärker intergouvernementalistischer einerseits bzw. andererseits integrationsorientierter Europa-Politik ergeben. Das heißt, die EU müsste ihrerseits die volle Einbeziehung der zukünftigen EU-Mitglieder in die Debatten um die Europäischen Perspektiven – z. B. im Rahmen der Regierungskonferenz bzw. auch der Beitrittsverhandlungen – gewährleisten, um durchaus vorhandene Spielräume für eine integrationsfreundliche Position zu nutzen und wo möglich gar zu erweitern. Und damit auch den möglichen Gefahren einer „Abwendung von Europa" zuvorkommen.

Nimmt die EU die besonderen kulturellen Prägungen Mittel- und Osteuropas nicht ernst, wird sie in dem Raum scheitern. Will sie die Herausforderung annehmen, muss sie die schwierige Konversion von einem wirtschaftlichen Integrationsverbund in eine wirklich demokratische gesamteuropäische politische Union meistern.

Langsam wird den Eliten offenbar die Größe der Aufgabe bewusst. Befürchtet wird, dass bei einem Nachgeben gegenüber den immer drängender werdenden Forderungen der Beitrittskandidaten nach Zugeständnissen beim acquis communautaire das gegenwärtige power play der EU in sich zusammenfällt und die Widersprüche zwischen den 15 verstärkt aufbrechen. Der Widerstand kommt jetzt – kurz vor Nizza – aus allen politischen Lagern, vor allem mit der Tendenz, die notwendigen Reformen in Grenzen zu halten, nicht zu viel von eigenen Positionen abzugeben und Zeit für einen späteren grundlegenden institutionellen Umbau der Union zu gewinnen. Business as usual! Für alle wäre die riesige Diskrepanz sichtbar zwischen der begrenzten politischen Leistungsfähigkeit des Osterweiterungsprojektes und den Zielen der europäischen Agenda. Diese Schrittfolge aber hätte zur Konsequenz, dass eine zusätzliche Fragmentierung des mittelosteuropäischen Raumes in Kauf genommen würde. In der

Folge würde sowohl wirtschaftlich als auch sicherheitspolitisch das Ziel der Einheit des Kontinents zumindest für lange Zeit aufgegeben. Die Osterweiterung hörte offenkundig auf, ein geographisch inklusiver Prozess zu sein, der allen Staaten Europas offen steht, die dies wünschen und die die in der Kopenhagener Erklärung festgeschriebenen Voraussetzungen erfüllen.

Voraussetzung für eine erfolgreiche Umsteuerung des Erweiterungsprozesses ist die Organisation gemeinsamer Lernprozesse zwischen den west- und mittelosteuropäischen Eliten und Gesellschaften. Gefordert sind Gestaltungskraft und Kreativität der politisch Verantwortlichen auf beiden Seiten. Widersprüche und Gegenvorschläge seitens der MOEL dürfen nicht länger als lästige Störung des Erweiterungsprozesses angesehen werden. Der Fehler der deutsch-deutschen Vereinigung sollte nicht wiederholt werden, als mit Verweis auf ein angeblich nur kurzzeitig offen stehendes window of opportunity die Dinge übers machtpolitische Knie gebrochen wurden.

VII. Wesen, Charakter und Ziel der Transformation in Osteuropa

Im Prozess der Transformation entsteht in den osteuropäischen Staaten ein gesellschaftliches Modell, das sehr stark und zunehmend von den Verhältnissen des Kapitalismus geprägt wird. Das politische System ist insgesamt nach demokratischen Regeln und Formen gestaltet, sein Funktionieren aber noch nicht durchgängig gesichert. Die Neugliederung der ökonomischen Basis/Eigentumsverhältnisse befindet sich in einem relativ fortgeschrittenem Stadium ihrer Manifestierung, jedoch noch nicht ihrer Konsolidierung. Ihre Formung wird aber nicht nur und nicht vorrangig von den Interessen des einheimischen Kapitals, sondern weitgehend von den Interessen des ausländischen Kapitals geprägt.

Dieses insgesamt noch unfertige gesellschaftliche System ist von einem beträchtlichen Teil der Menschen noch nicht so angenommen, dass sie sich damit identifizieren. Eine solche Identifikation ist jedoch Bedingung, um die Stabilität der inneren Ordnung und ihrer Entwicklung langfristig zu gewährleisten. Dies umso mehr, als das Verhältnis zwischen Identität und Integration gegenwärtig generell sowohl für die Innen- als auch für die Außenpolitik der mittelosteuropäischen Staaten beträchtlich an Gewicht gewinnt, eingeschlossen das Verhältnis zur EU. Die ehemaligen gesellschaftlichen, politischen und ökonomischen sowie kulturellen Identitäten zerfallen, neue bilden sich heraus.

Das Defizit in Technologie, Innovation und Wettbewerbsfähigkeit ist im Vergleich zu den entwickelten kapitalistischen Staaten größer geworden, die Ökonomie der MOE-Staaten hat trotz zwischenzeitlicher Wachstumsschübe den kritischen Punkt ihrer Entwicklung noch nicht überschritten.

Die Transformation der sozialen Strukturen ist von dramatischen Prozessen, Brüchen, Umschichtungen gekennzeichnet und von umfangreichen sozialen Transfers begleitet. Die Diversifizierung der ökonomischen Interessen und der sozialen Verhaltensweisen haben noch nicht zu einer zusammenhängenden Artikulation der Gruppen und auch nicht zu einer sektoralen Solidarisierung dieser Gruppen geführt, nennenswerte Erfahrungen in sozialer Partnerschaft gibt es noch nicht. Die soziale Polarisierung erweist sich als ein schwerer Schock der Transformation, ist nur schwer abzufangen und zu beherrschen und widerspricht den Erwartungen der Bürger. Die mit kollektiven Eigentumsformen verbunden sozialen Klassen und Schichten haben als gesellschaftliche Gruppen entweder aufgehört zu existieren oder sich verändert. Die Mehrzahl der Arbeiter ist heute in Kleinbetrieben beschäftigt. Es gibt gravierende Unterschiede zwischen den Beschäftigten der multinationalen Gesellschaften und denen einheimischer Betriebe.

Aus der Bauernschaft ist ein nicht unbeträchtlicher Teil in den Reihen der Langzeitarbeitslosen gelandet; eine neue Schicht von Unternehmern, Managern bildet sich heraus, die Schichten der Intelligenz und der Angestellten differenzieren sich weiter, nur ein kleiner Teil kann sich als Gewinner der gesellschaftlichen Veränderungen sehen.

Durchgesetzt hat sich bisher die erste Tendenz. Nach zehn Jahren Transformation ist die Gesellschaft in den MOEL aber noch weit davon entfernt, ihre endgültige Grundstruktur gefunden zu haben und zu gestalten. Die heutigen Träger der Transformation zeichnen sich nicht durch Homogenität aus, sie sind nicht eine langfristig durch gemeinsame Überzeugungen verbundene Größe. Verstärkt hat sich unter den MOEL die Tendenz der ungleichmäßigen Entwicklung und damit zusammenhängend auch die Widersprüchlichkeit in außen- und sicherheitspolitischen Interessen, die teilweise auch den Charakter von Gegensätzlichkeiten annehmen. Gegenwärtig wird der Ausbruch dieses Konfliktpotentials durch das all diesen Staaten gemeinsame Ziel des Beitritts zur Union noch überlagert. Das Konfliktpotenzial ist jedoch vorhanden und kann von interessierter Seite genutzt werden, um eigene Ziele durchzusetzen.

Der Beitrittswunsch der MOEL zur EU resultiert nicht aus einem hohen Reifegrad der inneren ökonomischen, gesellschaftlichen, kulturellen Verhältnisse, sondern aus dem Bestreben, die Armut im Lande zu überwinden. Aus der Sicht der regierenden Kräfte in diesen Ländern wird ein solches Vorgehen als legitim betrachtet, ja als alternativlos dargestellt.

In den MOEL ist der Übergang von der ehemals zentralistischen Planwirtschaft zur kapitalistischen Marktwirtschaft nicht abgeschlossen. Die bisherige Bilanz ist durchweg negativ, die MOE-Staaten liegen heute z. T. noch weit unter dem Produktionsniveau von 1990, während die Verschuldung wächst. So beträgt in Tschechien das Bruttoinlandsprodukt pro Kopf 61 %, in Bulgarien 23 % des EU-Durchschnittes, die Industrieproduktion in Tschechien erreicht 85 % des Standes von 1990, in Bulgarien 20 %, der durchschnittliche Monatslohn liegt in Tschechien bei umgerechnet 375 US-Dollar, in Bulgarien bei 107.

Beim Bruttoinlandsprodukt pro Kopf (Kaufkraftstandards) liegen die demnächst eintretenden MOE-Länder im Verhältnis zum Durchschnitt der EU-15 zwischen 40 % und 70 %, Slowenien ist mit 70 % Spitze, Estland mit 40 % Schlusslicht. Andere Bewerberländer wie Bulgarien, Rumänien, Lettland und Litauen verzeichnen weniger als 30 % des EU-Durchschnitts!

Einer der Faktoren sind die Arbeitskosten, wo die Unterschiede zur EU-15 besonders deutlich werden. Während in Deutschland 1997 an Direktgeld und Personalkosten je geleistete Arbeitsstunde 47,92 DM bezahlt wurden, waren es in Slowenien 10,93 DM, in Polen 5,48 DM, in Tschechien 4,80 DM, in Ungarn 4,81 DM, in Rumänien 1,81 DM, in Bulgarien 1,42 DM und in Estland 3,67 DM. Auch bei der Berücksichtigung des unterschiedlichen Preisniveaus (Kaufkraftniveau) liegen die Arbeitskosten in Polen und Tschechien unter einem Viertel im Vergleich zu Deutschland. Deshalb erscheint es unrealistisch, mit den Beitritten auch sofort den Arbeitsmarkt zu integrieren mit der damit verbundenen Freizügigkeit der Arbeitskräfte. Auch wenn der Produktivitätsfaktor Kapital wesentlich mobiler sein dürfte als der Faktor Arbeit, muss bei dem gegenwärtigen Vergütungsgefälle mit erheblichen Migrationsbestrebungen gerechnet werden. Gleichzeitig ist davon auszugehen, dass durch das Lohngefälle immer mehr manuelle Arbeitsprozesse in die Beitrittsländer verlagert werden.

Für Griechenland, Spanien und Portugal wurde der EU-Beitritt durch die Einführung von Beitrittsausgleichsbeträgen und ergänzenden Handelsmechanismen erleichtert. Damit konnte das Preis- und Lohngefälle allmählich angeglichen werden. Nach Auffassung der Kommission soll es derartige Vorzugsbedingungen bei der Aufnahme der MOE-Staaten ebenso wenig geben wie Sonderregelungen und langfristige Übergänge. Eine solche Politik wird in der Praxis nicht durchzuhalten sein. Dazu ist das Gefälle zwischen der EU und den MOEL zu groß. Auf verschiedenen Gebieten werden Sonderregelungen und Übergangsfristen unerlässlich sein.

Die notwendige Erhöhung der Arbeitskosten und damit des Einkommens der Arbeitnehmer in den MOEL wird sich nur auf der Grundlage der Produktivitätssteigerung vollziehen können, die wiederum von einem erfolgreichen Umstrukturierungsprozess abhängig ist. Diese Aufgabe wird noch mehrere Jahre, wenn nicht Jahrzehnte in Anspruch nehmen und nicht zuletzt auch von der Bereitstellung ausländischen Kapitals abhängen.

Ausländische Firmen aus der Union und aus Drittländern werden investieren, um vom sicheren Zugang zum EU-Markt und niedrigen lokalen Kosten zu profitieren. Doch nach einem ersten Ansturm zeigt sich schon jetzt eine gewisse Enttäuschung der Investoren, da die Reallöhne ansteigen, wenn auch nur geringfügig, die Leistungen des Umfeldes (Infrastruktur) aber gegenüber EU-Standorten deutlich abfallen. Der Lohnkostenvorteil der MOEL könnte im Zuge des Beitritts schrittweise verloren gehen. Damit könnte Ostmitteleuropa eine De-Industrialisierung wie in Ostdeutschland erleben, dessen ungeschützte Unternehmen angesichts der Kostensteigerungen ab 1990 flächendeckend zusammenbrachen. Dieses Szenario wird allerdings nicht in voller Härte eintreten, da die MOEL zunächst durch eine eigene relativ schwache Währung geschützt bleiben und nicht über die gewaltigen Mittel wie die Neuen Bundesländer verfügen, um Importe aus dem Westen zu finanzieren.

Für die Überwindung des Entwicklungsrückstandes der mittelosteuropäischen Bewerberländer sind zwei Szenarien denkbar. Vorausgesetzt, das Bruttoinlandprodukt (BIP) der EU wächst jährlich um 2 %, das der MOE-Länder um 6 %, so würden Tschechien und Ungarn im Jahr 2035 das durchschnittliche BIP pro Kopf der Bevölkerung erreichen, Polen im Jahre 2045. Bei einem EU-Wachstum von 1,5 % und in den MOE-Staaten von 4,5 % würden Tschechien und Ungarn erst im Jahre 2050, Polen 2060 aufschließen, d. h., diese Länder müssen über einen Zeitraum von 40 bis 50 Jahren als Ziel-1-Gebiete gefördert werden.

Ein EU-Beitritt würde die Zwischenlage Ostmitteleuropas beenden, die mit dem Rückzug und Zerfall der Sowjetunion entstand und schon in der Zwischenzeit für Spannungen sorgte. Die Erweiterung entzieht diese Länder klar dem Einflussbereich Russlands und festigt ihre Westorientierung. Allerdings droht auch die Gefahr, dass die Beitrittsdebatte die Gesellschaften Ostmitteleuropas polarisiert und vorhandene Enttäuschungen mit der Demokratie und Marktwirtschaft mit den Ängsten angesichts des EU-Beitritts verknüpft. Das Amalgam von antiwestlichen, nationalistischen, traditionalistischen und antikapitalistischen Interessen könnte in den jungen Demokratien einen verhängnisvollen Einfluss entwickeln. Dies ist kein Spezifikum Ostmitteleuropas, sondern auch in westeuropäischen Ländern zu beobachten, doch kämen in den MOEL die besonderen Probleme des Übergangs hinzu: Neue Armut, Arbeitslosigkeit, kaum wiedergutzumachende spürbare Einkommensverluste, wachsende Ungleichheit – und dies auf dem Hintergrund egalitärer Traditionen und Erwartungen.

Gegen einen Beitritt könnten nicht nur Kräfte sein, die soziale Nachteile befürchten, sondern auch antiliberale, nationalkonservative Gruppierungen, die eine Verwestlichung ablehnen und vom EU-Beitritt nicht nur Souveränitätsverluste, sondern auch einen Verfall nationaler Werte befürchten. Viele Ostmitteleuropäer misstrauen dem westeuropäischen Vorbild und wünschen eine Entwicklung auf der Grundlage der eigenen Werte und Traditionen.

VIII. Zu agrarpolitischen Problemen und Konsequenzen der Erweiterung

Wie bereits bei früheren Erweiterungsrunden ist die Land- und Ernährungswirtschaft das wohl schwierigste Gebiet. Hier waren stets längerfristige Vorbereitungsmaßnahmen und oft langjährige Sonder- und Übergangsregelungen gefordert und auch eingeräumt worden. In Hinblick auf die mitteleuropäischen Staaten kommen zwei Besonderheiten hinzu: Erstens die erheblichen ökonomischen, strukturellen und sozialen Differenzen zu den EU-Ländern, die mit den Folgen des Transformationsprozesses von der Planwirtschaft zur Marktwirtschaft und der Veränderung der Eigentumsformen zusammenhängen, und zweitens das außerordentlich hohe ökonomische und gesellschaftliche Gewicht der Landwirtschaft im Gesamtgefüge der Volkswirtschaften.

Die Schwierigkeiten ergeben sich vorrangig aus der Gemeinsamen Agrarpolitik der Union (GAP). Wie in keinem anderen Bereich verzichten hier die Mitgliedsstaaten zugunsten gemeinsamer, einheitlicher Rahmenbedingungen und Instrumentarien auf wesentliche Teile der nationalen Souveränität. Es ist das einzige gemeinsame Politikfeld der Union mit finanzieller Solidarität. Die Kehrseite besteht in der deutlichen Einschränkung marktwirtschaftlicher Prinzipien und Regularien und deren Ersatz durch Reglementierung und Bürokratisierung. Das führte zur Abschottung des Agrarmarktes gegenüber Drittländern, der Begrenzung und Regulierung der Produktion durch die Festlegung von Quoten für bestimmte Produkte und Stilllegungspflichten für Nutzflächen, staatlichen Ankauf von Überschussproduktion (Intervention) sowie Ausgleichszahlungen zwischen den Produktionskosten und den Weltmarktpreisen für Agrarprodukte. Nur unter diesen Bedingungen konnten die kleinbäuerlichen Strukturen in der Landwirtschaft Westeuropas konserviert werden! Für die GAP müssen gegenwärtig knapp 50 % der Mittel des EU-Haushaltes aufgewendet werden.

In den MOE-Ländern ist die Landwirtschaft von wesentlich höherer Bedeutung als in der Union der 15. In den 10 mittelosteuropäischen Beitrittsländern werden 60,2 Millionen Hektar landwirtschaftlicher Nutzfläche bewirtschaftet – das sind 44 % der Anbaufläche in der derzeitigen EU. Während in der EU im Durchschnitt der Anteil der Landwirtschaft am Bruttosozialprodukt nur rund 2 % beträgt, sind es in den MOEL 7 %. In Bulgarien und Rumänien beträgt dieser Anteil 21 % bzw. 17 %, in Tschechien und der Slowakei 5 % bzw. 4,9 %. Im Zuge des Transformationsprozesses ist es überall zu erheblichen Produktionseinbrüchen gekommen. Durch die drastische Reduzierung der Tierbestände bestehen besonders in der Tierproduktion erhebliche Rückstände. Trotz der Einbrüche beträgt die Produktion der MOEL bei Getreide bereits 45 %, bei Ölsaaten und Schweinefleisch 30 % der Produktion in der EU-15. Die Flächenausstattung pro Kopf liegt weit über dem EU-Durchschnitt, die Ackerfläche je Einwohner ist gar doppelt so hoch.

Die entscheidende Frage, auf die die Kommission bisher noch keine bindende Antwort gegeben hat, ist: Werden die Instrumentarien der GAP, insbesondere die Ausgleichszahlungen und Prämien je Hektar und Tier, in den mittelosteuropäischen Ländern zur Anwendung kommen? Laut Agenda 2000 ist das nicht vorgesehen. Begründung: Das Erzeugerpreisniveau in den MOEL liege unter dem der EU und werde sich erst langsam an das der Union angleichen. Die letzten Jahre zeigen aber, dass besonders in der Pflanzenproduktion die Erzeugerpreise in einigen Fällen schon das Niveau in der EU überschritten haben. Ein weiterer neuralgischer Punkt der anstehenden Verhandlungen sind die Produktionsquoten. Nur wenn es hier zu fairen und großzügigen Entscheidungen hinsichtlich der Bemessungsgrundlage kommt, eröffnen sich Spielräume für die Entwicklung der Produktion, anstatt sie von vornherein zu begrenzen – auch dies eine Erfahrung aus Ostdeutschland. Dabei ist zu beachten, dass ein starkes, entwicklungsfähiges Produktionspotenzial vom Osten auf einen regulierten, bei vielen Produkten bereits gesättigten EU-Agrarmarkt drängen wird. Durch die geographische Lage und ähnliche natürliche Standortbestimmungen umfasst die landwirtschaftliche Produktion der Beitrittsländer in etwa die gleiche Produktionspalette wie in der EU der 15. Nach vorsichtigen Schätzungen sind innerhalb der nächsten Jahre Produktionssteigerung in den MOEL zwischen 10 % und 20 % zu erwarten.

Im Rahmen der Europa-Abkommen wurden die Einfuhrquoten für Agrarprodukte auf beiden Seiten schrittweise gelockert. Die Regelung kam aber vorrangig der EU zugute, denn sie importierte in diese Länder wesentlich mehr Waren, als sie bezog; einzige Ausnahme ist Ungarn. Insgesamt hat sich die Position der meisten mittelosteuropäischen Länder im Agrarhandel verschlechtert. Das ist zum einen Ergebnis externer Faktoren (expansive und aggressive Politik der westeuropäischen Agrarkonzerne, Importbegrenzungen mit Verweis auf veterinärmedizinische Anforderungen usw.) und interner Ursachen wie veraltete Verarbeitungskapazitäten und mangelhafte Infrastruktur. Dennoch haben bei bestimmten Produkten und landwirtschaftlichen Rohstoffen die Importe aus den MOEL zu bestimmten Zeiten zu „Marktstörungen" in der EU geführt, besonders in den Grenzregionen. Deshalb sollte gründlich geprüft werden, ob mit dem Beitritt ein sofortiger offener Zugang für Agrarprodukte vertretbar ist oder ob in einem Übergangszeitraum Außenschutz und Zollregelungen aufrecht erhalten werden sollten – sowohl zum Schutz der nicht konkurrenzfähigen Landwirtschaft der MOEL als auch zur Begrenzung der noch zu niedrigen Preisen produzierten Ernährungsgüter und Rohstoffe der betreffenden Länder auf dem EU-Markt.

Ein großer Teil der Erwerbspersonen in den MOEL ist in der Landwirtschaft tätig, im Durchschnitt 22 % gegenüber dem EU-Mittel von 5 %. Mit 37 %, 28 % und 26 % liegen Rumänien, Polen und Bulgarien an der Spitze, während dieser Anteil in Tschechien nur 5,5 % und in Ungarn 7,5 % beträgt. In einigen Ländern wie Polen hat die Anzahl der in der Landwirtschaft Tätigen zugenommen, da durch die wachsende Arbeitslosigkeit in den Städten Abwanderungen zu Verwandten auf dem Dorfe erfolgten. Der Transformations- und Modernisierungsprozess und die Integration in die EU erfordern in den mittelosteuropäischen Ländern einen bedeutenden Rationalisierungsschub, der Millionen von Arbeitskräften in der Landwirtschaft freisetzen wird. Da sich das Gleiche auch in anderen Wirtschaftsbereichen vollzieht, wird die Eingliederung dieser Freigesetzten nur begrenzt möglich sein. Auch werden die finanziellen und materiellen Ressourcen kaum ausreichen, um durch die Entwicklung des ländlichen Raumes in größerem Umfang neue Arbeitsplätze zu schaffen.

In den zehn beitrittswilligen MOE-Staaten sind über 10 Millionen Menschen in der Landwirtschaft tätig, verglichen mit 7,5 Millionen in der heutigen 15er Gemeinschaft. Indessen liegt die Produktivität bei einem Zehntel des EU-Wertes! Schon ein Anstieg auf 50 % der Produktivität der EU würde eine Verringerung der Beschäftigtenzahl auf 6 Millionen voraussetzen! In Polen würde die Halbierung der Beschäftigtenzahl in der Landwirtschaft 2 Millionen Arbeitskräfte freisetzen, deren Wiedereingliederung in den Arbeitsprozess rund 200 Milliarden Euro an Investitionen erfordert. Um zu verdeutlichen, was auf die MOE-Staaten zukommt: In der Landwirtschaft der ehemaligen DDR haben nach dem Anschluss an die BRD und dem damit verbundenen Überstülpen der EU-Rahmenbedingungen knapp 700.000 Beschäftigte ihren Arbeitsplatz verloren, innerhalb von 10 Jahren sank die Zahl der Arbeitskräfte um 85 %!

Daraus ergeben sich folgende Überlegungen:

1. Bei den Beitrittsverhandlungen sollten die sozialen Wirkungen von Entscheidungen, die mit dem Transformationsprozess und der EU-Mitgliedschaft verbunden sind, eine entscheidende Größe sein. Es geht um die Einheit von politischem Verhaltenskodex, wie er in den Kopenhagen-Kriterien formuliert ist, und den sozialen Menschenrechten, die das Recht auf Arbeit implizieren.

2. Die Investitionspolitik sollte vor allem darauf konzentriert werden, zukunftsfähige Arbeitsplätze zu schaffen.

3. In den mittelosteuropäischen Ländern wird es erforderlich sein, die sozialen Sicherungssysteme im Hinblick auf die sich verschärfenden innergesellschaftlichen Probleme auszubauen und zu entwickeln.

Während bei den vorangegangenen Erweiterungsrunden Länder beitraten, deren Agrarstruktur mit dem der EU weitgehend identisch war, ergibt sich nunmehr ein völlig neue Lage. Die mit der politischen Wende eingeleiteten Umstrukturierungen von großen Produktionseinheiten in Form von Genossenschaften oder Staatsbetrieben hin zu privaten bäuerlichen Betrieben führte zu einer Zersplitterung der Produktion in Klein- und Kleinstbetriebe. Ausgenommen in Tschechien liegen die durchschnittlichen Betriebsgrößen unterhalb der Größe von Nebenerwerbsbetrieben in Deutschland! In Polen werden etwa 4 Millionen bäuerliche Betriebe gezählt, jeder vierte hat weniger als 2 Hektar Nutzfläche, die durchschnittliche Betriebsfläche beträgt 7 Hektar. Damit ist unter EU-Bedingungen für die Mehrzahl der Bauernhöfe nicht einmal Subsistenzwirtschaft, also Eigenversorgung, möglich. In Polen werden 25 % der Milch in Betrieben mit bis zu 3 Kühen und 50 % in Betrieben mit 4 bis 10 Kühen produziert.

Die Erfahrungen aus der Transformation in Ostdeutschland besagen, dass es vorteilhaft ist, eine unterschiedlich strukturierte Landwirtschaft zu entwickeln, die einen Mix der verschiedenen Eigentumsformen beinhaltet. So werden auf dem Gebiet der ehemaligen DDR 31 % der Nutzfläche von Agrargenossenschaften, 22 % von Kapitalgesellschaften, 24 % von Personengesellschaften und 23 % von Einzelunternehmen bewirtschaftet. Mit dieser Struktur hat sich die ostdeutsche Landwirtschaft innerhalb der EU als konkurrenzfähig erwiesen.

Fazit: Eine EU-Erweiterung im Agrarbereich ist nach Auffassung der meisten Experten ohne Übergangsfristen und besondere, auszuhandelnde Übergangsregelungen nicht vorstellbar. Um übermäßige soziale Härten und Verwerfungen in einem gnadenlosen Verdrängungswettbewerb zu vermeiden, sind ausreichend lange Übergangsfristen notwendig, wie sie auch bei bisherigen Erweiterungen gewährt wurden. Wichtig sind dabei fundierte Konzepte der Beitrittskandidaten für die anstehenden Verhandlungen. Aus heutiger Sicht dürfte der vorgesehene Finanzrahmen nicht ausreichen, um die komplizierten Prozesse der Integration zu bewältigen. Eine Ausweitung dieses Rahmens wird aber nur über eine Steigerung der Beiträge der gegenwärtigen EU-Mitgliedsstaaten möglich sein, nicht über eine Reduzierung der geplanten Ausgaben für die verschiedenen Politikfelder der Gemeinschaft.

IX. Schlussbemerkungen

Das Nachdenken über die Inhalte des Erweiterungsprozesses durch die Linke ist in jeder Hinsicht angebracht. Dennoch muss sie nach meiner Überzeugung aus den dargestellten Gründen gleichzeitig die EU-Erweiterung aktiv befürworten und neben ihren Kämpfen im nationalstaatlichen Rahmen ihre eigenen „europäischen" Ziele formulieren, die entsprechenden gesellschaftlichen Diskussionen und Auseinandersetzungen fördern, also fähig werden, ihre Alternativen sowohl für die aktuelle und künftige Entwicklung der europäischen Integration wie auch für die Osterweiterung der EU wirkungsvoll zu vertreten. Beide Fragen sind im übrigen gerade für die Linke eng miteinander verknüpft. Nicht durch ein Nein zur Erweiterung, sondern durch den Kampf um ihre demokratische, soziale und zivile Gestaltung muss sich die Linke vom derzeitigen politischen Mainstream in der EU unterscheiden.

Ihre alternativen Ziele mögen gegenwärtig nur geringe Chancen haben, Gehör zu finden oder gar durchgesetzt zu werden. Ihre Formulierung und aktive politische Vertretung in den Parlamenten, im öffentlichen politischen Raum und in außerparlamentarischen Bewegungen muss jedoch einen Beitrag darstellen, die politische und geistige Hegemonie des globalen Neoliberalismus zu attackieren. Eingeschlossen darin muss sein die Widerlegung des neoliberalen Axioms der angeblichen Alternativlosigkeit. Zum anderen geht es natürlich darum, die Kräfteverhältnisse, unter denen die weitere Tagesordnung der EU ausgehandelt wird, zu beeinflussen und Gegenkräfte zugunsten sozialer und demokratischer Orientierungen zu stärken, nicht zuletzt mit Blick auf den Erweiterungsprozess. Letzten Endes wird niemand ignorieren dürfen – aber natürlich wird es dennoch ignoriert werden –, dass eine Erweiterung der Europäischen Union mit massiven sozialen Deklassierungen und anderen gesellschaftlichen Krisen in den Beitritts- und den alten Mitgliedsländern zu äußerst bedrohlichen Destabilisierungen führen kann, von der nur die extreme und fremdenfeindliche Rechte profitieren könnte.

Es muss gelingen, soziale und andere Probleme der EU-Erweiterung einzudämmen, irrationale Ängste in Teilen der Bevölkerung (ausgenutzt wiederum vor allem von der extremen Rechten) zu zerstreuen und Chancen ohne Illusionismus deutlich zu machen. Die Linke innerhalb der EU hätte meiner Meinung nach eine besondere Pflicht, dafür zu sorgen, dass in der EU-Erweiterung erstens nicht nur die Interessen der Wirtschaft, sondern auch die der Lohnabhängigen und der sozial Unterprivilegierten in ihren Ländern artikuliert werden, zweitens, dass die Interessen und Erfahrungen der Beitrittsländern auch innerhalb der EU auf Akzeptanz und Achtung stoßen.

Zu den Eckpunkten linker Positionen auf „europäischer" Ebene müssten meiner Meinung nach gehören:

- Die Nutzung der EU-Integration für die Rückgewinnung, Erneuerung und Stärkung der Politik und Demokratie gegenüber den Kapitalinteressen und den internationalen Finanzmärkten. Zurückdrängung des europäischen Wirtschaftsliberalismus und damit Überwindung der ausschließlich monetaristischen Ausrichtung zugunsten einer beschäftigungspolitisch und nachhaltig orientierten makroökonomischen Politik der Mitgliedsländer und der EU. Womit m. E. auch ein „Abschließen" der Transformationsprozesse in den MOE-Ländern ermöglicht werden könnte.

- Die Demokratisierung der Europäischen Union. Primär geht es in dieser Hinsicht zum einen darum, die ernsten Demokratieverluste in den einzelnen Staaten zu stoppen und die Demokratiedefizite in der EU abzubauen (Rechte und Rolle der Bürgerinnen und Bürger, Rechte und Rolle des EP, Rolle der Regionen).

- Eine umfassende Antidiskriminierungspolitik und die Bekämpfung von Rechtsextremismus und Fremdenfeindlichkeit. Rassismus, Antisemitismus und Rechtsextremismus haben unterschiedliche, aber auch gemeinsame Ursachen und Erscheinungsformen in den europäischen Staaten. Sie sind ein bedrohliches europäisches Phänomen. Antidiskriminierungs- und Menschenrechtspolitik sind meiner Meinung nach insbesondere angesichts der Herausforderungen durch die Osterweiterung ohne die europäische Ebene nicht mehr aussichtsreich.

- Eine Sozialunion und ein europäischer Beschäftigungspakt. Natürlich müssen die Errungenschaften des jeweiligen nationalen „Wohlfahrtsstaats" verteidigt und erneuert werden. Eine Europäisierung aller gesellschaftlichen Bereiche ist weder realistisch noch anstrebenswert. Beschäftigungs- und Sozialpolitik werden in den einzelnen Staaten ihren primären politischen, sozialen und juristischen Raum behalten. Die Europäische Union kann und muss aber einen wirkungsvollen Rahmen gegen Sozial- und Lohndumping (Sozialkorridore oder Mindeststandards) bilden. Angesichts der realen Existenz der gemeinsamen Währung ist deren Ergänzung durch beschäftigungs- und sozialpolitische Ziele dringend erforderlich. Für die Beitrittsländer in Osteuropa würde ohne eine wirksame Orientierung der Beitrittsprozess zu äußerst bedrohlichen sozialen und anderen Verwerfungen führen. Die Übernahme der Sozialschutzstandards aus dem gemeinschaftlichen acquis würde demgegenüber in den meisten Fällen einen sozialpolitischen Fortschritt in den Bewerberländern bedeuten, spielt aber in den gegenwärtigen Beitrittsberichten keine wesentliche Rolle. Zumindest im Europäischen Parlament ist mit der Entschließung zu einer Sozialagenda auch ein Dokument angenommen worden, das quer zum wirtschaftsliberalen Mainstream der neuen Mitte von Blair, Schröder und Aznar liegt und darauf verweist, dass die europäische Ebene sehr wohl auch auf diesem Gebiet für den Streit um andere gesellschaftliche Mehrheiten geeignet ist.

- Gesamteuropäische und kooperative Sicherheit: Die EU darf weder wirtschaftlich ein exklusiver Club bleiben und sich in teilweise sogar rassistischer Weise gegen den Süden und Osten abschotten (Schengener Abkommen) noch ein neuer Militärblock werden. Es muss vielmehr um die Öffnung der Europäischen Union und um ein kollektives gesamteuropäisches Sicherheitssystem gehen, wie es grundsätzlich in der OSZE angelegt ist. Die gleichberechtigte Einbeziehung Russlands insbesondere in gesamteuropäische sicherheitspolitische Beziehungen ist dafür unerlässlich. Demgegenüber sind die Aktivierung und Integration der WEU und die Schaffung einer schnellen europäischen Eingreiftruppe kontraproduktiv, anachronistisch und gefährlich und werden selbst die angestrebte stärkere sicherheitspolitische Unabhängigkeit von den USA nicht bewirken.

- Die Interessen und Rechte der Beitrittsländer gewährleisten. Die Linke muss zu den Sachwaltern der Interessen der Beitrittsländer gegenüber den Bestrebungen gehören, diese dem westeuropäischen Wirtschaftsliberalismus und der Reformunwilligkeit der Europäischen Union unterzuordnen. Besondere Aufmerksamkeit verlangt das Problem des Erwerbs von Boden und Immobilien in den Beitrittsländern, da angesichts der Kapitalschwäche der einheimischen Bevölkerung im Fall einer schnellen und unkontrollierten Einführung der Freizügigkeit ein massiver Ausverkauf droht. Mit zusätzlicher Sensibilität und größter Verantwortung wird dieses Problem hinsichtlich eines eventuellen (und über örtliche „Strohmänner" teilweise schon begonnenen) Rückkaufs von Boden und Immobilien durch ehemalige deutsche Besitzer bzw. ihre Nachkommen in Polen, Tschechien und der Slowakei behandelt werden müssen.

Verfassung und Verfasstheit Europas

Karl Lamers, MdB

Meine sehr verehrten Damen und Herren, ich bin mir darüber im Klaren, dass Sie von mir ein Wort zu Nizza erwarten. Das will ich auch gerne tun, obwohl ich mir vorgenommen habe, nicht den ganzen Abend über Nizza zu sprechen. Denn in mancher Hinsicht ist es die Sache nicht wert. Ich sage es ganz offen: Das Ergebnis ist enttäuschend mager und wenn selbst der Bundeskanzler sagt, er hätte sich mehr gewünscht, dann unterscheidet sich das nicht sehr von dem, was ich sagte. Es lag nicht in erster Linie an der deutschen Regierung. Natürlich hat sie einen Teil der Verantwortung für dieses nicht sehr befriedigende Ergebnis zu tragen, aber ich glaube, sie trägt nicht den größten Teil der Verantwortung.

Der Bundeskanzler trägt jedoch Mitschuld an dem Umstand, dass die nebensächlichste Frage, die in Nizza verhandelt wurde, die des Stimmengewichts, eine solche Bedeutung bekommen hat. Er hat schon in der Debatte des Deutschen Bundestags vor dem Gipfel in Nizza diesem Thema mehr Aufmerksamkeit gewidmet als in seinem Redemanuskript vorgesehen war. Diese Frage ist meiner Meinung nach die – relativ gesehen – unwichtigste. Natürlich hängt sie viel mit Prestige und auch ein wenig mit Macht zusammen.

Die Bedeutung, die dieses Thema bekommen hat, gibt sehr viel Aufschluss über die Stimmung in der Europäischen Union. Man hat so getan, als drohe die Gefahr, dass die großen Länder – Deutschland eingeschlossen – von einer Mehrheit der kleinen Länder überstimmt werden könnte. Rein arithmetisch ist das möglich. Vor allem, wenn man sich vor Augen führt, dass durch die Erweiterung – abgesehen von Polen – nur sogenannte kleine Länder Mitglied in der EU werden. Aber man hat die bisherige Praxis in der EU übersehen, die darin zum Ausdruck kommt, dass von den 260 oder 280 Richtlinien zur Verwirklichung des Binnenmarktes nur 20 streitig abgestimmt worden sind, obwohl das auch in den anderen Fällen möglich gewesen wären. Und bei keiner einzigen Frage ist eines der großen Länder in einer wesentlichen Frage überstimmt worden. Das ist auch einfach zu erklären, denn die Abstimmungsfronten in der EU richten sich nicht nach Groß oder Klein, sondern nach Interessenlagen. Und die sind sehr unterschiedlich. Die Interessenlage etwa Griechenlands ist nicht identisch mit der Interessenlage der Niederlande. Und das wird in Zukunft bei den neuen Mitgliedern erst recht so sein. Es kommt auf die

Koalitionsbildungen an und nicht auf das arithmetische Kriterium Groß oder Klein.

Es ist eine Lösung gefunden worden, die ich nicht im Einzelnen kenne. Ich kenne zwar die zugeteilten Stimmen, aber da sie mit einem System der Stimmengewichtung nach Bevölkerungszahl und Staatenzahl verbunden worden sind, ist das Ganze sehr schwer zu durchschauen. Jedenfalls scheint es so zu sein, dass diese zusätzlichen Qualifizierungen des Stimmengewichtes das ohnehin dürftige Ergebnis in Bezug auf die zentrale Frage der Mehrheitsentscheidungen noch weiter verschlechtert haben.

Dass Mehrheitsentscheidungen in den Bereichen, in denen bisher Einstimmigkeit erforderlich war, die zentrale Frage sein würden, darin waren sich alle Beteiligten einig. Einigkeit bestand auch in der Frage, dass es nicht auf das Mehr an Mehrheitsentscheidungen ankam, sondern darauf, ob die zentralen Fragen in Zukunft mit Mehrheit entschieden würden. Weder bei den Steuern noch beim Außenhandel noch beim Asylrecht sind Mehrheitsentscheidungen vorgesehen. Die Frage der Steuern ist an Großbritannien gescheitert. Das war wahrscheinlich auch der Schlüssel zur Weigerung Frankreichs, beim Außenhandel Mehrheitsentscheidungen zuzulassen. Hier geht es vor allem um die Dienstleistungen und um die Kultur. Obwohl das der aus Frankreich stammende Kommissar für diese Fragen, Lamy, mit allem Nachdruck angemahnt hatte. Bei den Fragen Asyl und Migration ist es wegen des deutschen Widerstandes nicht zum unmittelbaren Mehrheitsentscheid gekommen. Aber immerhin hat die Bundesregierung in Aussicht gestellt, dass in Zukunft mit Mehrheit entschieden werden könne, wenn es eine Einigung über den Inhalt gäbe. In dieser zentralen Frage der Mehrheitsabstimmungen ist das Ergebnis außerordentlich unbefriedigend.

Was die Zusammensetzung der Kommission und ihre Arbeitsweise angeht, ist bestenfalls ein halbes Ergebnis erzielt worden. Eine Verkleinerung der Kommission, die jedermann für vernünftig halten muss, der nur ein wenig Ahnung von Bürokratie hat, ist nicht beschlossen worden. Erst in weiter Zukunft soll die Zahl der Kommissare verringert werden. Allerdings ist die Stellung des Kommissionspräsidenten gestärkt worden. Ob es ausreicht, dieses Manko zu beheben, das wird sich zeigen.

Es hat neben diesen sogenannten left overs von Amsterdam zwei neue Fragen gegeben, deren Ergebnisse das Bild etwas aufhellen. Das eine ist die Erleichterung der sogenannten coopération renforcée, der verstärkten Zusammenarbeit. Dahinter verbirgt sich nichts anderes als das, was Wolfgang Schäuble und ich vor sechs Jahren „Kern" nannten, was der Außenminister „Gravitationszentrum" und der französische Präsident „Pioniergruppe" nennt und Jacques Delors „Avantgarde". Es beinhaltet die Möglichkeit für eine Gruppe von Ländern, in bestimmten Bereichen in der Integration weiter zu gehen als andere, die dazu noch nicht willens oder in der Lage sind. Die Bedeutung dieses Themas ist nach meiner Überzeugung nicht zu überschätzen. Es kann nicht anders sein, als dass in einer so groß gewordenen Europäischen Union, die in absehbarer Zukunft auf bis zu 27 oder über 30 Mitglieder wachsen kann, nicht alle zur gleichen Zeit das Gleiche wollen und tun können.

Das war keine Erfindung von Wolfgang Schäuble und mir. Die Währungsunion ist ein solches Modell für eine Kernbildung. Ich darf daran erinnern, dass der Europäischen Währungsunion das EWS vorausging, das nicht einmal eine Einrichtung innerhalb des einheitlichen europäischen institutionellen Rahmens war, sondern eine Kernbildung außerhalb desselben, die dann allerdings in den einheitlichen europäischen Rahmen integriert worden ist, ebenso wie das System von Schengen. Diese Kernbildung ist deswegen von so großer Bedeutung, weil sie dazu führt, dass diejenigen, die zunächst nicht teilnehmen, über kurz oder lang teilnehmen müssen, weil die magnetische Wirkung, die von dieser Kernbildung ausgeht, so groß ist. Das sehen Sie an der Währungsunion. Ich bin sicher, dass nicht nur Dänemark eines Tages teilnehmen wird, sondern auch Schweden und Großbritannien. Man kann sich diesem Sog nicht entziehen, und insofern ist der Begriff der Avantgarde vielleicht der bessere Begriff oder jedenfalls ein anderer Aspekt desselben Vorgangs.

Ich muss allerdings gestehen, dass ich mich durch das Ergebnis von Nizza in meinem Engagement für diese Idee etwas beeinträchtigt fühle. Es ist natürlich klar, dass es eine solche Kernbildung ohne Frankreich und Deutschland nicht geben kann. Das Verhältnis zwischen Frankreich und Deutschland ist seit längerer Zeit nicht mehr so, wie es sein müsste. Jedenfalls nicht so gut, wie es gemessen an den Herausforderungen, vor denen die EU steht, sein müsste. Das macht mir Sorge. Ich möchte es nicht dramatisieren. Aber ich möchte doch mit aller Klarheit sagen: Wenn es nicht gelingt, das deutsch-französische Verhältnis auf eine qualitativ höhere Stufe zu stellen, dann werden auch die institutionellen Erleichterungen für eine Kernbildung, für eine coopération renforcée nicht viel fruchten. In diesem Zusammenhang ist das Insistieren Frankreichs auf dem gleichen Stimmengewicht wie Deutschland von großer Bedeutung. Ich werfe mir auch selbst vor, dass ich die Bedeutung der Gleichrangigkeit Frankreichs und Deutschlands vielleicht nicht mit der notwendigen Schärfe und Klarheit gesehen habe. Ich hoffe jedenfalls, dass dieses enttäuschende Ergebnis von Nizza gerade für Frankreich und Deutschland ein Anstoß ist, diese qualitativ höhere Verhältnis zueinander zu finden.

Das werden wir jedenfalls finden müssen, wenn im Jahr 2004 tatsächlich eine umfassende Reform der Institutionen vorgenommen werden soll. Das war vor allem ein deutsches Anliegen, und insofern war die Bundesregierung auch erfolgreich. Die Bundesregierung stand auch erheblich unter dem Druck der Bundesländer, eine klare Abgrenzung der Kompetenzen zwischen Europa, den Nationalstaaten und den subnationalen politischen Einheiten Region und Kommune zu erzielen. Das war dieses Mal nicht möglich, aber es gibt jetzt den Auftrag für ein solches Projekt, das sich allerdings nicht nur auf die Kompetenzverteilung zwischen Europa und den Nationalstaaten beschränken darf. Es muss umfassender sein. Es muss um einen Verfassungsvertrag bzw. eine Verfassung für Europa im Jahr 2004 gehen. Und das kann nicht nach der bisherigen Methode, das heißt ausschließlich durch Regierungskonferenzen, die über 90 Prozent der Zeit Konferenzen zwischen höheren Beamten sind, geschehen.

Wir brauchen eine Anleihe an den Konvent, der die Grundrechtscharta erarbeitet hat, ein Projekt, das in überraschend kurzer Zeit zu einem großen Erfolg geworden ist. Und das nicht nur, aber auch aufgrund der hervorragenden Arbeit des Vorsitzenden dieses Konventes, unseres früheren Bundespräsidenten Roman Herzog. Wir brauchen vor allen Dingen eine große öffentliche Debatte über Verfassung und Verfasstheit Europas. Und ich bin der Meinung, obwohl ich sonst, was plebiszitäre Elemente in Sachfragen angeht, äußerst zurückhaltend bin, dass in diesem Fall auch in Deutschland über einen solchen Verfassungsvertrag am Ende eine Volksabstimmung stattfinden sollte.

Das Ergebnis von Nizza ist wenig geeignet, Begeisterung aufkommen zu lassen. Und eigentlich hat es die Voraussetzungen für die Erweiterung der Europäischen Union nicht geschaffen. Denn wenn es richtig ist, dass das Mehr an Mehrheitsentscheidungen die zentrale Frage ist und dass schon heute die Europäische Union durch ein einziges Mitglied in ihrer Entwicklung blockiert werden kann, wie wird das erst in Zukunft sein, wenn wir nicht nur neue, sondern auch sehr neuartige Mitglieder haben werden.

Ich weise auch darauf hin, dass es noch an einer anderen Voraussetzung mangelt, die uns mit Sicherheit in den kommenden Jahren beschäftigen wird. Das ist die Agrarpolitik. Auf der Konferenz zur Agenda 2000 in Berlin sind die substanziellen Voraussetzungen in der Agrarpolitik für eine Erweiterung nicht geschaffen worden. Polen wird vor der Frage stehen – Polen nenne ich, weil dort der Agrarsektor eine überdimensionale Rolle spielt, etwa 27 Prozent der Beschäftigen sind direkt oder indirekt im Agrarsektor tätig –, ob es eine Diskriminierung hinnehmen wird, indem es keine Direktbeihilfen seiner Landwirtschaft bekommt. (Sie machen eine Drittel des Haushalts der EU aus, es ist also keine quantité négligeable, es sind gewaltige Summen.) Oder ob es, wenn es das nicht hinnimmt, bis zum Jahr 2007 warten muss, denn die jetzige Finanzordnung gilt bis einschließlich 2006.

Aus diesen Problemen spricht eine Einstellung zu den existenziellen Entwicklungsfragen der Europäischen Union, die mir zu schaffen macht. Sie verkennt die unglaubliche Dimension der Erweiterungsfrage. Erweiterung klingt sehr technisch. Es geht im Grunde um die Zukunft der Europäischen Union überhaupt. Es besteht kein Zweifel daran, dass mit dem Ende des Ost-West-Konflikts, mit dem Umstand, dass der östliche Teil unseres Kontinents für gestaltende Politik überhaupt wieder offen wurde, das ganze Projekt der europäischen Einigung auf dem Prüfstand steht. Und ich füge sehr dezidiert hinzu, dass diese Frage für Deutschland von ganz besonderer Bedeutung ist. Ob nach dem Ende des Ost-West-Konflikts Deutschland wieder in seine konfliktreiche traditionelle Mittellage zurückfällt oder ob Deutschland die Chance hat, zur ruhigen Mitte Europas zu werden. Das wiederum ist für ganz Europa die zentrale Frage, jedenfalls dann, wenn man Charles de Gaulle Recht gibt, der gesagt hat: „Die europäische Frage, das ist die deutsche Frage". Und die mangelnde Integration dieses deutschen Nationalstaates, der 1870/71 geschaffen wurde, war die Quelle der Instabilität in Europa bis 1945. Insofern ist diese Feststellung de Gaulles vollkommen zutreffend. Deswegen sage ich: Das europäische Projekt steht mit der Erweiterung auf dem Prüfstand. Ich hoffe nicht, dass das unzulängliche Ergebnis von Nizza der Beginn einer schleichenden Krise ist. Dann wäre mir eine offene Krise lieber gewesen, denn Krise ist nicht gleich Katastrophe. Krise ist ein Zustand, in dem man weiß, dass es so wie bisher nicht weitergehen kann. Aber man weiß nicht genau, wie es weitergehen soll. Man muss sich also entscheiden.

Wenn wir das vermeiden wollen, müssen wir uns fragen, worum es bei Europa im Kern geht. Es geht, so wird immer gesagt, um Frieden und Wohlfahrt, um äußere Sicherheit und das Wohlergehen der Nation, und es geht zunehmend auch um innere Sicherheit. Und damit geht es im Kern um die drei staatlichen Aufgaben schlechthin, die eine politisch verfasste Gemeinschaft sich stellen kann: äußere Sicherheit, innere Sicherheit und Wohlergehen. Deshalb wollen und müssen wir es durch und mit Europa machen.

Man muss sich vor Augen führen, dass Europa nichts anderes ist als der Versuch, eine neue Organisationsform von Politik zu bauen, nachdem die supranationale Wirklichkeit das Territorialprinzip von Macht ausgehöhlt hat. Das was man Zivilisationsprozess nennt, hat eine supranationale Wirklichkeit geschaffen. Eine Wirklichkeit, die keine Grenzen kennt. Bisher aber basiert die Politik auf dem Territorialprinzip, das heißt auf dem Anspruch des Staates, innerhalb eines fest umrissenen geographischen Territoriums allein-, letzt- und allzuständig zu sein. Dass das nicht funktionieren kann in einer Wirklichkeit, die von Supranationalität bestimmt ist, ist offensichtlich. Entgrenzung bedeutet insofern auch Entstaatlichung. Die Fähigkeit des Staates, innerhalb dieses Territoriums Allein-, Letzt- und Allzuständigkeit auszuüben, wird dadurch ausgehöhlt. Also brauchen wir eine neue Organisationsform von Politik.

Dann handelt es sich dabei allerdings um einen historischen und historisch notwendigen Prozess, und wenn das richtig ist, dann sollten wir uns auch vor Augen führen, dass man diesen auch wollen muss. Wenn man sich gegen eine Entwicklung stemmt, die in der Tat historisch unumgänglich ist, dann scheitert man. Dann hat man keine Chance zu gestalten.

Wenn das richtig ist, wird natürlich auch die unglaubliche Schwierigkeit dieses Prozesses augenfällig. Es ist klar, dass wir mit den bisherigen Kategorien diesen Prozess nicht erfassen können. Wie schwierig dies ist, wird uns deutlich, wenn wir uns vor Augen führen, dass strukturell gesehen die Territorialstaatsbildung seit dem Ausgang des Mittelalters die ganze Geschichte Europas bestimmt hat. Und wir müssen uns auch vor Augen führen, dass im Nationalstaat der Territorialstaat eine Lebensform geworden ist und nicht nur eine Organisationsform von Politik: Es sind auch Kultur und Identität betroffen, es geht nicht nur um den Verstand, sondern auch um die Herzen der Menschen. Das ist also die Aufgabe, vor die uns der europäische Einigungsprozess stellt: Eine neue Organisationsform von Politik zu entwickeln, die auch zu einer Lebensform für die Menschen werden muss, zu etwas, das sie innerlich bejahen und akzeptieren.

Fragen wir uns, wie angesichts der Größe dieser Herausforderung die Lage ist. Ich habe schon einiges zu Nizza und zu dem, was hinter diesem mäßigen Ergebnis an grundsätzlichen Einstellungen steht, gesagt. Ich hatte gehofft, dass durch die Rede des Außenministers vor einigen Monaten an der Humboldt-Universität und durch die Rede des französischen Staatspräsidenten im Deutschen Bundestag ein kräftiger Schwung in den europäischen Einigungsprozess kommen würde. Darin habe ich mich leider getäuscht. Schon vor sechs Jahren haben Wolfgang Schäuble und ich festgestellt, das der europäische Einigungsprozess unserer Meinung nach an einem krisenhaften Punkt seiner Entwicklung angelangt ist. Und genau davon haben sich anscheinend auch Joschka Fischer und Jacques Chirac leiten lassen.

Die Gründe für diese Feststellung sind dieselben geblieben wie 1994. Sie liegen in dem unausgewogenen Stand der Integration, in der Überdehnung der Institutionen einerseits und in der Herausforderung durch die bevorstehende Erweiterung andererseits. Das unvermeidliche Spannungsverhältnis zwischen Vertiefung und Erweiterung glaubten wir damals durch eine zeitweilige Differenzierung in der Mitgliedschaft nach dem Modell der Währungsunion auflösen zu können. Seit damals ist einiges geschehen. Vor allem ist die Wirtschafts- und Währungsunion für nunmehr zwölf Mitglieder Wirklichkeit geworden. Auch der Amsterdamer Vertrag ist in Kraft getreten und hat einige Verbesserungen, wenn auch entschieden zu wenige, mit sich gebracht.

Es ist auch faktisch einiges geschehen, das institutionell von großer Bedeutung ist: Beispielsweise, dass das Europäische Parlament die Kommission – ich formuliere es einmal reichlich salopp und rechtlich unpräzise – in die Wüste geschickt hat. Das Europäische Parlament hat so gehandelt, als sei die Kommission eine parlamentarische Regierung. Das ist sie aber nicht. Was sie ist, das ist nicht so genau zu definieren, aber das Parlament hat so gehandelt wie alle Parlamente in der Vergangenheit gehandelt haben: Es hat sich unklarer Fragen bemächtigt und sie zu seinen Gunsten in einer günstigen Stunde entschieden. Gleichzeitig müssen wir in Bezug auf die institutionellen Entwicklungen feststellen, das die intergouvernementale Zusammenarbeit zugenommen hat und dass die Stellung der Kommission schwächer geworden ist.

Zu dieser Frage hat Joschka Fischer in seinem Berliner Vortrag vorgeschlagen, dass der Kommissionspräsident in Zukunft von allen Bürgern der Europäischen Union direkt gewählt werden soll. Er hatte also eine anderes Modell vor Augen als das Parlament, nämlich das amerikanische

Modell. Dies zeigt jedenfalls, dass hier eine offene institutionelle Frage besteht, die in einem Verfassungsvertrag geklärt werden muss.

Es gibt andere Fragen, die vor allem die nationalen Parlamente berühren, und Entwicklungen, die es in sich haben. Demnächst werden die Finanzminister der Europäischen Union im sogenannten Euro-Rat zusammensitzen, um die Wirtschaftspolitiken der Teilnehmerländer zu koordinieren. Dabei geht es um eine Harmonisierung der Kapitalertragsteuern. Sie sind, wie auch andere indirekte Steuern, für das Funktionieren des Binnenmarkts von großer Bedeutung. Wenn dieses Projekt gelänge, was ich mir wünsche, dann wäre der Deutsche Bundestag faktisch an das, was die Minister in Brüssel vereinbart haben, gebunden. Das heißt mit anderen Worten: Die Zuständigkeiten der nationalen Parlamente sind, wie dieses Beispiel eindrücklich zeigt, außerordentlich eingeschränkt. Auch hier besteht eine Unklarheit, die beseitigt werden muss.

Die Wirtschafts- und Währungsunion hat die Europäische Union noch mehr als zuvor zu einem der größten weltwirtschaftlichen Akteure neben den USA gemacht. Das erfordert unbedingt Konsequenzen für die Außenvertretung, etwa im Internationalen Währungsfonds, bei der Weltbank und in der Welthandelsorganisation. Dort müssen wir mit einer Stimme sprechen, wenn wir unser Gewicht zur Geltung bringen wollten. Und auch bei den G8-Treffen wäre es viel besser, wenn es nur einen Vertreter der Europäischen Union gäbe und nicht gleich vier.

Die Wirtschafts- und Währungsunion hat schließlich das Ungleichgewicht zwischen der EU als weltwirtschaftlichem Riesen einerseits und als sicherheitspolitischem Zwerg andererseits noch krasser zutage treten lassen. Die Diskrepanz ist für das Binnengefüge der EU instabil und für ihre Außenbeziehungen latent konfliktträchtig. Vor allem im Verhältnis zu den Vereinigten Staaten, wie die Kosovo-Erfahrungen gezeigt haben. Es sind einige Konsequenzen institutioneller Art in Köln, in Helsinki und in auch Nizza daraus gezogen worden. Es gibt einen Hohen Repräsentanten für die Außenpolitik, der aber nicht allein für die Außenbeziehungen zuständig ist, sondern er hat mindestens einen Kommissar, Chris Patten, an seiner Seite. Auch das ist eine weitere offene institutionelle Frage, die das Gleichgewicht der Institutionen und zugleich die Wirksamkeit der Außenpolitik der Europäischen Union betrifft. Das alles und vieles Weitere sind Fragen, die durch Nizza nicht beantwortet worden sind und die dringend in einem zukünftigen Verfassungsvertrag der Europäischen Union gelöst werden müssen.

Von der Erweiterung und ihrer unglaublichen Bedeutung für die weitere Entwicklung des europäischen Einigungsprozesses habe ich schon gesprochen. Die Diskussion über diese Frage ist beängstigend einseitig. Sie konzentriert sich erstens nur auf die möglichen Gefahren und Risiken, die damit verbunden sind, und zweitens nur auf den wirtschaftlichen Bereich. Dabei wird beispielsweise übersehen, dass Deutschland schon heute mit den Beitrittsländern einen höheren Außenhandel tätigt als mit ganz Nordamerika – und das mit steigender Tendenz – und dass wir dabei einen Positivsaldo haben. Und schließlich, was wieder für das innere Gefüge der Europäischen Union von größter Bedeutung ist, Deutschland alleine wickelt etwa die Hälfte des Außenhandels dieser Länder ab, den sie mit der EU abwickeln. Dass das bestimmte Befürchtungen in Frankreich aufkommen lässt, bedarf keiner weiteren Erörterung.

Diese wirtschaftlichen Probleme sind ungewöhnlich schwierig. Aber wie alle wirtschaftlichen Probleme sind sie lösbar, wenn eine Voraussetzung gegeben ist: politische Stabilität. Sie ist zwar keineswegs garantiert, aber sie ist beispielsweise bei unserem größten und wichtigsten Nachbarn Polen viel größer, als man sich das vor 10 Jahren noch vorstellen konnte. Andererseits ist sie in Rumänien denkbar gering. Deswegen, und nicht in erster Linie wegen der wirtschaftlichen Probleme, die allerdings damit untrennbar verbunden sind, steht die Aufnahme Rumäniens nicht in der unmittelbaren Zukunft an.

Sehr viel mehr als die lösbaren wirtschaftlichen Probleme beschäftigt mich die Frage, ob unsere östlichen Nachbarn, die bald Mitglied in der EU sein werden, dieselben Vorstellungen von Europa haben. Hier habe ich erhebliche Zweifel. Die historischen Erfahrungen dieser Länder sind nicht nur in den vergangenen 40 Jahren, sondern in den vergangenen 100 Jahren, bei manchen seit ihrer Existenz, sehr viel anders als die Erfahrungen der westeuropäischen Völker. Wie können dann ihre Vorstellungen von Europa die gleichen sein wie unsere Vorstellungen?

Polen beispielsweise, das ohne jeden Zweifel am ehesten noch eine ähnliche grundsätzliche Erfahrung gemacht hat wie sein westlicher Nachbar Deutschland: In Polen muss man sich vor Augen führen, dass dieses Land nicht nur in den letzten fünfzig Jahren, sondern in den letzten Jahrhunderten kaum jemals über einen längeren Zeitraum im Besitz seiner freien Selbstbestimmung gewesen ist und kaum jemals wirklich unabhängig gewesen ist. Deshalb werden Sie im Gespräch mit Polen feststellen: Der höchste Wert ist Unabhängigkeit. Das halte ich nicht für ein Zeichen von Zurückgebliebenheit, sondern für eine ganz natürliche Erscheinung. Wenn wir die gleichen Erfahrungen gemacht hätten, würde es uns wahrscheinlich nicht anders ergehen. Bei anderen Völkern, die etwa lange Jahrhunderte unter osmanischer Herrschaft gelebt haben oder durch die Orthodoxie geprägt sind, sind diese Erfahrungen wieder ganz andere als bei einem westlichen Land wie Polen.

Wie der Konflikt im früheren Jugoslawien erschreckend deutlich gemacht hat, ist das Kernproblem zwischen Ost und West das der Ungleichzeitigkeit. Es ist einer der fatalsten Irrtümer, dem wir immer wieder erliegen, zu glauben, dass alle Menschen, die *zur* gleichen Zeit leben, auch *in* der gleichen Zeit leben. Davon kann keine Rede sein. Und solange wir diese wirklich fundamentalen Fragen nicht ernsthafter betrachten und ins Kalkül ziehen, als wir es bisher getan haben, anstatt immer nur auf die Wirtschaftsdaten zu starren, solange sieht es mit der Erweiterung und dem politischen Projekt Europa nicht so gut aus, wie es nach unserer Überzeugung aussehen müsste. Deswegen glaube ich, dass wir die kommenden

Jahre zur Vorbereitung eines Verfassungsvertrages nutzen müssen, um über eine Neugründung im Sinne einer Neubegründung Europas nachzudenken. Es geht um das Selbstverständnis Europas, um seine innere gesellschaftliche Ordnung, um seine inneren Grenzen, wie weitreichend seine Zuständigkeiten sein sollen, um seine äußeren Grenzen – wer gehört dazu, wer gehört nicht dazu? – und es geht um das Verhältnis Europas zur übrigen Welt. Es geht also im Grunde um die Verfasstheit Europas, die anhand eines Verfassungsvertrags zu debattieren ist. Es geht um unser Selbstverständnis. Eine Verfassung soll zum einen in rechtlich verbindlicher Weise Ausdruck geben über das ideelle Fundament und die grundlegenden Ziele einer politischen Gesellschaft, und zum anderen muss sie die Macht zur Erreichung dieser Ziele in effizienter und demokratischer Weise organisieren. Das heißt, eine Verfassung für die Europäische Union muss zunächst Antwort auf die Frage nach diesem Selbstverständnis geben.

Der Entwurf der Grundrechtscharta hat erwartungsgemäß gezeigt, dass dieser Teil den Europäern nicht schwergefallen ist. Und ich finde, bei allem Ärger über manche Entwicklungen war es doch eine tiefe Genugtuung und eine Bestätigung meiner festen Überzeugung, dass wir uns hinsichtlich unserer grundlegenden Überzeugungen, unserer Ideen, unserer Ideale und Werte einig sind. Ich sagte bereits, dass Roman Herzog hier vorzügliche Arbeit geleistet hat, auf die wir alle stolz sein können. Aber wenn die Ansichten weit auseinander gegangen wären, hätte das alles und auch sein großes Geschick, Menschen zusammenzuführen, nichts genutzt.

Die Frage nach den grundlegenden Zielen der europäischen Union ist, vor allen anderen Fragen, die Frage nach ihrem politischen Charakter. Soll sie eine politische oder eine wirtschaftliche Gemeinschaft sein? Aber so gestellt ist die Frage schon falsch. Der Differenzierung zwischen einer politischen und einer wirtschaftlichen Union liegt ein fundamentales und, wie ich finde, ein sehr deutsches Missverständnis zugrunde. Als ob Wirtschaft etwas anderes wäre als Politik! Wenn die Wirtschafts- und Währungsunion keine Politik ist, dann weiß ich nicht, was Politik ist. In der Wirtschafts- und Währungsunion sind nur zwei Elemente des Gesamtbereichs makroökonomische Politik europäisiert und zentralisiert: Die Binnenmarktgesetzgebung, insbesondere das Wettbewerbsrecht, und die Geldpolitik, die der Europäischen Zentralbank anvertraut ist. Alle anderen Bereiche der makroökonomischen Politik, wie die Steuerpolitik und die Haushaltspolitik – es gibt keinen Zentralhaushalt in der EU –, die Sozialpolitik und die Arbeitsmarktpolitik bleiben in nationaler Verantwortung.

Aber natürlich muss die Wirtschaftspolitik ein zusammenhängendes Ganzes sein. Und die Mitglieder einer Wirtschafts- und Währungsunion können nicht in verschiedene Richtungen gehen. Diese Richtung ist durch den Maastrichter Vertrag, die Stabilitätskriterien und die Verpflichtung der EZB auf die Vorrangigkeit der Preisstabilität in zwar nur allgemeiner, aber doch verpflichtender Weise vorgegeben. Daraus ergibt sich ein Koordinierungs- und Harmonisierungsbedarf, von dem ich eben schon gesprochen habe und dem die Minister im Euro-11-Rat nachzukommen versuchen.

Der französische Finanzminister Laurent Fabius hat vor einigen Wochen mit seinem Vorschlag, dem Euro-11-Rat mehr Kompetenzen zu geben, die streitige Diskussion über das notwendige Maß an Harmonisierung und Koordinierung wiederbelebt. Dieses ist nicht nur von erheblicher wirtschaftspolitischer, sondern potenziell von ebenso großer institutioneller Bedeutung, wie das Wort Wirtschaftsregierung in diesem Zusammenhang deutlich macht. Denn in der Aufteilung des einheitlichen Bereiches Wirtschaftspolitik unterscheidet sich die Wirtschafts- und Währungsunion von herkömmlichen Bundesstaaten, in denen alle makroökonomischen Entscheidungen zentralisiert sind. Das ist ein Unterschied gegenüber einem herkömmlichen föderalen System.

Der andere betrifft das Ausmaß der Transfers in der EU. Eigentlich sind fast alle Ausgaben in der EU Transfers, jedenfalls weit über 80 Prozent. Doch dieser Transfer ist im Vergleich zu dem in herkömmlichen Bundesstaaten ungewöhnlich gering. Denken Sie an die Bundesrepublik Deutschland, wo sowohl über den Zentralhaushalt als auch über den Länderfinanzausgleich ganz erhebliche Transfers existieren. Und das nicht erst seit der Wiedervereinigung. Der Zweck von Transfer ist bekanntlich Gerechtigkeit und/oder Gleichheit, das ist nicht so genau auseinander zu halten. Dieser Zweck soll in der EU nicht in erster Linie durch Transfer, sondern durch Wettbewerb hergestellt werden. Das heißt, die Wirtschafts- und Währungsunion bildet keinen Teilbereich eines Bundesstaats, wohl aber ist sie ein neuartiges föderales System, das man als Wettbewerbsföderalismus bezeichnen kann. Dieses System strebt eine neuartige Balance zwischen der Union und den Nationalstaaten, zwischen Freiheit und Gleichheit, Einheit und Vielfalt, zwischen Solidarität und Wettbewerb an.

An diesem Beispiel wird deutlich, was ich bereits eingangs sagte: dass es sich um ein neuartiges politisches Organisationsmodell handelt, das wir in der EU zu entwickeln versuchen. Es zeichnet sich ab, dass auch in den anderen beiden großen Bereichen der EU-Politik, die jetzt erst entwickelt werden, Inneres und Justiz sowie Außen- und Verteidigungspolitik, prinzipiell in der gleichen Weise vorgegangen werden wird. Richtung und Rahmen werden von Europa vorgegeben, es bleibt jedoch ein je nach Einzelbereich unterschiedlich großer Spielraum für die nationale Politik. Die Aufteilung eines zusammenhängenden politischen Gesamtbereichs, der makroökonomischen Politik, in verschiedene Teilbereiche, deren Zuweisung teilweise an die Zentralinstitution, die EU, und teilweise an die Nationalstaaten, lässt es angebracht erscheinen, von einer Teilung der Souveränität und von einer Teilung der Zuständigkeiten statt von einer Verteilung der Zuständigkeiten zu sprechen. Deswegen ist der organisatorisch-politische Teil der Verfassungsfrage „Wer macht was?" in vertikaler Hinsicht so schwierig. Er ist schwieriger und wichtiger als der andere Aspekt derselben Frage „Wer macht was?", nämlich das Verhältnis zwischen den Institutionen auf der europäischen Ebene: Rat, Kommission, Parlament und Europäischer Gerichtshof.

Die Antwort auf die letzte Frage hängt zunächst einmal davon ab, wofür die europäische Ebene überhaupt zuständig ist. Man kann jedoch bereits jetzt schon sagen, dass das Europäische Parlament stärkere Kontroll- und bessere Legislativrechte erhalten muss, dass der Rat sich in dem Maße, in dem das intergouvernementale Verfahren zurückgeht, immer mehr in eine Staatenkammer und die Kommission sich mehr in Richtung einer Regierung entwickeln muss. Aber die überragende Bedeutung des Problems der Zuständigkeit in vertikaler Hinsicht wird offensichtlich, wenn man sich vor Augen führt, dass mit ihm auch ein Teil des Demokratieproblems in der EU zusammenhängt. Wenn die Zuständigkeiten in ihr eher geteilt als verteilt sind, hat das Konsequenzen für diejenigen, die ein einer Demokratie letztlich verantwortlich sind, die Parlamente.

Es gibt ein gewisses Unbehagen bei Kollegen – die durchaus europäisch gesonnen sind –, die sich fragen, wofür die Parlamente noch zuständig sind, wenn beispielsweise 60 bis 80 Prozent der Wirtschaftsgesetzgebung auf europäischer Ebene entschieden werden. Das soll nicht heißen, dass man nicht gerne etwas von dem abgibt, was man hat. Sondern dass wir Parlamentarier gewählt sind und dem Wähler gegenüber Rechenschaft ablegen müssen. Dagegen sind diejenigen, die in Europa die Entscheidungen treffen, nicht oder zumindest nicht unmittelbar verantwortlich vor dem Souverän, dem Wähler. Deutschland hat auf Grund seiner föderalen Struktur Erfahrungen auf diesem Gebiet. Daher interessiert Deutschland besonders die vertikale Zuständigkeitsverteilung.

Wir haben Erfahrungen, die mit den europäischen Erfahrungen durchaus vergleichbar sind. Es gab seit der Gründung der Bundesrepublik Deutschland eine schleichende, weitreichende, tatsächliche Entleerung der Länderzuständigkeiten, obwohl sie nach unserer Verfassung die Zuständigkeitsvermutung auf ihrer Seite haben und nicht der Bund. Neben dieser Aushöhlung der Länderkompetenz haben auch die geteilten Kompetenzen zugenommen. Beides war sowohl das Ergebnis von objektiven Notwendigkeiten als auch eines politischen Strebens nach Vereinheitlichung der Lebensverhältnisse. Heute erkennt man die Schwächen dieser Entwicklung und ruft zu Recht nach einer Reform des deutschen Föderalismus, die durch die europäische Entwicklung noch zwingender wird.

Ich bin fest davon überzeugt, dass wir nicht eine europäische Verfassungsordnung, eine Organisationsform für Europa entwickeln können ohne Auswirkungen auf die Mitgliedsländer in der EU und deren innere Struktur. Die Reform des deutschen Föderalismus, die seit Jahren immer wieder angemahnt wird, die aber nicht zustande gekommen ist, wird vielleicht durch Europa so zwingend, dass sie tatsächlich Wirklichkeit werden wird.

Lassen Sie mich zum Schluss einen Blick auf die europäische Außenpolitik werfen, weil sie in besonderer Weise für unser Selbstverständnis von zentraler Bedeutung ist. Das ist offenkundig und jeder kennt das aus seinen persönlichen Erfahrungen: Ich erkenne mich, indem ich mich unterscheide. Indem ich mein Verhältnis zu den anderen definiere und gestalte. Es ist für das Selbstverständnis einer politisch verfassten Gemeinschaft ebenso wichtig wie für das Selbstverständnis eines Einzelnen.

Ich bin gegenüber Umfragen sehr skeptisch, aber wenn sie über einen langen Zeitraum immer wieder bei demselben Panel erhoben werden, sind sie sehr aufschlussreich. Die EU veranstaltet regelmäßig solche Umfragen. Dabei entscheiden sich mehr als zwei Drittel der Befragten in allen Mitgliedsländern der EU für eine gemeinsame Sicherheits-, Verteidigungs- und Außenpolitik. Nach einer Umfrage vom Oktober/November 1999 sind 73 Prozent der Unionsbürger für eine solche gemeinsame Außenpolitik.

Aber nicht nur für unsere Identität und damit für unser inneres Werden ist die Außenpolitik von entscheidender Bedeutung. Sie ist auch eine Frage des Überlebens, weil die Herausforderungen, vor denen die westlichen Nationen stehen, von ihnen alleine nicht bewältigt werden können. Ich bin davon überzeugt, dass auch die USA, die ein Teil des Westens sind, sie nicht alleine bewältigen können. Der Westen sind Amerika und Europa. Dieser Westen ist nur ein kleiner Teil der Menschheit. Und die anderen werden nicht nur mehr, sie werden auch mächtiger. Auch sie wollen einen Platz an der Sonne. Manchmal in aggressiver Weise, aber überwiegend in dem legitimen Wunsch, das Leben der Menschen so zu gestalten, dass es ein Leben in Würde ist. Sie wollen eine Partnerschaft mit dem Westen, weil nur er ihnen bei diesem Streben helfen kann. Aus diesem Grund ist die Umgestaltung des Verhältnisse zwischen Europa und den USA ist die wichtigste außenpolitische Aufgabe, die besonders schwierig und delikat ist.

Die USA sind die einzige wirkliche Weltmacht. Wo immer sich die Europäer hinbewegen, die USA sind schon dort. Sie sind die westliche Führungsmacht, mit der Europa politisch, wirtschaftlich und kulturell eng verbunden ist. Schwierig ist die Gestaltung des Verhältnisses, weil die Entwicklung Europas zu einer umfassenden politischen Union vor allem unter dem Einfluss der Sicherheit zwangsläufig das bisherige Abhängigkeitsverhältnis relativiert. Die Rolle Amerikas in Europa beruht auf seiner Dominanz in der Sicherheitspolitik. Genau das wird jetzt von der EU in Angriff genommen.

Schwierig ist es auch, wenn wir uns vor Augen führen, dass Amerika drinnen und draußen ist. Amerika ist eine nicht-europäische und eine europäische Macht. Amerika ist Teil des europäischen Systems und Europa ist Teil des globalen amerikanischen Systems. Amerika sitzt offen, wie in der OSZE und in der NATO, oder verdeckt, wie in der Europäischen Union, an jedem europäischen Tisch. Europa sitzt aber bei weitem nicht an jedem Tisch, an dem Amerika sitzt. Es ist in jeder Hinsicht eine schwierige Aufgabe, die vor uns liegt. Aber ich bin überzeugt, dass nicht weniger, sondern mehr Partnerschaft zwischen Amerika und Europa in der Zukunft notwendig ist. Und zwar wegen der globalen Herausforderung, vor der wir stehen. Ich glaube nicht in erster Linie an die Notwendigkeit einer noch engeren Partnerschaft zwischen Europa und Amerika wegen der Probleme in Europa, sondern wegen der Probleme außerhalb Europas. Alle Sicherheitsprobleme von wirklicher Relevanz liegen außerhalb Europas, abgesehen von den russischen Nuklearwaffen. Die heutige Weltordnung wird militärisch durch die USA und wirtschaftlich durch sie, die EU und Japan dominiert. Diese Weltordnung wird, wie ich bereits sagte, von der übrigen Welt herausgefordert. Herausforderungen bedeuten nicht nur Risiken, sondern auch Chancen. Wir müssen eine Politik betreiben, die die Risiken meidet und die Chancen nutzt.

Es wird demnächst ein neues Thema geben, das die Neugestaltung der Beziehungen zwischen Europa und Amerika aktuell macht: NMD, das nationale Raketenabwehrprogramm der USA. Es wird von großen Teilen der übrigen Welt als ein weiterer Beleg des Strebens der USA nach militärischer Dominanz verstanden und könnte aggressive Reaktionen hervorrufen. Nach den amerikanischen Präsidentschaftswahlen wird das Thema mit Sicherheit wieder akut werden. Schon die bisherige Diskussion hat einen tiefen und grundlegenden Dissens zwischen Europa und Amerika offenbart. Wie immer man das Projekt beurteilen mag: Es wird die globale Sicherheitslage weitreichend beeinflussen und damit auch die Europas. Vielleicht sogar noch mehr als die Amerikas.

Die durch NMD aufgeworfenen Fragen fallen nicht in die Kategorie der Petersberg-Aufgaben und damit in die Zuständigkeit der *Gemeinsamen Außen- und Sicherheitspolitik* der Europäischen Union, aber es wäre absurd, wenn wir uns in Europa nicht damit beschäftigen würden. Dann würden Großbritannien, weil die USA dort eine Radareinrichtung für die Errichtung dieses Systems brauchen, und Dänemark, weil sie dort die Einrichtungen in Thule brauchen, alleine entscheiden. Das kann nicht das Ergebnis einer Gemeinsamen Außen-, Sicherheits- und Verteidigungspolitik sein, wie wir sie wollen. Dieses NMD-Projekt führt jedenfalls dazu, dass sich Europa stärker der Welt zuwenden muss, dass es eine gemeinsame Sicht ihrer Gefahren, aber auch ihrer Chancen entwickeln muss, dass es eine Strategie entwickeln muss, wie man Gefahren vermeidet und die Chancen nutzt. Eine Strategie in Partnerschaft mit den USA, nicht in Gefolgschaft.

Wie sieht die heutige Welt aus? Wie sollte sie aussehen? Unbeschadet der noch gegebenen Dominanz des Westens ist die Welt schon heute multipolar. Sie wird es noch mehr werden, und Europa hat die Chance, einen hervorragenden Platz in ihr einzunehmen. Diese Tendenz sehe ich gleichzeitig als positiv und als gefährlich an, wenn es nicht gleichzeitig gelingt, eine überwölbende, verbindliche und durchsetzbare Rechtsordnung zu entwickeln. Der Frieden in der heutigen Welt ist massiv bedroht durch die weltweite Verbreitung der modernsten Waffentechnologie, und durch Terrorismus, d. h. „asymmetrische Kriegsführung", um der Überlegenheit des Westens auszuweichen, sowie durch zwischenstaatliche und weit mehr noch durch innerstaatliche Konflikte, die an ungezählten Plätzen lodern. Staatlichkeit löst sich auf, Drogen- und Menschenhandel sowie andere Formen der organisierten Kriminalität bedrohen die innere Sicherheit auch der westlichen Gesellschaft. Umweltzerstörung zerstört unsere Existenzgrundlage.

In einer solchen Welt kann der Westen auf das militärische Mittel nicht verzichten, das ist offenkundig. Aber ebenso offenkundig ist auch die Tatsache, dass das militärische Mittel zur Begegnung der genannten Gefahren nicht immer geeignet ist und dass die Erfahrungen in den meisten Fällen nicht ermutigend sind, wo das militärische Mittel angewandt worden ist. Zweck des militärischen Mittels muss in der Zukunft eine neue, umfassende Art von Abschreckung sein. Offenkundig ist auch in einer solchen Welt die Notwendigkeit einer Führungsmacht. Sie darf aber nicht den Eindruck erwecken, sie wolle herrschen. Dieser Eindruck der Hegemonie entsteht, wenn das Ziel absoluter unanfechtbarer militärischer Überlegenheit offen von den USA proklamiert wird und der militärische Faktor als vorrangig wahrgenommen wird. Die Reaktionen darauf sind aus der Geschichte hinlänglich bekannt. Die Führungsmacht muss die Welt vom Zustand der Anarchie in den des Rechts überführen. Und das wird den USA nur möglich sein, wenn sie auch bereit sind, sich dem Recht zu unterwerfen, sich selbst zu binden und nicht nur die anderen. Wie kann man sich vorstellen, dass ein Land wie China sich dem Recht unterwirft, wenn die USA nicht bereit sind, es zu tun?

Hier sehe ich die große, entscheidende und einzigartige Aufgabe Europas. Europa stand nach 1945 am Beginn seines Werdens und hat es verstanden, den Frieden institutionell zu sichern, den Zustand der Anarchie durch einen Zustand des Rechts zu überwinden. Das ist der eine Aspekt dessen, was man das europäische Modell nennt. Es ist wirklich ein Modell für die zukünftige Weltordnung. Nur wenn es gelingt, in dieser immer enger zusammenwachsenden, globalisierten Welt, in der das Wohl und Wehe eines jeden einzelnen Landes mit dem Wohl und Wehe eines jeden anderen Landes immer enger verknüpft ist, den Zustand der Anarchie durch den des Rechts zu ersetzen, hat diese Welt eine Zukunft.

Auf diesem Weg der Überführung des Staatensystems in eine Rechtsordnung ist niemand so weit wie Europa. Europa ist das bei weitem modernste, fortschrittlichste und gleichzeitig realistischste Projekt der internationalen Politik. Wir brauchen unser Licht nicht unter den Scheffel zu stellen. Gewiss müssen wir auch bereit sein, militärische Mittel einzusetzen. Europa dient der Sicherung von Frieden und Wohlfahrt zwischen seinen Völkern, aber Europa dient auch einem übergeordneten Zweck. Es ist ein Beitrag zu einer etwas besseren Welt. Vielleicht ist es bei allem Ärger und aller Enttäuschung nach Nizza angebracht, sich diesen Aspekt vor Augen zu führen.

Friedensstrategien – Möglichkeiten und Risiken

Angelika Beer, MdB

I

Sie haben mich gebeten, am heutigen Tag ein interessantes und spannendes Thema zu behandeln: die Möglichkeiten und Risiken bei Friedensstrategien. Dieses Thema wird zunehmend in der internationalen Politik an Bedeutung gewinnen, da wir die Chance haben, uns weg von der Kriegskultur des westfälischen Systems hin zu einer Friedenskultur zu bewegen. Dies wird eine schwierige Aufgabe werden, und unsere Generation wird nur erste Schritte einleiten können. Deshalb warne ich vor zu viel Optimismus. Gleichzeitig möchte ich jedoch auch vor zu viel Skeptizismus warnen. Wir müssen uns die Risiken ohne jeden Alarmismus bewusst machen, um die Chancen in einem vernünftigen Sinn nutzen zu können.

Vielleicht noch zwei kurze Vorbemerkungen: Mein Thema ist ein klassisches Querschnittsthema, denn die Frage des Friedens ist keine rein sicherheitspolitische Frage im traditionellen Sinn. Würden wir uns nur im traditionellen Sinn damit auseinandersetzen, würde dies eine Reduktion auf einen sehr engen Friedensbegriff mit sich bringen. Frieden ist ein umfassender Begriff, der damit im übrigen auch mit unserem weiten Sicherheitsbegriff korrespondiert. Er umfasst alle politisch und gesellschaftlich relevanten Ebenen. Friedensstrategien müssen dementsprechend auf diesen Ebenen greifen: Sie müssen sicherheitspolitische, gesellschaftliche, wirtschaftliche, demokratische und menschenrechtliche Dimensionen berücksichtigen und miteinander in Einklang bringen. Ich muss und will heute nicht auf alle Bereiche im Detail eingehen, da einige der Themen auch in anderen Vorträgen dieser Reihe behandelt werden.

Die Wichtigkeit des Themas hat verschiedene Gründe. Erstens ist es uns nach dem Ende des Ost-West-Konfliktes noch nicht gelungen, eine neue internationale Ordnung, die von allen akzeptiert wird, zu etablieren. Im Gegenteil, die internationale Politik hat sich in den letzen zehn Jahren chaotisiert. Es gibt keinen Staat und auch keine internationale Organisation, die die Macht hat, die Welt nach ihren Vorstellungen zu gestalten. Das ist meiner Ansicht nach auch gut so. Denn es zwingt uns zur Kommunikation, zur Kooperation und zu einem konsensualen Vorgehen. Zweitens hat die Bundesrepublik Deutschland jetzt einen größeren

Handlungsspielraum und daraus folgend eine größere Verantwortung in der internationalen Politik. Wir sind gezwungen, uns aktiv in die Prozesse der internationalen Politik einzumischen und unsere Werte, Zielsetzungen und Interessen zu definieren und einzubringen. Das erfordert aber auch bei uns im Lande eine breite politische und gesellschaftliche Diskussion über unsere Ziele und Werte. Diese Diskussion hat jetzt erst, und damit sehr spät, begonnen – und diese Vortragsreihe ist Bestandteil dieser Diskussion – und wir werden diese Fragen gründlich diskutieren müssen.

Ich möchte bei meinem Vortrag in folgenden Schritten vorgehen: Zuerst einmal möchte ich eingrenzen, was mit Friedensstrategien gemeint ist. Dann möchte ich die Problemfelder und Herausforderungen der Gegenwart beleuchten. Im Anschluss daran werde ich auf die langfristigen Maßnahmen eingehen, die wir jetzt nur einleiten können. Zum Schluss gehe ich auf die heute notwendigen Schritte ein, die den Frieden befördern.

II

Frieden ist mehr als die bloße Abwesenheit von Krieg und auch mehr als die Abwesenheit von Krieg zwischen Staaten. Diesen Zustand hatten wir zum Beispiel während des Ost-West-Konfliktes zwischen den gegnerischen Blöcken. Nicht zufällig wurde die Anfangsphase des Ost-West-Konfliktes *Kalter Krieg* genannt. Wir haben unter anderen politischen Bedingungen ähnliche Verhältnisse in zahlreichen Regionen der Erde, in denen Armut herrscht. Das heißt, wenn Frieden herrscht, dann müssen mehrere Bedingungen erfüllt sein. Natürlich ist die erste der Verzicht auf direkte Gewalt. Hinzu kommen aber noch ein gewisser Wohlstand für alle Bevölkerungsgruppen, demokratische Verhältnisse und die Einhaltung der Menschenrechte. Die Gesellschaft muss gelernt haben, Konflikte so zu bearbeiten, dass jede Partei das Gefühl hat, dass die ausgehandelten oder erstrittenen Kompromisse auf einem nachvollziehbaren und fairen Weg erreicht wurde.

Ich weiß, dies ist ein anspruchsvolles Ziel, das utopisch klingt. Wenn wir uns aber die Entwicklung in Westeuropa nach dem Ende des Zweiten Weltkrieges betrachten, dann sehen wir, dass Friedensstrategien durchaus erfolgreich sein können. Wer hätte gedacht, dass die Erzfeinde Frankreich und Deutschland sich in relativ kurzer Zeit zu Freunden und Partnern entwickeln? Konflikte und Interessensunterschiede zwischen den Staaten in der Europäischen Union gibt es auch heute noch genug. Gerade die Verhandlungen im Vorfeld des letzten Gipfels in Nizza zeugen davon. Entscheidend ist aber, dass wir gelernt haben, mit diesen Konflikten konstruktiv umzugehen und sie in Kompromisse umzuschmieden. Es ist gelungen, nicht nur gewaltsame Auseinandersetzungen zwischen den europäischen Staaten unmöglich zu machen, sondern, und dies ist von besonderer Bedeutung, es ist gelungen, Frieden zwischen den Gesellschaften zu stiften. Vor dem Hintergrund der Tatsache, dass die heutigen Kriege zwischengesellschaftliche und nicht zwischenstaatliche Kriege sind, kommt diesem Umstand, der Rolle der Gesellschaften in Friedensprozessen, eine besondere Bedeutung zu. Dies zeigt, dass Utopien durchaus in die Gegenwart zu holen sind.

Friedensstrategien müssen diesen inhaltlichen und normativen Ansprüchen gerecht werden. Sie müssen uns diesem Ziel näher bringen oder dürfen es zumindest nicht erschweren. Der utopische Charakter des Ziels darf unsere Handlungsfähigkeit nicht behindern, sondern wir müssen Wege finden, uns dem Ziel anzunähern. Dabei dürfen wir unsere Handlungsmöglichkeiten nicht überschätzen.

Ich möchte noch eine Bemerkung zum Frieden selbst machen: Wir sollten nicht von einem statischen Endzustand ausgehen. Beim Frieden handelt es sich um einen Prozess. In diesem Prozess soll die gewaltsame Austragung von Konflikten zurückgedrängt und parallel dazu durch Mechanismen friedlicher Konfliktbearbeitung ersetzt werden. Das erfordert eine Strategie der kleinen Schritte.

Ich plädiere dafür schon aus ganz pragmatischen Gründen. Wenn wir uns die Trauben zu hoch hängen, werden wir sie nicht erreichen. Wenn wir dieses Ziel Frieden als Prozess begreifen und unsere Schritte dahin immer in Bezug zum Ziel setzen, können wir uns schrittweise annähern.

Doch auch die Rolle der Politik darf nicht unterschätzt werden. Staatliche Politik spielt auch heute noch eine wichtige Rolle bei Friedensprozessen. Sie setzt die politischen und rechtlichen Rahmenbedingungen in den internationalen Beziehungen. Sie kodifiziert Integrationsprozesse. Daher steht die Politik in der Verantwortung, friedensverträglich zu sein.

Welche Rolle kann in diesem Kontext Sicherheitspolitik spielen? In der Tradition des *westfälischen Systems* steht Sicherheitspolitik diametral im Gegensatz zu Friedenspolitik. Da sich die internationalen Beziehungen in einem Wandlungsprozess befinden, hat sich auch das Verhältnis von Sicherheits- und Friedenspolitik verändert. Das heißt, es geht darum, wie Sicherheitspolitik friedensverträglich gestaltet werden kann. Eines sei klargestellt: Natürlich hat eine Militärintervention mit Friedenspolitik nicht zu tun. Wenn wir uns dennoch dafür entscheiden, müssen wir sehr gute Gründe haben. Ich werde darauf am Beispiel des Krieges gegen die Bundesrepublik Jugoslawien noch zurückkommen.

Bevor ich konkret auf Friedensstrategien eingehe, möchte ich die veränderte Lage in den internationalen Beziehungen betrachten: Die internationale Sicherheitslage hat sich qualitativ gewandelt. Damit haben sich auch die Anforderungen an die Entwicklung von Friedenstrategien gewandelt.

- Es ist nicht mehr die atomare Bedrohung, der es zu beggnen gilt, sondern eine Situation mit vielen diffusen Risiken, die wiederum nicht eindeutig kalkuliert werden können. Vor allem innere gesellschaftliche Konflikte, die manchmal in Bürgerkriege umschlagen, stellen eine Bedrohung für die internationale Sicherheit dar. Aber auch Terrorismus mit Massenvernichtungswaffen, Migrationsbewegungen und andere gesellschaftlich begründete Entwicklungen können Sicherheit und Stabilität beeinträchtigen und eine friedliche Entwicklung behindern.

- Die Rolle des Militärs wird schon automatisch dadurch relativiert, dass vielen der gegenwärtigen Problem- und Konfliktlagen militärisch nicht begegnet werden kann. Umso notwendiger ist die Entwicklung einer präventiv orientierten Außen- und Sicherheitspolitik.

- Die Abrüstung und Rüstungskontrolle ist gegenwärtig stark gefährdet. Die Rüstungskontrolle bei den B- und C-Waffen stagniert, die atomare Rüstungskontrolle ist trotz des hoffnungsvollen Abschlusses der Überprüfungskonferenz des Nichtverbreitungsvertrages weiterhin von Erosion bedroht. Indien und Pakistan haben den Teststoppvertrag noch nicht unterzeichnet und der Senat in den USA hat dessen Ratifizierung verweigert. Gleichzeitig besteht die Gefahr, dass durch die *National Missile Defense* der USA der ABM-Vertrag gefährdet wird. Wir müssen jetzt auch abwarten, inwieweit sich die Position der USA nach der Präsidentschaftswahl ändern wird. Ich will nicht zu sehr schwarz malen, aber die Lage wird sicher komplizierter werden, da der neue Präsident Bush unter starkem Druck des rechten Flügels seiner Partei steht und eine starke Rüstungslobby quer durch die Parteien steht.

- Zwar hat die NATO die Bedeutung von Nuklearwaffen reduziert, die Atomwaffenstaaten in der NATO sind jedoch nicht bereit, konsequente Schritte in Richtung Abrüstung zu gehen. Im Bereich der Landminen und Kleinwaffen gibt es hoffnungsvolle Ansätze, doch auch hier ist es noch ein weiter Weg, bis zufriedenstellende Lösungen erreicht werden. Es wird notwendig sein, in den kommenden Jahren neue Abrüstungs- und Rüstungskontrollimpulse zu entwickeln, die die gegenwärtige Stagnation überwinden helfen.

- Die Zahl der Akteure in den internationalen Beziehungen ist gestiegen. Es sind nicht mehr nur Staaten, die politisch relevante Entscheidungen treffen. Zunehmend sind Nichtregierungsorganisationen auf der Weltbühne aktiv. Wohlgemerkt: Der Staat spielt auch heute eine zentrale Rolle in den internationalen Beziehungen, schon allein weil der Staat die Regeln kodifiziert. Gleichzeitig sind die Staaten aber eingebunden in internationale und transnationale Netzwerke und in die zunehmenden wirtschaftlichen Verflechtungen, die ihre Handlungsspielräume einengen. Dies lässt sich auch in der Sicherheits- und Verteidigungspolitik beobachten. Eine rein nationale Betrachtung der Sicherheit ist heute geradezu irrational. Staaten handeln daher tendenziell verstärkt in interdependenten Zusammenhängen. Die Entwicklung in der internationalen Friedenssicherung, die zunehmende Rolle von Organisationen wie der UNO oder regionalen Organisationen wie der OSZE zeigen dies ebenso wie die jüngsten Entwicklungen in der Europäischen Union. Im Rahmen der beschlossenen europäischen Sicherheits- und Verteidigungspolitik, sollen parallel militärische und zivile Fähigkeiten zur Gewaltprävention und zum Krisenmanagement aufgebaut werden. Selbst die USA – nach dem Ende des Ost-West-Konflikts der mächtigste Staat der Erde – können nicht autonom agieren, sondern sie müssen zunehmend die Interessen ihrer Partner und anderer internationaler Akteure berücksichtigen.

Friedensstrategien müssen aber auch die neuen Akteure in den internationalen Beziehungen berücksichtigen. Auch wenn die Staaten die Recht setzenden und Verträge abschließenden Akteure sind, so hat sich dieses Spektrum beträchtlich erweitert. Zugespitzt kann man vom Entstehen einer internationalen Zivilgesellschaft sprechen. Es sind Interessen von Bürgern, die im staatlichen Rahmen nicht vertreten werden, wie Umweltschutz, Durchsetzung der Menschenrechte und andere Themen. Manche der Organisationen widmen sich der humanitären Hilfe, andere längerfristigen Themen wie Umweltschutz. Auch im Friedensbereich gibt es Nichtregierungsorganisationen. Sie sind unter anderem aktiv in der Abrüstung und in der Konfliktbearbeitung. Die Rolle der Nichtregierungsorganisationen bei den Überprüfungskonferenzen zum Nichtverbreitungsvertrag ist in ihrer Mittler- und Kommunikationsfunktion und in ihrer fachpolitischen Kompetenz nicht zu unterschätzen. Ich kann dies aufgrund meiner persönlichen Erfahrungen mit der internationalen Kampagne gegen Landminen nur unterstreichen.

In Folge dieser Überlegungen kommen wir zu einem weiten Sicherheitsbegriff. Die beschriebenen Risiken und Gefahren sind nicht militärisch abzuwenden. Es geht in erster Linie um dialogische Strategien, Verhandlungen und um Gewaltvermeidung. So hat in allen internationalen Institutionen, von der UNO und der OSZE bis hin zur NATO und der EU, der Begriff *Prävention* inzwischen eine zentrale Bedeutung erhalten. Konkrete Politik, die Friedenspolitik sein will, kann und muss daran ansetzen. Wenn wir also langfristig ansetzen wollen, dann müssen wir uns auf die anfangs genannten Strategien besinnen: Integration, Kooperation und Prävention. Diesen zu harmonisierenden Dreiklang haben wir bei uns in Europa selbst aktiv genutzt und alle drei haben sich bewährt. In anderen Regionen der Welt ist es für uns schwieriger, da integrative und kooperative Politik von den jeweils relevanten Akteuren selbst kommen muss.

Friedensstrategien müssen langfristig angelegt sein, denn die Probleme, vor denen wir heute stehen, haben langfristige Ursachen. Auch wenn viele der Veränderungen, die wir in den letzten zehn Jahren wahrgenommen haben, uns als neue Phänomene erscheinen, so sind sie doch lange angelegt und wurden durch den Ost-West-Konflikt eingehegt. Nehmen wir als Beispiel die Globalisierung: Diese Entwicklung hat sich bereits in den achtziger Jahren angekündigt und war einer der Gründe für die Implosion der realsozialistischen Staaten. Denn durch die gesellschaftliche Selbstpanzerung und die innere Reformunfähigkeit waren sie nicht mehr in der Lage, sich dem internationalen ökonomischen und gesellschaftlichen Wandel anzupassen. In dem konkreten Fall war die Friedensstrategie, die den Ost-West-Konflikt beendete, die Reformpolitik von Gorbatschow.

III

Zur politischen Organisation der internationalen Beziehungen und Sicherheit benötigen alle Staaten die Kooperation mit anderen Staaten: Multilateralismus und kooperative Sicherheit sind das Gebot der Stunde! Auf der globalen Ebene sind zunächst die Vereinten Nationen zuständig. Nicht zufällig steht gerade gegenwärtig eine Reform der UNO-Friedenseinsätze zur Debatte. Für bestimmte Aufgaben können auch regionale Organisationen, wie in Europa die OSZE genutzt werden. Die NATO und, in Zukunft, die EU befinden sich zur Zeit in Anpassungsprozessen an die neue sicherheitspolitische Lage. Die *Defense Capabilities Initiative* (DCI) der NATO und die *European Headline Goals* der EU beschreiben die direkten sicherheitspolitischen Rahmenbedingungen, aus denen sich die Anforderungen für die Reform der Bundeswehr ergeben. Parallel zum Aufbau militärischer Kapazitäten gibt es in der EU den Aufbau ziviler und präventiv orientierter Konfliktbearbeitungsmittel. Damit knüpfen wir an das Konzept der Zivilmacht Europa an und entwickeln es weiter.

Die Osterweiterung der Europäischen Union, ein schwieriger und komplizierter Prozess, ist Bestandteil einer integrativ orientierten Friedensstrategie. Sie wird helfen, die Transformationsdemokratien langfristig in Osteuropa zu stabilisieren. In Nizza ist es uns jetzt gelungen, den Weg für die Aufnahmen der Kandidaten zu ebnen. Im Grunde genommen handelt es sich dabei um eine Fortsetzung der europäischen Nachkriegspolitik unter neuen historischen und politischen Bedingungen.

Die Türkei ist – im Rahmen des EU-Erweiterungsprozesses, ein Problemland für uns. Denn auf der einen Seite gehört sie unserer Ansicht nach zu Europa. Auf der anderen Seite verhält sie sich nicht entsprechend den europäischen Standards. Wir versuchen, durch eine behutsame Heranführungsstrategie die Türkei zu bewegen, ihre internen Probleme selbst zu lösen. Sie muss die Rechte der kurdischen Bevölkerung im Südosten des Landes respektieren und garantieren, dass die Menschenrechte eingehalten werden. Mit den Kopenhagener Kriterien hat die Europäische Union einen Maßstab definiert, an dem sich auch die Entwicklung der Türkei messen lassen muss. Dies wird am letzten Beitrittsbericht deutlich. Die Türkei hat diesen hart kritisiert. Aber gerade daran wird deutlich, dass es bei Friedensstrategien nicht um Harmonierungswünsche geht, sondern um eine zivile Art der Konfliktbearbeitung.

IV

Ich möchte jetzt auch noch auf ein weiteres Thema eingehen, das ich im Rahmen der Diskussion über die zukünftige deutsche Außenpolitik für wichtig halte: die Reichweite unserer Möglichkeiten. Denn wir können nicht überall und immer aktiv werden. Erstens sind unsere Mittel begrenzt. Zweitens spielt der geographische Faktor ein Rolle. Es ist für uns leichter, in Europa aktiv zu werden als in entfernten Regionen der Erde. Das hat mit materiellen Ressourcen zu tun, aber auch mit der Frage der Legitimierung in unserer Gesellschaft. Wichtig ist aber drittens, und das ist für friedensstrategische Handlungen entscheidend: Konflikte sind schwer von außen zu bearbeiten. Die Eigendynamik eines Konfliktes kann von außen nur wenig beeinflusst werden. Damit die Erfolgschancen relativ hoch sind, ist es notwendig, so früh wie möglich aktiv zu werden, damit Kosten und Ressourcenaufwand niedrig gehalten werden können. Das ist schon ein erster Hinweis darauf, dass eine vernünftige Friedenspolitik vorausschauend und vorbeugend angelegt sein muss.

Angesichts dieser diffusen Lage in den internationalen Beziehungen ist es notwendig, auf zwei Ebenen vorzugehen. Denn wir müssen in vielen Situationen schnell und ohne ausreichenden Handlungsspielraum reagieren. Das kann zu Handlungen führen, die zunächst nicht in das Konzept der Friedensstrategien passen. Zum Beispiel war es aus verschiedenen Gründen, nämlich der Verhinderung der massiven Verletzung von Menschenrechten und der Gefahr der regionalen Destabilisierung, also aus Gründen einer politischen Güterabwägung notwendig, im Kosovo militärisch einzugreifen. In solchen Situationen, deren Auftauchen nicht von uns abhängt, müssen wir im Sinne einer Schadensbegrenzung an Auffangstrategien arbeiten, die die Möglichkeit der Implementierung von Friedensstrategien erst schaffen. Ich glaube, dass uns dies mit dem Stabilitätspakt gelungen ist. Die Chance einer erfolgreichen Stabilisierung Südosteuropas erhöht sich jetzt, nach dem Regierungswechsel in Belgrad. Die Konflikte sind zwar noch nicht beseitigt, und wir sehen dies deutlich an den Reaktionen der albanischen Seite, aber die Chancen, die Entwicklung der Region in Einklang zu bringen, haben sich beträchtlich erhöht.

Am Beispiel des Kosovo-Krieges können wir auch lernen, was uns an friedenspolitischen Mitteln gefehlt hat, um den Konflikt rechtzeitig in den Griff zu bekommen und das Gewaltpotenzial auf allen Seiten einzudämmen. Es ist ein trauriger Beleg dafür, dass die Mittel für vorausschauende Politik in Europa in den letzten Jahrzehnten unterentwickelt waren. Meine Partei hat gerade in diesem Konflikt sehr früh auf die problematische Lage hingewiesen. Eine vorausschauende und präventive Politik im Kosovo scheiterte aber nicht nur an fehlenden Mitteln und divergierenden nationalen Interessen der Europäer, sondern auch daran, dass sich in der Politik der Gedanke der Prävention erst in den letzten Jahren durchsetzen konnte. Inzwischen ist er in allen wichtigen Dokumenten von internationalen Organisationen, sei es der UNO, der OSZE, der NATO oder der Europäischen Union, zu finden. Mittel zur Prävention und zur zivilen Konfliktbearbeitung aufzubauen erfordert jedoch Zeit, und da damit nicht begonnen wurde, waren entsprechende Mittel nicht vorhanden. Daher werden in der Bundesrepublik Deutschland inzwischen entsprechende Mittel eingesetzt und Instrumente institutionalisiert. Auch im Rahmen internationaler Organisationen wird inzwischen an der Stärkung einer präventiven Politik gearbeitet.

Für uns spielt die jüngere Entwicklung in der Europäischen Union eine große Rolle. In der Öffentlichkeit wird fast nur über die militärischen Aspekte der europäischen Außen- und Sicherheitspolitik diskutiert, während der parallele Prozess des Aufbaus von Mitteln zur nichtmilitärischen Krisenbewältigung untergeht. Ich möchte betonen, dass es auf diesem Gebiet, auf dem die EU auf eine lange Tradition ziviler Konfliktbearbeitung zurückblicken kann, vorangeht: Im Juni dieses Jahres wurde ein Ausschuss für zivile Aspekte der Krisenbewältigung eingerichtet, der Planziele für die weitere Entwicklung erarbeiten soll. Es gibt bereits erste Beschlüsse: Auf dem Gipfel in Feira wurde beschlossen, bis 2003 eine Truppe von 5.000 Polizeibeamten aus Mitgliedstaaten der Union zu errichten, die rasch verfügbar sein sollen. Deutschland wird 500 Beamte stellen. Des weiteren sollen Konzeptionen für Fachpersonal für die Stärkung des Rechtsstaates, der Zivilverwaltung und der Förderung des Katastrophenschutzes erarbeitet werden. Dies ist nur ein Beispiel für die zivile Dimension der zukünftigen europäischen Außen- und Sicherheitspolitik. Auch in der OSZE wurde beschlossen, eine zivile Truppe (REACT) einzurichten. Mit dem Aufbau solcher Instrumente wird es in Zukunft besser möglich sein, Friedensstrategien zu implementieren.

V

Die rot-grüne Bundesregierung hat in der Koalitionsvereinbarung einen hehren Anspruch formuliert: Deutsche Außenpolitik ist Friedenspolitik. Wir haben in der Praxis diesen Anspruch noch nicht erfüllt, versuchen aber mit unserer Politik die Voraussetzungen dafür zu schaffen, dass sich die Bedingungen für die Umsetzung von Friedensstrategien verbessern. In welche Richtung unsere Politik gehen soll, habe ich hoffentlich mit den vorherigen Ausführungen deutlich machen können.

Zur aktuellen Debatte in der Bundesrepublik Deutschland über die Zukunft unserer Außenpolitik will ich noch einmal kritisch anmerken, dass in den letzten zehn Jahren keine gesellschaftliche Debatte stattgefunden hat und die Politik an einer solchen offensichtlich auch kein Interesse daran hatte. Und auch im Parlament wurde zu wenig und wenn ja, dann verkürzt, diskutiert. Diese Debatte müssen wir aber aufgrund der gesellschaftlichen und außenpolitischen Folgen für die deutsche Gesellschaft führen. Nicht zuletzt ist sie aufgrund der neuen Aufgabenstellung der Bundeswehr umso mehr notwendig. Die öffentliche Diskussion in diesem Jahr hat sich zu sehr auf die militär- und sicherheitspolitischen Aspekte einer zukünftigen deutschen Außenpolitik beschränkt. Ich freue mich daher über den breiten Rahmen dieser Vorlesungsreihe. Denn es liegt im Interesse unseres Landes sowie unserer Nachbarn, die zukünftige deutsche Außenpolitik auf Prävention, Einhegung und Minimierung von Gewaltdrohung und Gewaltanwendung in den internationalen Beziehungen auszurichten. Langfristig müssen wir Integrationstendenzen fördern und Kooperationsansätze vertiefen. Daher müssen die Haushaltsmittel für die zivile Prävention in den nächsten Jahren kontinuierlich und wenn möglich überproportional aufgestockt werden.

Wo soll die Europäische Union enden?

Dr. Klaus Kinkel, Bundesaußenminister a. D.

I

„Wo soll die Europäische Union enden?" – das ist eine schwierige, eine Schlüsselfrage, die ein wichtiger Teil der Europa-Diskussion der nächsten Jahre sein wird.

Bis zum Ende des Ost-West-Konfliktes war die Sache klar: Die Grenzen der europäischen Integration waren vorgegeben. Der mit sechs Staaten begonnene Integrationsprozess konnte in mehreren Erweiterungsschritten auf insgesamt 15 Staaten ausgeweitet werden, die allesamt „diesseits" der Systemgrenze lagen. Und die wenigen „westeuropäischen" Staaten, die bis heute nicht zur EU gehören, Liechtenstein, Schweiz, Norwegen und Island, haben sich selbst so entschieden und wissen, dass sie jederzeit beitreten können. Während der künstlichen Teilung haben wir den Menschen im damaligen Ostblock zugerufen: „Werft das Joch des Kommunismus ab, kommt zu uns!" Sie haben das vor 10 Jahren getan, haben ihr Schicksal in die eigenen Hände genommen und damit den Fall des Eisernen Vorhangs ermöglicht. Die Menschen haben den Mut zu dieser Entscheidung auch aus der Hoffnung geschöpft, dann wirklich und schnell „zu uns" zu gehören.

Die Perspektive einer „Rückkehr nach Europa" war und ist bis heute für die Reformanstrengungen in diesen Ländern eine wesentliche Triebfeder. Und „Rückkehr nach Europa" heißt eben auch und in erster Linie die begehrte Mitgliedschaft in der EU. Das hat auch die Frage nach den Grenzen der EU in ein vollkommen neues Licht gestellt. Die Europäische Union hat darauf reagiert. Sie hat auf der Grundlage des Artikels 0 des EG-Vertrages, der „jedem europäischen Staat" das Recht zubilligt, Mitglied der EU zu werden, 1993 in Kopenhagen feste Kriterien für einen Beitritt definiert. Voraussetzungen für eine Aufnahme in die EU sind demnach 1. institutionelle Stabilität, Demokratie, Rechtsstaat und Menschenrechts- und Minderheitenschutz, 2. eine funktions- und wettbewerbsfähige Marktwirtschaft und 3. die Fähigkeit, die mit der Mitgliedschaft verbundenen Ziele und Verpflichtungen zu erfüllen. Schon die Formulierung dieser Kriterien wurde in den Transformationsstaaten zu Recht als Beitrittsperspektive verstanden – und damit auch als Ansporn für die oft schmerzhaften Reformprozesse. 1998 in Helsinki hat die EU dann formell die Aufnahme von Beitrittsverhandlungen beschlossen.

Heute laufen solche Verhandlungen mit insgesamt 12 Staaten, davon 10 aus dem ehemaligen Ostblock. Laut dem letzten Fortschrittsbericht der Kommission stehen sie mit Ungarn, Estland, Polen, Tschechien und Slowenien unmittelbar vor dem Abschluss. Und auch von den Staaten, mit denen erst seit einem Jahr verhandelt wird, sind die Slowakei, Lettland und Litauen schon weit. Bulgarien und Rumänien hinken noch mit einigem Abstand hinterher, aber auch für sie ist klar, dass es nicht mehr um das „Ob", sondern nur noch um das „Wann" eines Beitritts geht. Malta und Zypern sind die beiden weiteren Beitrittskandidaten. Malta ist unproblematisch. Aber der griechische Teil Zyperns kann meiner Meinung nach nicht Mitglied der Union werden. Das ist bitter. Aber die EU kann und darf sich nicht mit dem Problem des geteilten Zyperns belasten. Und die Aufnahme eines Teils der Insel würde das Verhältnis zur Türkei erneut unnötig schwer belasten.

Die EU hat sich für die Osterweiterung entschieden, nicht nur weil das für die Entwicklung in den Reformstaaten und damit für die Stabilität auf unserem Kontinent von entscheidender Bedeutung ist, sondern auch, weil das in unserem ureigenen Interesse liegt. Die Union wird sich schon sehr bald um 100 Millionen Bürger vergrößern – und den Binnenmarkt um nationale Märkte erweitern, die bei allen Problemen in Einzelbereichen wie der Landwirtschaft insgesamt großen Nachholbedarf und großes Wachstumspotential haben. Das wird die Position unseres Kontinents im weltweiten Wettbewerb mit Asien und Nordamerika mittelfristig enorm stärken.

Gerade wir Deutschen werden von der Osterweiterung nicht nur politisch und sicherheitspolitisch aufgrund unserer geostrategischen Lage am meisten profitieren, sondern auch wirtschaftlich. Beispiel Baden-Württemberg: in Deutschland Exportland No. 1. Etwa 72 % aller baden-württembergischen Importe und 65 % der Exporte stammen aus oder gehen in EU-Länder. Die Wirtschaft Baden-Württembergs wickelt heute schon jeweils etwa 10 % der Im- und Exporte mit den Beitrittsländern in Mittel- und Osteuropa ab. Und das wird sich noch weiter ausbauen lassen: Experten sagen für die Beitrittsländer für die nächsten 10-15 Jahre weltweit den Markt mit den höchsten Wachstumsraten voraus – unter stabilen Rahmenbedingungen.

Die Chancen der Erweiterung sind aber beileibe nicht auf den ökonomischen Bereich begrenzt. Kulturell, gesellschaftspolitisch, sicherheitspolitisch – wenn der Stabilitätsraum Europa auf den Osten unseres Kontinents ausgedehnt werden kann, wird das uns allen, in Ost und West, enorme zusätzliche Entwicklungsmöglichkeiten verschaffen.

Wichtig ist und bleibt für eine erfolgreiche Osterweiterung der Union allerdings, dass die EU selbst wirklich aufnahmefähig wird. Dafür sollte der Nizza-Gipfel im Dezember den Durchbruch bringen. Leider war Nizza aber alles andere als ein Lehrstück der Integration. Keiner schien wirklich interessiert daran, Europa den dringend benötigten neuen Schub zu geben. Alle ließen sich anschließend als Sieger feiern, weil sie nationale Interessen gegenüber den anderen bewahrt haben. Europa ist dabei leider ein wenig auf der Strecke geblieben.

Bei diesem Gipfel sollte es doch nicht um die Verteidigung nationaler Interessen gehen, sondern um die Reform der europäischen Institutionen, um die Stärkung ihrer Handlungsfähigkeit, um mehr Bürgernähe und Demokratie. Was das angeht, war das Ergebnis leider mehr als mager: Die Entscheidungsverfahren sind eher noch komplizierter geworden, wirken in ihrer Vielfalt und Komplexität jetzt so, als wolle man der Gestaltung des US-amerikanischen Wahlsystems nacheifern. Bei den wichtigsten Fragen wurde am Einstimmigkeitszwang festgehalten, und die Frage der Zusammensetzung der Kommission wurde faktisch um Jahre vertagt.

Nizza wird jetzt so interpretiert, als könnte auf der Grundlage des Gipfelergebnisses die Osterweiterung der Europäischen Union in Angriff genommen werden. Aber wir sollten die Bundesregierung und die anderen EU-Regierungen nach Nizza so leicht nicht aus der Verantwortung entlassen. Deshalb fordert die FDP einen neuen Gipfel spätestens im nächsten Jahr, der die EU wirklich handlungsfähiger und bürgernäher machen soll, damit die Osterweiterung dann nicht nur ohne Verzögerung, sondern auch ohne Gefährdung des gesamten Einigungswerks durchgeführt werden kann. Ich wiederhole: Ohne Verzögerung, denn das Zeitfenster für die Beitritte ist jetzt offen, auch wegen der mittelfristigen Finanzplanung der EU, die auf diese Beitritte hin ausgelegt ist und 2006 ausläuft. Wenn die erste Beitrittsrunde erst nach diesen Termin fallen sollte, würde das die Beitritte erheblich zusätzlich erschweren – vom Schaden in den Beitrittsländern selbst einmal abgesehen.

Deshalb: Abschluss der Verhandlungen mit den ersten Staaten schon bis Anfang 2002, dann Ratifizierung bis Anfang 2004 – das ist ehrgeizig, aber kein unrealistisches Ziel. Weitere Verzögerungen würden nicht nur die Menschen in den Beitrittsländern vor den Kopf stoßen, sondern in manchen Ländern möglicherweise den Reformprozess stoppen oder sogar umkehren – und damit den gesamten Erweiterungsprozess und die Stabilität auf unserem Kontinent gefährden. Der Ausgang der Wahl in Rumänien mit dem Erfolg der Nationalisten ist ein Zeichen dafür, dass das Zeitfenster ganz wichtig und wie bei der Wiedervereinigung nicht unendlich lange offen ist. Wenn die Menschen den Eindruck gewinnen, trotz aller Anstrengungen dauert das mit dem Beitritt unerträglich lang, vielleicht will man uns gar nicht, dann kann das zu Frustrationen und entsprechenden Reaktionen führen.

Wichtige Voraussetzung für die Osterweiterung ist natürlich auch die Akzeptanz bei den Bürgern in den jetzigen Mitgliedsländern. Die Beitrittskandidaten hatten jahrzehntelang andere Systeme. Sie wollen jetzt ja nicht nur der Wirtschaftsgemeinschaft EU beitreten, sondern auch der Wertegemeinschaft, die sich die Menschen in der EU in Jahrzehnten gemeinsam erarbeitet haben. Da wird es für „die Neuen" natürlich Anpassungsprobleme geben und Ängste bei denen, die um den Bestand und die hart erarbeiteten Standards der Wertegemeinschaft fürchten. Auch deshalb ist es so wichtig, dass die Beitrittskriterien nicht nur formal, sondern auch in der Verfassungswirklichkeit der Beitrittsländer eingehalten werden.

Trotzdem wird nicht alles sofort und hundertprozentig auf „westlichen Standard" kommen. Wir müssen den Ängstlichen bei uns ganz ehrlich sagen, dass die Osterweiterung ja auch gerade dazu dient, noch mehr Menschen an „unseren Standards" teilhaben zu lassen. Und dass das nicht nur mittelfristig unseren Interessen entspricht, sondern auch unsere historische Verantwortung ist. Wir waren die Hauptprofiteure der gewaltigen Veränderungen der letzten 10 Jahre. Wir sind wiedervereinigt, das mit Abstand größte und wirtschaftsstärkste Land in Europa. Daraus erwächst eine besondere Verantwortung.

II

Über die zur Zeit laufende Osterweiterung der EU ließe sich noch viel sagen. Und das ist auch ein Teil der Antwort auf die Frage nach einer Ausdehnung der EU-Grenzen – aber eben nur ein Teil der Antwort. Ist mit der Aufnahme der jetzigen Beitrittskandidaten unsere Ausgangsfrage beantwortet? Nein, denn mehr als ein Jahrzehnt nach dem Fall des Eisernen Vorhangs kommen neue Herausforderungen auf uns zu. Wir müssen noch einen Schritt weiter gehen. Wir dürfen nicht übersehen, dass Europa nicht an der Ostgrenze Polens oder Rumäniens endet. Politisch, wirtschaftlich, kulturell reicht unser Kontinent viel weiter. Das geographische Herz Europas schlägt mitten in der Ukraine. Das ist eine Tatsache, der sich sicherlich 90 % der West- und Mitteleuropäer nicht bewusst sein dürften. Königsberg, Kiew, Lemberg, auch Sankt Petersburg sind zutiefst europäische Städte, die bei der Frage nach der Zukunft unseres Kontinents nicht einfach beiseite geschoben werden dürfen. Es ist von geradezu zentraler Bedeutung, dass wir jetzt, 10 Jahre nach dem Ende des Kalten Krieges, nicht den Fehler machen, eine neue Mauer zu errichten quer durch Europa, lediglich um einige hundert Kilometer verschoben nach Osten. Es ist unsere historische Verantwortung, wirklich das ganze Europa im Blick zu behalten. Unser Kontinent darf nicht erneut in Einfluss-Sphären aufgeteilt werden: Hier die EU, dort Russland – und was dazwischen liegt, gehört entweder zum einen oder zum anderen. Das wäre der Ansatz des letzten und vorletzten Jahrhunderts, ein falscher Ansatz, unter dem Europa viel zu lange gelitten hat.

Europa darf Einigung auch nicht als Abschottung nach außen missverstehen. Unsere Nachbarn im Norden Afrikas, auch Israel – diese Länder gehören geographisch und kulturell nicht zu Europa, sind mit uns aber auf vielfältige Weise und durch gemeinsame Interessen verbunden. Wir müssen unseren Kontinent auch und gerade im Einigungsprozess nach außen offen halten, Verbindungen knüpfen.

Die Zukunft Europas, das Zusammenwachsen unseres Kontinents und die Gestaltung möglichst enger Verbindungen nach außen dürfen dabei aber auch nicht einfach gleichgesetzt werden mit einer immer weiter gehenden Ausweitung der Mitgliedschaft der EU. Das wäre eindimensional, zu eng gedacht, ja gefährlich, denn Frieden, Stabilität und Wohlstand in Europa können auf diesem Wege allein nicht dauerhaft gesichert werden. Zudem würde diese Verengung die Europäische Union überfordern – sowohl als Institution als auch als zweifellos wichtigste Trägerin des europäischen Integrationsgedankens. Die EU darf sich nicht übernehmen. Eine regional überdehnte Union würde nicht nur nach außen handlungsunfähig, sondern auch nach innen vollkommen unregierbar.

Deshalb muss die Antwort auf unsere Ausgangsfrage zwischen diesen beiden Kerngedanken gesucht werden. Die aktuelle europapolitische Diskussion drückt sich um diese Frage, um das Spannungsverhältnis zwischen diesen beiden Polen, noch weitgehend herum. Vor zwei Jahren, im Umfeld des Gipfels von Helsinki, hat es für kurze Zeit schon einmal eine Diskussion um die Grenzen der EU-Erweiterung gegeben. Damals ging es um die Türkei – einen Sonderfall. Die Türken haben aufgrund ihrer besonderen geostrategischen Bedeutung, ihrer Brückenfunktion zur islamischen Welt, aber vor allem auch, weil wir ihnen das über fast vier Jahrzehnte lang so versprochen haben, einen Anspruch darauf, jetzt als Beitrittskandidat behandelt und möglichst nah an die EU herangeführt zu werden.

Die Türkei ist seit 1963 in einem Assoziierungsverhältnis zur EU, unser Partner in der NATO, der OSZE, dem Europarat, in einer Zollunion. Sie sitzt sozusagen schon lange im Vorzimmer. Alle wissen aber, dass aufgrund der Menschenrechts- und der Kurdenproblematik, der schwierigen Beziehungen zu Griechenland, der Zypern-Frage und anderer Probleme ein Beitritt in absehbarer Zeit nicht in Frage kommt. Trotzdem: Die Entscheidung, der Türkei eine – wenn auch weit entfernte – Beitrittsperspektive zu geben, war eine sicher weitreichende und m. E. folgerichtige Entscheidung aufgrund vorausgegangenen Tuns. Die EU hat sich damit entschieden, die geographischen Grenzen des Kontinents nicht zum Hauptkriterium für die Erweiterung ihrer Mitgliedschaft zu machen. Die Türkei liegt im Schnittpunkt mehrerer Großregionen, nur zu einem Teil auf europäischem Boden und außerhalb der christlichen Grenzen. Manche mögen heute vielleicht sagen, es war ein Fehler, der Türkei schon 1963 eine EU-Perspektive zu versprechen.

Umso wichtiger ist es, jetzt mit konkreten Versprechungen gegenüber anderen Staaten vorsichtig zu sein. Denn die Zukunft kann sicher nicht darin liegen, jedes Land unseres Kontinents und seiner unmittelbaren Nachbarschaft zur Mitgliedschaft in der EU einzuladen, sobald es nur die Kopenhagener Beitrittskriterien erfüllt. Wir werden hier differenzieren müssen, sonst machen wir uns die EU, die ja mehr sein soll und auch mehr ist als nur ein Staatenbund oder eine zwischenstaatliche Stabilitätsgemeinschaft, kaputt. Differenzieren darf aber nicht ausgrenzen und abschotten heißen. Europa muss vielmehr als ein Netzwerk verstanden und ausgestaltet werden. Ein Netz aus immer dichteren, immer stärkeren Seilen, die den ganzen Kontinent und die angrenzenden Regionen überziehen und miteinander verknüpfen. Die Seile der Europäischen Union haben sich in der Vergangenheit als besonders fest erwiesen, und es ist verständlich, dass jeder ein solches Seil in der Hand halten möchte. Aber auch mit vielen anderen feineren Seilen kann man ein festes, ein tragfähiges europäisches Netzwerk knüpfen. Das muss der Ansatz sein.

III

Auch innerhalb der Union sind ja die Seile, die die Mitglieder miteinander verbinden, heute schon unterschiedlich dick. Denn das ist es doch, was die Diskussion um die „konzentrischen Kreise" oder die „verstärkte Zusammenarbeit" letztlich meint. Nicht alle Mitglieder sind beim EURO dabei – die Dänen etwa haben sich gerade dagegen entschieden. Das Netz ist in der Vergangenheit auch nicht dadurch gerissen, dass die Briten in Europa immer eine besondere Rolle spielen. Auch bei Schengen machen nicht alle mit. Und die in Maastricht beschlossene und in Amsterdam bekräftigte Flexibilitätsklausel besagt ja gerade, dass alle Mitgliedsländer das Recht haben, miteinander in einzelnen Bereichen zusätzliche besonders dicke Seile zu knüpfen. Für die gegenwärtigen Beitrittskandidaten wird es in einzelnen Integrationsbereichen Übergangslösungen geben – so wie bei den bisherigen Erweiterungsrunden auch, etwa der Süderweiterung. Auch das führt zu unterschiedlichen Seilstärken. Einige Beitrittsländer werden zudem früher beitreten als andere, aber alle sind schon während des Prozesses fest verknüpft. Darunter muss die Tragfähigkeit, die Haltbarkeit des Gesamtnetzes nicht leiden.

Was bedeutet dieses Modell eines europäischen Netzes für die Staaten, die nicht oder noch nicht zu den Beitrittskandidaten der Union gehören? Lassen Sie mich das anhand von Beispielen durchgehen: Zunächst zu Albanien und den Nachfolgestaaten des ehemaligen Jugoslawiens – eine Ausnahme ist hier Slowenien, das schon zu den Beitrittskandidaten gehört. Die Stabilisierung des westlichen Balkans ist für die EU von zentraler Bedeutung. Deshalb auch der Stabilitätspakt. Die Kriege im zerfallenden Jugoslawien haben mit erschreckender Deutlichkeit gezeigt, dass die Region abgekoppelt von der EU nicht auf die Beine kommen wird, dass ihre Destabilisierung aber ganz Europa überschatten kann. Die Stabilisierung musste von außen angeschoben werden, dazu brauchte die Region zwingend eine Friedens- und Wiederaufbau-Perspektive. Die EU hat sich unter deutscher Präsidentschaft dazu entschlossen, dazu den Ländern der Region eine längerfristige Beitrittsperspektive zu geben, eingebettet in einen Stabilisierungs- und Assoziierungsprozess.

Sie hat damit einen wichtigen, einen folgenschweren Schritt getan sie hat das wirksamste Instrument ihrer Außenpolitik, das Angebot eines künftigen Beitritts, in den Dienst der Stabilisierung unseres Kontinents gestellt. Meines Erachtens war das alternativlos und deshalb richtig. Nicht zuletzt der Umsturz in Serbien hat gezeigt, was dieser Anreiz für positive Auswirkungen haben kann. Allen Beteiligten ist klar, dass die Beitrittsperspektive für die westlichen Balkanländer sich erst in vielen Jahren realisieren lassen wird – wenn die anderen Beitritte bewältigt sind und wenn auch in der Region selbst der Stabilisierungsprozess so weit fortgeschritten ist, dass an eine Erfüllung der Beitrittskriterien durch einzelne Länder gedacht werden kann. Dennoch: Die Tür der EU für eine spätere Mitgliedschaft der Balkanländer ist und bleibt offen.

Etwas anders stellt sich die Situation weiter im Osten dar, für die Nachfolgestaaten der ehemaligen Sowjetunion. Beispiel Ukraine: Die Ukrainer wollen auf mittlere Sicht zur EU gehören, das haben Präsident Kutschma und Außenminister Slenko gerade letzte Woche bei ihrem Besuch in Berlin hervorgehoben. Das Land wird aber auf absehbare Zeit sicher keine Mitgliedsperspektive erhalten – auch das ist beim Besuch in Berlin wieder deutlich geworden. Die Ukraine ist von der Fläche her eines der größten europäischen Länder, mit einer Bevölkerungszahl etwa wie Frankreich und allein schon deshalb einer der wichtigsten europäischen Staaten. Die EU hat dem, so weit es ging, Rechnung getragen. Sie hat im Rahmen der Gemeinsamen Außen- und Sicherheitspolitik eine "Gemeinsame Ukraine-Strategie" verabschiedet. Eine "Gemeinsame Strategie" legt die Mitglieder auf eine gemeinsame Politik fest, über deren Umsetzung dann später mit Mehrheit, also unter Verzicht auf das übliche Einstimmigkeitsgebot, entschieden werden kann.

In der Ukraine-Strategie ist festgelegt, dass eine positive Entwicklung einer unabhängigen und starken Ukraine, mit guten Beziehungen zu Polen und Russland, im europäischen Interesse liegt. Gleichzeitig wird die pro-europäische Orientierung der Ukraine ausdrücklich begrüßt. Die Frage einer künftigen Mitgliedschaft wird bewusst umgangen. Nicht nur, weil die Ukraine weit davon entfernt ist, die Bedingungen auch nur im Ansatz erfüllen zu können, sondern auch, weil sich mit Recht niemand auf eine Diskussion mit Moskau einlassen will, das der Ukraine weiter eng verbunden ist und Beitrittsverhandlungen sicher negativ gegenüberstehen würde. Hinzu kommen die 24 % russische Minderheit in der Ukraine. Wir müssen hier Realisten sein.

Aber der Ukraine muss trotzdem – oder gerade deshalb – etwas geboten werden. Das Land befindet sich politisch, wirtschaftlich und kulturell seit der Auflösung der Sowjetunion auf dem Weg nach Europa. Ein Weg, der im Land, aber auch von vielen Ukraine-Kennern, zu Recht als „Rückweg nach Europa" bezeichnet wird. Das zeigt allein schon ein Blick auf Galizien, die Westukraine. Galizien gilt seit Urzeiten in Europa als „Grenzland" – aber als Grenzland nicht etwa zwischen Europa und Asien, sondern zwischen West- und Osteuropa – das zeigt die Dimension. Die Geschichte Galiziens und seiner Hauptstadt Lwiw, dem früheren Lemberg, spiegelt die Geschichte, die Konflikte, aber auch den Vielvölker-Charakter unseres Kontinents wieder wie kaum anderswo. Dieser Stadt, diesem Land jetzt zu sagen: Nein, ihr gehört nicht dazu in Europa! Bewahrt Eure Unabhängigkeit, aber orientiert Euch ansonsten nach Moskau! – das wäre nicht nur unhistorisch, sondern auch unklug.

Und gefährlich, denn in der Ukraine würde der Reformeifer nachlassen, das Land würde destabilisiert. Deshalb muss die EU ihre Beziehungen zur Ukraine intensivieren, muss das Land so weit wie möglich einbinden. Die Ukraine ist deshalb heute für die Europäische Union eines der Schwerpunktländer für TACIS-Hilfen, insgesamt sind bereits über 700 Mio EURO für Projekte in die Ukraine abgeflossen. Seit 2½ Jahren ist ein umfassendes Partnerschafts- und Kooperationsprogramm in Kraft. Mit fast allen der Nachfolgestaaten der ehemaligen Sowjetunion bestehen heute schon solche Abkommen, die den Rahmen bieten für eine Zusammenarbeit auf einer großen Zahl von Politikfeldern.

Bei der Umsetzung wurde mit der Ukraine schon viel erreicht. Die Zusammenarbeit auf den Gebieten Kriminalitätsbekämpfung, Rechtsangleichung und Wissenschaftsaustausch läuft gut. Besser noch der politische Dialog – mit jährlichen Gipfeltreffen, regelmäßigen Außenministerräten und Expertengremien. Schwieriger gestaltet sich die Zusammenarbeit bislang aber auf dem besonders wichtigen Gebiet des Wirtschaftsaustausches. Vordringlich ist dabei zunächst, dass die Ukraine dem Welthandelsabkommen beitritt. Denn das wäre auch eine wichtige Voraussetzung dafür, über die Realisierbarkeit einer Freihandelszone zwischen der EU und der Ukraine nachzudenken. All das mag aus ukrainischer Sicht noch unbefriedigend sein. Aber wichtige Verbindungen sind geknüpft. Das sind die Seile, von denen ich gesprochen habe. Und es sind keine schwachen Seile, sondern stabile, tragfähige.

Eine besondere Rolle im europäischen Netzwerk spielt das Gebiet Königsberg, das heutige Kaliningrad. Nach der Aufnahme Polens und Litauens in die Europäische Union wird Kaliningrad zu einer russischen Enklave innerhalb der EU. Das führt zu einer Reihe von Problemen vor allem bei Visa- und Transitfragen und allgemein beim Zugang Russlands zum Kaliningrader Gebiet – bringt aber auch Chancen mit sich. Die EU hat gerade letzte Woche ein Papier vorgelegt, mit dem sie diesem Problem durch flexible Regelungen im Transitverkehr und im Zollwesen Rechnung tragen will. Moskau hat Ende letzten Jahres eine Europa-Strategie verabschiedet, in der vorgeschlagen wird, den Kaliningrader Bezirk als „Pilotregion für die Zusammenarbeit zwischen Russland und der EU im 21. Jahrhundert" zu entwickeln.

Eine vielversprechende Idee. Denn das geographisch begrenzte Gebiet Kaliningrad liegt als Verkehrsknotenpunkt an der Ostsee und ist mit seinen Nachbarn Polen und Litauen und der Zugehörigkeit zur Russischen Föderation potentiell ein wichtiges Handelszentrum. Darüber wird vor allem im Rahmen der Nördlichen Dimension der EU nachgedacht, aber auch im Ostseerat. Kaliningrad ist bereits eingebunden ins europäische Netz – die Seile könnten aber noch enger geknüpft werden. Dabei hat Deutschland wegen seiner früheren engen Verbindung zu dieser Region eine besondere Verantwortung. Ich habe das gerade bei einem Besuch in Litauen und in Königsberg mit den vielfältigen historischen und menschlichen Verbindungen zu Deutschland gespürt.

Wichtig ist aber auch, dass Moskau die Möglichkeiten erkennt, die sich aus der Entwicklung Kaliningrads als Brücke zur EU ergeben könnten. Moskau würde sehr kurzfristig denken, wenn es die Region Kaliningrad weiter in erster Linie als militärischen Brückenkopf an der Ostsee verstehen und entsprechend weiter ausbauen würde. Denken Sie nur an die Diskussion der letzten Wochen über die Verlegung neuer Atomwaffen ins Kaliningrader Gebiet.

Russland selbst wird wohl schwerlich jemals Mitglied der EU werden. Das würde die Union allein schon aufgrund der Größe des Landes überfordern und den Grundsatz der ohnehin fragilen Proportionalität zwischen den Mitgliedern zerstören. Aber gerade Russland darf nicht ausgegrenzt, sondern muss eingebunden werden. Auch hier müssen wir auf der Grundlage der Gemeinsamen Russland-Strategie und des Partnerschafts- und Kooperationsabkommens der EU mit Moskau die vielfältigen Kooperationsmöglichkeiten nutzen – und das geschieht auch schon.

Wichtig ist auch, Russland als europäische Großmacht über andere Organisationen bei der Gestaltung der Zukunft unseres gemeinsamen Kontinents möglichst eng einzubinden: Über die G 8, bei denen die Russen inzwischen Vollmitglied sind. Über die gemeinsame Arbeit in der UNO. Aber auch über den NATO-Kooperationsrat, der den Russen ihre Ängste und Aversionen gegenüber der westlichen Allianz nehmen soll, Vertrauen schaffen und eine enge Zusammenarbeit auf vielen praktischen Ebenen. Denn an Russland vorbei können wir Sicherheit, Stabilität und Wohlstand in Europa nicht schaffen – selbst wenn wir das wollten.

Wichtig ist auch die Kooperation der EU mit unseren unmittelbaren Nachbarn im Süden, den südlichen und östlichen Mittelmeeranrainern. Die Beziehungen zu diesen Ländern sind von besonderer Art. Sie sollen und wollen nicht Mitglied der EU werden. Verbindungen bestehen aber vor allem über den Barcelona-Prozess und die Assoziierungsabkommen mit bislang Tunesien, Marokko und Israel. Die EU hat ein unmittelbares Interesse an den Partnerländern rund um das Mittelmeer – nicht nur an Stabilität in der Region, sondern auch an einer positiven Wirtschaftsentwicklung dieses zukunftsträchtigen Wachstumsraumes.

Israel, dem wir besonders verpflichtet sind, hat seit dem Essener Gipfel 1994 eine bewusst so genannte „privilegierte Stellung" der EU gegenüber, die allerdings in vielen Bereichen noch umgesetzt werden muss; das war mit mein Werk, damals noch als Außenminister. Denn Israel passt aufgrund seiner besonderen Geschichte und seiner wirtschaftlich und politisch „westlichen" Strukturen eigentlich nicht in die arabische Welt und darf dort nicht allein gelassen werden.

Zu den Mittelmeerstaaten bieten sich eine Fülle von ganz konkreten Kooperationsbereichen, wirtschaftlich, aber auch in Wissenschaft und Kultur.

Eine besondere Verantwortung bei der Knüpfung des Netzes über die Grenzen der derzeitigen EU hinaus wird künftig den gegenwärtigen Beitrittsländern in Mittel-Ost-Europa zukommen. Polen hat besonders enge, gutnachbarschaftliche Beziehungen nach Kiew und ist ein natürlicher Anwalt für die Ukraine in der EU-Frage. Warschau ist heute vielleicht noch zu sehr mit der Vorbereitung des eigenen Beitritts beschäftigt, um sich dieser Verantwortung richtig stellen zu können. Aber sobald Polen ein Vollmitglied der EU geworden ist, wird Warschau diese Rolle annehmen – davon bin ich zutiefst überzeugt. Ähnliches gilt im Grunde für die polnischen Beziehungen nach Weißrussland, auch wenn das bilaterale Verhältnis zwischen Warschau und Minsk momentan nicht unproblematisch ist. Für Moldawien steht mittelfristig mit Rumänien ein natürlicher Sachwalter bereit.

Und aufgrund der sprachlichen und kulturellen Verbindung hat Moldawien auch in Paris und Rom traditionell besonders gewogene Fürsprecher. Das Gebiet Kaliningrad wird auf Dauer besonders auf Litauen bauen können. Und natürlich auf uns Deutsche – ohne jeden Revanchismus, ohne Infragestellung von Grenzen und Status, einfach aufgrund der engen historischen und persönlichen Verbindungen.

Die traditionell engen nachbarschaftlichen Verbindungen bringen mit der EU-Erweiterung übrigens auch eine Kehrseite mit sich, die ebenfalls unter die Überschrift "Grenzen der Union" fällt. Ich habe das mit Blick auf Kaliningrad schon angedeutet. Die EU-Mitgliedschaft Polens und Litauens und später dann auch Rumäniens wird diese Länder im Rahmen des Schengener Übereinkommens zwingen, für die bislang visafreien Nachbarn die Visapflicht einzuführen. Die Angst davor ist heute schon groß. Hier sind möglichst flexible Lösungen gefragt – und auch die EU wird Entgegenkommen zeigen müssen.

IV

Nicht nur die EU knüpft in Europa Seile, die die Staaten der europäischen Völkerfamilie aneinander binden. Auch der Europarat, die OSZE, der Ostseerat und nicht zuletzt die NATO mit ihren unterschiedlichen Kooperationsabkommen spielen dabei wichtige Rollen. In diesen Organisationen haben auch Länder wie etwa die Ukraine einen festen Platz, sind eingebunden, wirken mit. Das ist von unschätzbarer Bedeutung für die Funktionsfähigkeit dieser Organisationen, aber auch für den Zusammenhalt Europas. Die Mitgliedschaft in der NATO kann z. B. für Länder, die auf absehbare Zeit nicht in die EU kommen können, das notwendige Gefühl der Sicherheit und der Zugehörigkeit zur „westlichen Welt" bieten.

Ich weiß, auch eine weitere Öffnungsrunde der NATO, die im Moment in den USA wieder verstärkt diskutiert wird, ist nicht einfach, hauptsächlich wegen der Problematik der baltischen Staaten. Russland ist und bleibt da wegen der Minderheiten- und Grenzprobleme hoch empfindlich. Es wäre auch falsch, die Balten jetzt zu spalten und etwa Litauen schon einmal in die NATO aufzunehmen, weil es dort nur ein kleine russische Minderheit gibt und Moskau deshalb weniger Bedenken haben könnte als bei Estland und Lettland. Überlegungen dieser Art halte ich für gefährlich. Das ist anders als bei der EU. Meines Erachtens können nur alle drei baltischen Staaten zusammen in die NATO aufgenommen werden – oder zur Zeit eben nicht. Aber wir müssen hier über Lösungen nachdenken, wie EU- und NATO-Mitgliedschaft sich ergänzend eingesetzt werden können. Denn beispielsweise Rumänien wird für die EU noch auf längere Zeit nicht reif sein, braucht aber trotzdem einen Anreiz, mit den Reformen umso energischer fortzufahren. Das könnte z. B. die NATO-Mitgliedschaft sein. Ich weiß, dass das nicht einfach ist.

Nur Weißrussland ist insgesamt beim Knüpfen des europäischen Netzes noch außen vor. Präsident Lukaschenko und seine Bestrebungen, in seinem Land die einzig verbliebene Diktatur in Europa aufrecht zu erhalten, stehen einer besseren Einbindung des Landes ins europäische Netz noch im Wege. Aber auch hier können Fortschritte erzielt werden, sobald sich die innenpolitische Situation in Minsk ändert. Daran müssen wir besonders interessiert sein, denn die Affinität der Weißrussen zu Deutschland ist besonders groß. Weißrussland hat die meisten Kriegsveteranen, hat am meisten unter dem Zweiten Weltkrieg gelitten, hat jetzt auch erhebliche Konversionsprobleme und ist Hauptbetroffener der schrecklichen Katastrophe von Tschernobyl.

Deutschland kommt beim Knüpfen des europäischen Netzes eine besondere Rolle zu. Wir sind das mit Abstand größte und wirtschaftsstärkste Land der Europäischen Union. Wir haben über Jahrzehnte hinweg in historischer Verantwortung gemeinsam mit Frankreich erfolgreich die Rolle eines Motors in der europäischen Integration gespielt. Wir haben aufgrund historischer und kultureller Verbindungen und geographischer Nähe besonders enge Kontakte in den Osten unseres Kontinents. Wir haben am stärksten vom Ende des Kalten Krieges profitiert. Und stehen bei den Ländern des ehemaligen Ostblocks wegen ihrer Rolle bei der deutschen Wiedervereinigung in der Schuld.

Und wir werden nicht nur wirtschaftlich auch von der Osterweiterung der EU und von der Schaffung enger Verbindungen in den gesamten Osten Europas besonders stark profitieren. Deshalb dürfen wir uns jetzt nicht drücken. Wir müssen in der Europapolitik wieder eine Führungsrolle übernehmen – konzeptionell, aber auch ganz praktisch. Und das vor allem, wenn es um die Gestaltung der Zukunft des ganzen Europas geht, auch und gerade der Einbindung der europäischen Nachfolgestaaten der ehemaligen Sowjetunion. Wir müssen uns auch in die Diskussion um die Grenzen der Union aktiv einbringen.

Natürlich kann man sich fragen, ob gerade wir Deutschen, die wir von der europäischen Integration nach dem Krieg doch mit am meisten profitiert haben, diejenigen sein sollten, die jetzt anderen Ländern, die bislang nicht so privilegiert waren und künftig dazugehören wollen, sagen, dass sie leider vorerst oder ganz draußen bleiben müssen. Unter anderem deshalb müssen wir auf eine offene Entwicklung mit möglichst vielfältigen Verbindungen abzielen, die Kategorien wie „drinnen" und „draußen" möglichst wenig relevant bleiben lässt.

V

Am Ende meines Vortrags nochmals zurück zur Ausgangsfrage: Die EU hat die Herausforderungen und Möglichkeiten, die sich nach dem Ende des Kalten Krieges ergeben haben, aufgegriffen, sie öffnet sich für eine begrenzte Zahl neuer Mitglieder. Das ist richtig so, erfordert aber für die EU selbst noch energischere Reformen. Die Ausweitung der Mitgliedschaft darf aber nicht ins Grenzenlose fortgeführt werden. Die Frage einer Mitgliedschaft von Ländern wie der Ukraine, Weißrussland oder Moldawien oder Georgien in der EU stellt sich zur Zeit nicht.

Denn das würde den Integrationsprozess überfrachten, die Mitgliedsländer überfordern und die Integration damit möglicherweise insgesamt aufs Spiel setzen. Die EU darf die Tür nicht lautstark und auf ewig zuknallen. Die Wirkung wäre verheerend – nicht nur innenpolitisch in den Ländern, die draußen bleiben müssten, sondern auch aus gesamteuropäischer Perspektive. Aber sie darf auch keine falschen Hoffnungen wecken. Und muss für den Zeitraum, für den die Beitrittsperspektive nicht auf der Tagesordnung ist, fortfahren, ein immer enger werdendes Netz an Verbindungen in den Osten unseres Kontinents zu knüpfen. Gemeinsam mit den anderen europäischen und transatlantischen Organisationen.

Gemeinsam auch mit Russland – nicht in einer Aufteilung von europäischen Interessensphären, sondern in enger Zusammenarbeit. Dass die Russische Föderation und die Europäische Union auf möglichst vielen Politikfeldern eng und vertrauensvoll zusammenarbeiten, liegt auch im ureigenen Interesse der anderen Nachfolgestaaten der ehemaligen Sowjetunion. Das wird ihre Befürchtungen, zwischen den beiden großen Regionen aufgerieben oder vergessen zu werden, abschwächen. Wir dürfen die Länder, die nicht zu den derzeitigen Beitrittskandidaten gehören, nicht vergessen. Wir müssen ihnen immer mehr, immer stärkere Seile anbieten, um ein enges europäisches Netz zu knüpfen. Ein Netz auch zu den Nachbarländern über das Mittelmeer hinweg. Die EU ist stark genug, um beim Knüpfen dieses Netzes eine tragende Rolle zu übernehmen. Hier bieten sich hervorragende Ansätze für die jüngst gestärkte Gemeinsame Außen- und Sicherheitspolitik.

Zwei Kernfragen bleiben: „Wo soll die EU enden?" Die Antwort lautet: keine grenzenlose Ausweitung um jeden Preis, aber auch keine neuen künstlichen Grenzen. Nicht grenzenlos, aber möglichst weitgehend entgrenzt. Ein offener Prozess, bei dem jedes europäische und an Europa angrenzende Land sich darauf verlassen kann, dass eine stabile, handlungsfähige Union sich ihrer Verantwortung auch über die eigenen Grenzen hinaus bewusst ist. Mit einer Politik, die auf den Abbau bestehender

Grenzen und Schranken in Europa und zu den Nachbarregionen zielt – aber für viele Staaten „short of membership" bleiben wird, ja bleiben muss.

Die zweite Kernfrage lautet: Was sind die finalen Vorstellungen eines „entgrenzten Europas"? Damit beschäftigen sich Werner Weidenfeld und Josef Janning in der FAZ. Denkbar ist demnach einmal eine Föderation europäischer Staaten mit Verfassungsauftrag und abgegrenzten Zuständigkeiten der verschiedenen Ebenen und demokratischen Legitimations- und Kontrollaufgaben, also quasi eine Staatswerdung Europas mit supranationaler Idee. So etwa Fischers Ansatz. Denkbar ist auch ein Weg zu einer vertieften Freihandelszone, in der supranationales Handeln die Politik der Staaten nur ergänzt.

Schließlich sprechen Weidenfeld und Janning auch von einem dritten Weg der Integration. Dies könnte bedeuten, dass die politische Finalität einer großen Union vorweggenommen wird durch einen kleineren Kreis der dazu fähigen Staaten. Eine Gruppe von Staaten würde jeweils die Wirtschaftsunion, die Union der inneren Sicherheit und die Verteidigungsunion bilden und so das Konzept einer europäischen Föderation aufrechterhalten.

Quo vadis Europa? Es bleibt spannend in diesem Europa. Und wir Deutschen müssen uns der besonderen Verantwortung bewusst sein und bleiben, die wir tragen.

Europa in der Welt von morgen

Dr. Richard von Weizsäcker, Bundespräsident a. D.

Vom Frieden, so lautet der Titel dieser Vorlesungsreihe des Studium Generale. Gibt es ein schwereres, wichtigeres Thema? Und ein weiter gespanntes, vom innerlichen Frieden, vom zwischen-menschlichen und innergesellschaftlichen Frieden, vom Frieden zwischen Völkern und Staaten, vom Frieden zwischen Interessen, Überzeugungen und Ideologien, zwischen Religionen und Zivilisationen, zwischen Mensch und Natur? Das meiste davon hängt irgendwo miteinander zusammen, zum Teil sehr eng. Das sollten wir im Auge behalten, wenn wir uns den von der Universität konkretisierten Friedensthemen zuwenden, also den außenpolitischen Aufgaben Deutschlands in Europa und in der Welt von morgen.

Am Ende der zähflüssigen Konferenz von Nizza hieß es oft, die Macht und der Einfluss Deutschlands seien dort gewachsen. Nein, unausweichlich gewachsen ist vor allem die Einsicht, dass Deutschland nur dann gewinnen kann, wenn Europa gewinnt.

Aber wie kommt Europa voran? Wir wollen und müssen unsere gemeinsamen Institutionen handlungsfähig machen. Wir nennen dies Vertiefung der Europäischen Union. Und vor allem geht es darum, die EU zu erweitern, besser gesagt: zu vollenden. Das sind ebenso grandiose wie nur äußerst mühevoll erreichbare Ziele. Oft verführen sie uns zur reinen Selbstbeschäftigung, und das dient dem Frieden, auch unserem eigenen Frieden zu wenig. Die EU wird nicht die Zeit haben, sich selbst zu finden und zu vollenden, ehe sie sich der übrigen Welt zuwenden kann. Aus gutem Grund wurde daher zum Abschluss der Vorlesungsreihe die Aufgabe gestellt, über Europa in der Welt von morgen zu reden.

I.

Was für eine Welt finden wir vor, was werden wir in der kommenden Zeit, sagen wir in den nächsten 15 bis 20 Jahren, zu erwarten haben? Nach Jahrzehnten des Kalten Krieges konstatieren wir fundamentale Veränderungen. Es gibt keine Sowjetunion mehr. Der Warschauer Pakt ist verschwunden. Unser Land ist vereinigt. Die Apartheid in Südafrika ist beendet, eine schwarze Mehrheit regiert das Land. Pakistan und Indien haben Atomwaffen. Zwischen Nord- und Südkorea wird friedlich verhandelt. Aus China sind keine Maoismus-Missionare mehr unterwegs. Das Riesenreich hat sich dem Markt verschrieben und wird bald der Welthandelsorganisation WTO beitreten. Die Achtung der Menschenrechte nimmt zu, sie wird zum Motor für Fortschritte im Völkerrecht. Alles überraschend genug. Und wie geht es weiter? Unerbittlich sind vor allem die Herausforderungen der globalen Ökologie. An einer allmählichen drastischen Klimaerwärmung und Unwetterzunahme gibt es kaum noch ernsthafte Zweifel. Mit dem Treibhauseffekt verändern sich die Meereshöhen. Sie bedrohen Küsten und Inseln. Schon geringfügig steigende Temperaturen treiben die Vegetationsgrenzen weg vom Äquator in Richtung auf die Pole, mit gewaltigen Folgen für das Leben von Hunderten Millionen Menschen. Oder ein anderer Aspekt: Mit unserem wild gesteigerten Konsum verschwenden wir Land und zerstören Biodiversität. Bei uns in Deutschland verbrauchen wir doppelt so viel Land (Land gemeint als Symbol für ökologischen Rucksack) als wir sollten. Die Folgen davon exportieren wir, zum Beispiel in Länder wie Papua-Neuguinea. 98 % der Ausfuhren dieses Landes sind Naturverkauf. Wenn die ganze Erdbevölkerung von 6 Milliarden Menschen sich verhalten würde wie wir, oder ärger, wie die Nordamerikaner, dann würden wir vier Mal unsere Erdoberfläche brauchen. Der Hauptmangel wird immer weniger die Arbeitskraft und immer mehr die Natur.

Der Energiebedarf wird nach guten Schätzungen in 15 Jahren um ungefähr 50 % wachsen. Das angekündigte Einliterverbrauchsauto von VW ist ein Lichtblick, aber bisher kaum mehr als eine Stumpenkerze. Weit problematischer noch ist der fehlende Zugang zu sauberem Wasser. 3 Milliarden Menschen, ungefähr die Hälfte der Weltbevölkerung, sind davon bedroht.

Wir alle stehen unter dem Eindruck des gefährlichen Bevölkerungswachstums. In den nächsten 20 Jahren nähern wir uns einer Zahl von 8 Milliarden Menschen, nur nicht bei uns in Europa, wo die Bevölkerung zurückgeht. Auf die Frage, warum sein Land bei der Geburtenkontrolle so viel weniger erfolgreich sei als China, antwortete ein ehemaliger Staatspräsident von Indien lapidar: „Weil wir eine Demokratie sind."

Zur Auswirkung der Bevölkerungsexplosion zählt das kontinuierliche Anwachsen der Mega-Städte von 10 Millionen und mehr Menschen. Sie sind auf dem Wege, ihren Anteil an der Weltbevölkerung zu verdoppeln. Überall steigt die Zahl der Migranten und Vertriebenen. Der Einwanderungsdruck in wirtschaftlich bessere Räume wächst, zumal auch nach Europa. Dennoch werden sich die Wanderungsströmungen primär in eigenen kontinentalen und klimatischen Regionen zeigen.

Mit zwingendem Recht bezeichnet die Millenniumserklärung der Vereinten Nationen die Armut in weiten Teilen der Welt als unsere schwerste moralische, politische, ökonomische und wiederum ökologische Herausforderung. Sie fragt, wie wir die Chancen und Gefahren der technologischen und wirtschaftlichen Globalisierung gerechter wahrnehmen und eine weitere Marginalisierung der ärmsten Teile der Welt verhindern können.

Auch bei den lebhaftesten weltweiten Debatten müssen wir aber lernen, nicht hartnäckig auf Verallgemeinerungen zu beharren. Ist es wahr, dass Technologie, private Wirtschaft und Kapital einfach das Kommando übernehmen, dass sie die Souveränität und verantwortliche Kraft der politischen Führungen bereits nachhaltig unterminiert haben? Wie wird die Politik auf die Protestwellen der globalen Wirtschaftskonferenzen weiter reagieren? Natürlich liegt das Recht auf der Seite der Demonstranten, die für die Armen auf die Barrikaden gehen. Aber haben Regierungen ebenso recht, wenn sie eingeschüchtert und mit Entschuldigungen für die Globalisierung reagieren? Haben sie nur Angst vor Wählerstrafen, sofern sie erklären, warum sie keine besseren Mittel zur allmählichen Entlastung im Schicksal der Bedürftigen haben, als die Chancen der Globalisierung aktiv zu nutzen? In Wahrheit haben Regierungen einen starken Einfluss auf die weitere Entwicklung. Technologische und ökonomische Globalisierung ist bei weitem kein automatischer Prozess. Zweifellos erreicht das elektronische Weltnetz alle Länder ohne Rücksicht auf die jeweilige Regierungsform. Neben der privaten Wirtschaft wachsen globale zivilgesellschaftliche Kontakte heran. Regierungen haben also Mühe, sind aber weder entlastet noch wehrlos. Sie können den Zugang zum technologischen Fortschritt fördern, Telekommunikation, Erziehung und Berufsausbildung voranbringen. Der Weg zur Schulbildung für alle Kinder ist auch entwicklungspolitischer Schwerpunkt für uns Europäer. Globalisierung kann Bildung, Beschäftigung, Produktivität und Einkommen steigern. Was von der Politik getan werden kann, hängt oft vom System und vom Mut ab. In Indien, dieser Demokratie mit einer Milliarde Menschen, benutzt praktisch jede Regierung die Chancen der Globalisierung so gut es geht, freilich nicht ohne dass sie vorher im Wahlkampf nur ihre Gefahren an die Wand gemalt hatte. In Asien heißt es, dass es der Umgang mit der Globalisierung sei, der den Hauptunterschied in der Entwicklung zwischen Malaysia und Burma ausmacht, ja selbst zwischen Süd- und Nordkorea.

Ein globaler Finanzmarkt leitet heute riesige Kapitalströme mit größter Geschwindigkeit in oft unvorhersehbare Richtungen, um rasch den höchsten Ertrag zu erwischen. Umso wichtiger wird es, nach rechtlichen Strukturen Ausschau zu halten, die das gegenwärtige „Softlaw", also die unverbindlichen Empfehlungen des Weltfinanzwesens, in durchsetzbare Rechtsregeln zu verwandeln. Dies ist schon deshalb dringend nötig, um die transnationalen Ansteckungsgefahren und Dominoeffekte bei wirtschaftlichen Krisen zu mindern. Es waren nicht die Reichen, vor allem nicht die Amerikaner, die den letzten schweren Krisen in Asien entgegengewirkt hätten. Am meisten hat vielmehr die relative Solidität und Stärke der chinesischen Währung zur Stabilisierung der Region beigetragen. Europa hat sich verhältnismäßig verantwortungsvoll verhalten, z. B. um zu verhindern, dass IMF-Kredite primär dort eingesetzt wurden, wo sie zur Abdeckung kränklich gewordener privater amerikanischer Kredite dienen sollen.

Zu den wichtigsten Herausforderungen und Chancen, den Welthandel als eine wirkliche Stütze für den Weltfrieden zu nutzen, zählt die Welthandelsorganisation WTO. Die nahe Zukunft wird zum Prüfstein. Das bedeutendste Beispiel ist wiederum China. Schon seit den fünfziger Jahren hatten asiatische Führungen, vor allem der indische Premierminister Nehru, für eine aktive Aufnahme Chinas in bestehende Weltstrukturen plädiert, gegen den anhaltenden, oft erbitterten Widerstand vor allem des Westens, zumal wiederum der USA. Inzwischen hat Deng Hsiao Ping sein Land im Inneren der Marktwirtschaft zugeführt. Dann öffnete Zhu Rong Zhi, der heutige Ministerpräsident Chinas, sein Land wirtschaftlich nach außen. Nun konkurrieren die Investoren aus allen Teilen der Welt auf dem Riesenmarkt. Es war eine der letzten Taten des amerikanischen Präsidenten Clinton, vielleicht seine folgenreichste, den amerikanischen Kongress zur Zustimmung für einen Beitritt Chinas zur WTO zu gewinnen.

Formal ist der Schritt noch nicht perfekt. Und wenn es soweit ist, wird es neben den großen, erwünschten, nicht zuletzt politischen Effekten auch ziemlich heftige Schwierigkeiten geben. So wurden z. B. viele amerikanische Parlamentarier zur Zustimmung für Chinas WTO-Beitritt dadurch gewonnen, dass man ihnen große Exportchancen für das Getreide ihrer Wahlbezirke nach China in Aussicht stellte. Doch wie wird China mit der Einfuhr großer billiger Weizenmengen aus Amerika und Kanada fertig, die die ohnehin äußerst angespannte Beschäftigungslage in der ländlichen Bevölkerung des Westens und Nordens Chinas für eine lange Übergangszeit weiter strapazieren werden?

Und überhaupt, wie weit werden sich die Grenzen der reichen für Produkte der armen Länder wirklich öffnen?

Hier liegt die Bewährungsprobe der WTO. Sie wurde 1948 mit 23 Mitgliedern gegründet. Heute umfasst sie 134 Mitglieder. Ihr multilaterales Abkommen, die schiedsgerichtliche Jurisdiktion für Sanktionen, richtet sich gegen die Länder, die ihre Handelsverpflichtungen verletzen. Dies stellt einen der ersten und wertvollsten Erfolge zum schrittweisen Aufbau der dringend benötigten globalen Regelwerke dar. Demnach steht die EU mit ihrer gemeinsamen Außenhandelspolitik auch hier vor großen Aufgaben, die für den Weltfrieden von entscheidendem Einfluss sein können. Wirtschaftlich ist Europa dafür stark genug.

Die Weltgemeinschaft hat die Vereinten Nationen. Als sie vor 55 Jahren gegründet wurden, war die wichtigste Aufgabe, nämlich ein globales Instrument für die Rechte und Verantwortlichkeiten der Länder zu schaffen, noch ganz unterentwickelt. Im Vordergrund stand damals das Ziel, am Ende des Zweiten Weltkrieges den Ausbruch eines dritten zu verhindern. Danach richteten sich die Institutionen der UNO. Ihr einzig machtvolles Gremium ist seither der Sicherheitsrat. Seine Tagesordnung und Wirkung orientiert sich nahezu ausschließlich an den Kriterien der Großmachtpolitik.

Aber was bewirkt sie denn nun wirklich, um die Sicherheit der gegenwärtigen Erdbevölkerung zu stärken? Das, was die Mehrheit der Menschen in ihrer Lebenssicherheit heute bedroht, beruht auf Ursachen, die den Gründern der UNO vor einem halben Jahrhundert kaum bekannt waren. Es sind alle die schon genannten Gefahren, Überbevölkerung, Hunger, Armut, Seuchen, Wassermangel, Naturzerstörung, Flüchtlingselend. Der Sicherheitsrat denkt primär in Kategorien militärischer Macht. Damit verrät er immer wieder den Namen, der ihm gegeben ist, anstatt ihm unter den heutigen Bedingungen gerecht zu werden.

Eine Reform der UNO ist dringend geboten. Wenn nicht Mitgliedschaft, Vetorechte und die Tagesordnung des Sicherheitsrates radikal verändert werden, bedarf es neben ihm, aber mit ebenbürtiger Macht, eines Sozialrates und eines Wirtschaftsrates. Sie hätten sich in die Aufgaben der Erziehung und Gesundheit, der Menschenrechte und Migration, der Lage der Frauen und Kinder, des Schutzes der kulturellen Vielfalt, der globalen Herausforderungen von Ökologie, Technologie und Ökonomie zu teilen. IMF und Weltbank wären einzugliedern.

Mir ist vollkommen bewusst, dass der Weg zu diesen Formen noch unübersehbar weit ist. Europa als Ganzes hat dazu bisher kaum etwas beigetragen. Frankreich und Großbritannien fürchten um ihre Privilegien als ständige Veto-Mitglieder im Sicherheitsrat. Umso mehr muss von Deutschland deutlich Eindrucksvolleres beigetragen werden als nur die halbstarke Forderung nach einem ständigen Sitz im Sicherheitsrat. Unsere Aufgabe ist nicht das Streben nach mehr Macht in den antiquierten UNO-Strukturen, sondern ein kräftiger Impuls für eine energische Initiative der Europäer zur überfälligen UNO-Reform. Wenn Europa nur will, werden viele helfen!

Aber wie steht es mit den großen globalen Mächten, die morgen die Richtung der Welt mitbestimmen?

II.

Verblieben ist am Ende des Kalten Krieges Amerika als die einzige Supermacht im umfassenden Sinn. An ihrer anhaltend führenden Position im militärischen und politischen, im wirtschaftlichen und technologischen Sinn, in ihrer Vormachtstellung vom Kapital über die Informationstechnologie bis hin zum biotechnischen Feld und leider selbst im populärkonsum-kulturellen Sinn ist nicht zu zweifeln. Welchen Gebrauch wird es von seiner Dominanz machen?

Zwei unterschiedliche Tendenzen sind zu beobachten. Einerseits wollen Amerikaner keine Rolle als Weltpolizisten spielen. Sie streben nach keinen neuen Territorien. Im Vergleich zu den alten Römern und anderen Welteroberern kann man in der Tat die Amerikaner die zögerlichste Hypermacht der Geschichte nennen, wie dies gelegentlich geschieht.

Dem stehen aber auch ganz andere Haltungen gegenüber. Da ist zunächst ihr missionarischer Impuls, der schon auf den Präsidenten

Woodrow Wilson zurückgeht. Er erklärte bereits 1917, sein Land müsse politisch und wirtschaftlich Druck ausüben, „to make the world safe for democracy." Freilich beteiligte er sich nach dem Sieg im Ersten Weltkrieg nicht am Genfer Völkerbund und zog sein Land aus der Weltbühne zurück, mit fatalen Folgen vor allem für Europa, bis hin zum Ausbruch des Zweiten Weltkrieges. Danach sind die Zeiten eines amerikanischen Isolationismus rasch vergangen. Man ist nicht nur weit weltoffener als früher, sondern auch in der Vertretung eigener Interessen recht ungeniert machtbewusst. Das darf niemanden verwundern. Eine weitere Tendenz ist offenbar geworden, nämlich eine ständig wachsende Abneigung, sich weltweiten Regelungen zu unterwerfen, sofern sie sich die Amerikaner nicht selbst gegeben haben.

Dies beginnt bei ihrer Haltung zur UNO. Zwar gehören sie zu den Gründern und beherbergen ihr Hauptquartier in New York. Aber als reichstes Land der Welt laufen sie dort ihren Schulden im Schneckentempo hinterher. Fällige Beiträge werden zumeist erst nach hartnäckigen Kongressdebatten stückweise abgestottert. Der Widerstand bei der Kongressmehrheit ging zuweilen so weit, dass der mächtige Vorsitzende des auswärtigen Senatsausschusses, der Republikaner Jesse Helms erklärte, die UNO sei nicht nur eine geldverschwendende Bürokratie, sondern sie stelle eine Gefahr für die amerikanische Souveränität dar.

Ein weiteres Beispiel ist die amerikanische Haltung zum neu geschaffenen Internationalen Strafgerichtshof. Nach langen Debatten hat Präsident Clinton ganz am Ende seiner Amtszeit den völkerrechtlichen Vertrag unterschrieben, aber mit dem ausdrücklichen Zusatz, der Vertrag werde dem Kongress zur Ratifizierung erst zugeleitet, wenn sichergestellt sei, dass kein Amerikaner wegen der Beteiligung an einem internationalen Einsatz vor das Gericht gestellt werden dürfe.

In denselben Zusammenhang supermächtiger Entschlossenheit, bei vitalen internationalen Fragen nur selbstgesetzten Regeln folgen zu wollen, gehört die derzeit wichtigste und international kontroverseste Ankündigung der neuen amerikanischen Administration, nämlich ein nationales Raketenabwehrsystem NMD so rasch wie möglich zu installieren.

Es wird den alten Freunden Amerikas wahrlich nicht leicht gemacht, deutliche Kritik zu unterdrücken. Als ehemaliger Bürgermeister des alten Westberlins, das unter amerikanischer Führung von der Hungerblockade Stalins befreit wurde; als ein Deutscher, der eine so hochherzige wie kluge Maßnahme der amerikanischen Sieger mit ihrer Marshall-Hilfe an uns, die Verlierer, als Wohltat erlebt hat, und als politisch unmittelbar Beteiligter beim entscheidenden Eintreten der USA für die deutsche Wiedervereinigung, habe ich jeden denkbaren Grund, den Amerikanern stets mit Achtung und Dankbarkeit zu begegnen und ein Gefühl der Freundschaft zu bewahren. Aber was sind Freundschaften wert, wenn man bei notwendigen Debatten schweigt, statt offen zu reden?

Dem NMD-Plan liegt zunächst ein historisch verständliches, tief sitzendes Verlangen der Amerikaner nach Schutz und Geborgenheit zugrunde. Beunruhigende unmittelbare Nachbarn kennen sie nicht. Zwei Weltmeere vermittelten ihrem Kontinent traditionell das Gefühl der Unverwundbarkeit. Dann kamen die transkontinentalen Raketen. Ihnen wurde zunächst mit der nuklearen Balance des Atomaren Patt begegnet, begleitet vom Vertrag über die Nichtverbreitung von Kernwaffen und vom Teststopabkommen CTBT. Aber schon dies hat Washington noch immer nicht ratifiziert. Und nun, nach dem Ende des Kalten Krieges und in der Sorge vor neuen Raketen kleinerer Länder, die zunächst mit der zauberhaften Charakterisierung „Schurkenstaaten" gekennzeichnet wurden, oder auch vor internationalen Terroristen soll also NMD Remedur schaffen. Man wird sehen. Bush will uns Europäer einbeziehen und mit Russland darüber sprechen. Noch gibt es Widerstand von allen Seiten. Das Bedenklichste ist die Gefahr, dass eine nukleare Balance entscheidend untergraben wird, dass es zu neuer nuklearer Proliferation und vor allem zu einer neuen Rüstungsspirale kommt.

Die gegenwärtige Tonart aus Washington ist durchwachsen. Die jetzt abgelöste Clinton-Administration ermahnte die Nachfolger zur Vorsicht. Im Senat wird gestritten. Der neue Präsident bemüht sich, die Verbündeten zu beruhigen. Aber nicht zu zweifeln ist an seiner Entschlossenheit, NMD zu verwirklichen, wenn es technisch gelingt. Und der neue alte Verteidigungsminister Rumsfeld hat es an Deutlichkeit nicht fehlen lassen: Amerika werde das System installieren. Das Abkommen mit der Sowjetunion aus dem Jahre 1972, ABM, zur Begrenzung solcher Systeme, sei nur noch eine „uralte Geschichte". „Wenn die Russen verstehen, dass die Amerikaner es ernst meinen und stationieren, werden sie diese Realität akzeptieren." Also was bedeuten nach solchen Worten Verträge und Abmachungen? Supermacht in Reinkultur!

III.

Wird dies die Lage in der Welt von morgen bestimmen? Das ist nicht sehr wahrscheinlich. Neue Weltmächte wachsen heran, an der Spitze China, auf andere Weise Indien, allen gegenwärtigen Schwächen zum Trotz allmählich auch wieder Russland und, wer weiß, eines Tages in ihrer Art die EU.

China ist voller Dynamik. Die Elite des Landes äußert sich sehr klar: Die globale Unipolarität sei auf die Dauer schon aus Sicherheitsgründen nicht hinnehmbar. Sie zeigt ganz allgemein sich davon überzeugt, dass die kommenden Jahrzehnte von einem Wettbewerb um die Führung in der Welt zwischen ihrem Land und den USA geprägt sein werden. So ähnlich deutet man es überdies auch in Amerika, das in den Chinesen keine strategischen Partner sieht, sondern Konkurrenten. Gegenwärtig durchlaufen die Beziehungen der beiden Länder zueinander eine Grauzone. Beide miteinander haben Handelsinteressen, die wachsen werden, allen Konflikten um Menschenrechte zum Trotz. Auf die Dauer bedarf aber gerade

auch diese Wettbewerbslage dringend eines gewissen Maßes an Absprachen für gemeinsame Sicherheit.
Davon ist zur Zeit nichts zu spüren. Nicht nur das nationale System NMD, sondern erst recht der zweite amerikanische Plan einer übernationalen, regional vorgelagerten Raketenabwehr, der sogenannten theatre missile defense, TMD, betreffen China im besonderen Maße, stärker noch als Russland. Die Lage in ganz Nordostasien tendiert zu neuer Labilität. Offenbar will die Bush-Administration die tänzerischen Vertrauensvorschüsse von Madeleine Albright in Pjöng Yang nicht fortsetzen. Der amerikanischen Ein-China-Politik in der Taiwanfrage fehlt es immer mal wieder an hinreichender Eindeutigkeit. Das alles wird Peking unfehlbar zu verstärkten Rüstungsanstrengungen veranlassen.

Eine in amtlichem Auftrag erstellte amerikanische Studie spricht von einer bevorstehenden de-facto-geostrategischen Allianz zwischen China, Russland und Indien als Gegengewicht zur Suprematie der USA. Wer für sich allein so mächtig ist, erblickt offenbar die Widersacher vorzugsweise gebündelt. Sehr wahrscheinlich ist diese Prognose dennoch nicht.

IV.

Zunächst Indien. Es wäre für einen solchen Dreibund kaum geeignet. Mühsam kämpft sich dieses Ein-Milliarden-Volk voran. Neben seinen kommunikationstechnologischen Spitzenleistungen und der weltweit gesuchten indischen Software-Intelligenz leben dort noch immer annähernd eine halbe Milliarde Menschen in Armut. Populismus, dieses scheinbar unausrottbare demokratische Erzübel, blüht dort unverdrossen. Dennoch haben wir immer wieder Grund zu staunen, wie Indien mit seinem stets wachsenden Bevölkerungsproblemdruck eine lebendige Demokratie von der kommunalen über die regionale bis zur zentralen Regierung praktiziert. Der indische Ökonomie-Nobelpreisträger Armatya Sen bietet weitere Nachweise für die Überlegenheit des demokratischen Systems unter den Bedingungen der Not. Nicht das Wachstum des Bruttosozialproduktes oder des Pro-Kopf-Einkommens gäbe für sich allein oder in erster Linie den Maßstab für die wirtschaftliche Entwicklung, so sagt er. Das Entscheidende sei vielmehr die effektive Erweiterung bürgerlicher Freiheiten. Seine erste Erfahrung entstammt dem britisch okkupierten Bengalen. Dort seien Nahrungsmittel im Überfluss in die Städte abtransportiert worden, während die Landbevölkerung dem Hunger und Tod ausgesetzt geblieben sei. Aller fortdauernden heutigen Armut zum Trotz seien nach der indischen Unabhängigkeit keine tödlichen Hungersnöte zurückgekehrt. Während des ganzen 20. Jahrhunderts, so stellt Professor Sen fest, habe es weltweit in keiner Demokratie solche Hungersnöte gegeben.

Das heutige Indien ist viel zu sehr mit sich selbst beschäftigt, um der amerikanischen Spekulation nach einer Allianz mit China und Russland Nahrung zu geben. Seine sicherheitspolitischen Anstrengungen bis hin zur eigenen atomaren Rüstung und einem viel zu hohen Militärbudget konzentrieren sich auf den Dauerkonflikt Pakistan und Kaschmir. Mit China gibt es nicht nur Handel, sondern auch wachsende Abwehr gegen chinesische Importe zu Dumping-Preisen. Amerika dagegen wird von den Indern als Investor und Handelspartner gesucht.

Was die Kontakte zwischen Russland und China betreffen, so gibt es gegenwärtig in der Tat Berichte über Verhandlungen beider Länder, die in Washington im Sinne der genannten Studie interpretiert werden. Dass Russland und China eine Interessengemeinschaft gegenüber jeder unilateralen amerikanischen Sicherheitspolitik verbindet, liegt auf der Hand. Aber das dürfte in absehbarer Zeit kaum zu einer veritablen Allianz führen. Die Größe beider Länder, die äußerst komplexe Geschichte zwischen ihnen, die Vielfalt wie auch Gegensätzlichkeit vieler ihrer gegenwärtigen Interessen, sprechen dagegen.

V.

Und Russland für sich selbst? Ist es noch oder wird es wieder Weltmacht? Es hat nie aufgehört und wird nie aufhören, sich so zu verstehen. Doch auf lange Zeit wird es mit sich selbst und alle Welt mit ihm Geduld benötigen. Aber es wird seinem Selbstverständnis wieder näher kommen, und wir wären fahrlässig, ihm die Kraft dazu nicht zuzutrauen.

Nach wie vor ist Russland eine geo- und waffenstrategische Großmacht. Durch seine Ausdehnung ist und bleibt es das größte Reich der Erde mit gewaltigen Bodenschätzen. Nach dem Absprung vieler Teile aus dem Sowjetimperium kämpft der russische Präsident heute um die territoriale Integrität des Landes. Das ist sein überaus populäres Hauptmotiv beim Tschetschenienkrieg. Die Frage einer Wiederangliederung ehemaliger sowjetischer Republiken ist gegenwärtig nicht akut, aber auch nicht endgültig zu den Akten gelegt.

Die künftige Sicherheitspolitik ist von zentraler Bedeutung für Moskau. So paradox es auch klingen mag, im Kalten Krieg fühlte sich das Land im Schutz der vereinbarten atomaren Balance recht sicher. Dies verändert sich seit der internationalen Wende nachhaltig. Es ist die vorsätzliche De-facto-Aufkündigung dieser Balance durch Amerika, die alle russischen Politiker von den altgedienten kommunistischen Führern wie Sjuganov bis zum in Amerika voll demokratisch ausgebildeten Jawlinskji beunruhigt. Zu Gesprächen zwischen Moskau und Washington darüber wird es gewiss bald kommen. Sie sind das zentrale nächste Thema der künftigen Sicherheitspolitik. Putin hat schon konkrete Vorschläge gemacht.

Das wichtigste Ziel für die Zukunft sieht Moskau ganz allgemein im allmählichen Anschluss an die Weltgemeinschaft, zumal an den Weltmarkt. Den Weg dorthin suchen die Russen über Europa. Es liegt im vitalen Interesse wie auch in der Verantwortung von uns Europäern, darauf mit Behutsamkeit und Konsequenz einzugehen. Dieser Weg sollte weder scheitern noch alte Gefahren neu beleben.

Nach wie vor sind die Schwierigkeiten in Russland gewaltig. Die Russen sind keine geborenen Händler wie die Chinesen. Die Zerstörung der Selbstversorgung dieses ursprünglich so reichen Agrarlandes, also die früheste und schlimmste Sünde Stalins, ist noch nicht wieder überwunden. Der militärisch-industrielle Komplex aus der Sowjetzeit ist bisher nicht wirklich aufgelöst. Aber wer wäre denn auch ohne ihn heute die wirtschaftliche Lokomotive? Die Schulden des Landes sind gigantisch, die Korruption noch allgegenwärtig.

Dennoch gibt es auch heilsame Zwänge, dazu einen moderat-konsequenten Modernisierer an der Spitze, und schließlich zuweilen glückliche Umstände, die vorwärts helfen. Zu Letzteren zählen die hohen Weltmarktpreise für Öl und Gas, die bei weitem größte Einnahmequelle des Landes. Hinzu kommen beachtliche Fortschritte der Russen im ständigen Pipeline-Poker rund um das Kaspische Meer gegenüber amerikanisch protegierten internationalen Kombinaten.

Putin bezeichnet Russland stets als „europäisches Land". Das Bewusstsein vom riesenhaften asiatischen Rücken Russlands geht dabei nicht verloren. Aber die Orientierung ist primär westlich. Russland zählt nicht nur auf Kooperation mit uns, sondern, ebenso wie China, Indien und andere Weltteile darauf, dass wir Europäer uns nun energisch aufraffen, eine wirklich verlässliche kräftige mitbestimmende Stimme, eine echte globale Macht in einer Welt von morgen zu werden, einer Welt, die nach neuer Balance sucht. Das ist die entscheidende Belehrung, die wir Europäer erhalten, wenn wir uns in der Welt umsehen! Diese Welt entwickelt sich viel zu komplex, um unipolar wie heute zu bleiben.

VI.

Damit bin ich nun endlich ganz bei uns Europäern gelandet. Zunächst möchte ich mich auch hier der Sicherheitspolitik zuwenden. Zweifellos betrifft uns die neue amerikanische Ambition nach NMD und TMD in zentraler Weise. Die meisten europäischen Nato-Partner haben ihre Bedenken bereits angemeldet. Da NMD und TMD aber keinen unmittelbaren Grund zur Sorge um unsere eigene, direkte Sicherheit mit sich brächte, sollten wir Europäer uns nicht zu den ersten Wortführern in diesem Streit mit den Amerikanern machen, dessen Hauptbetroffene China und Russland sind. Statt dessen haben wir ein anderes konfliktträchtiges Thema über den Atlantik hinweg: der Beschluss in der EU, bis zum Jahr 2003 eine eigene europäische Verteidigungssubstanz in Korpsstärke als rasch einsetzbare Eingreifkräfte zu schaffen. Damit hat ein neues Kapitel in einer nun schon bald uralten transatlantischen Debatte begonnen. Bereits vor 40 Jahren hatte Präsident Kennedy nach einem eigenen starken Pfeiler der Europäer in der Nato gerufen. Zumeist blieben wir zaghaft. Doch wenn wir einen europäischen Schritt tun wollten, war die amerikanische Reaktion ambivalent. Erwachsen sollten wir wohl werden, aber bitte ohne emanzipatorische Ziele einer Selbstbestimmung. Jetzt kommt die Sache einem Schwur näher.

Es ist begreiflich, dass die Amerikaner einigermaßen schockiert reagierten, als wir Europäer unseren neuen Entschluss ausgerechnet gegen Ende und wegen des Kosovokrieges verkündeten. Lang genug hatten wir Europäer bei allen Balkankrisen der neunziger Jahre unsere Unentschlossenheit und Uneinigkeit bewiesen. Es war Washington, das sich schließlich nach langen Bedenken durchrang, die Lücke der Europäer zu füllen, einzugreifen und das Bündnis sowohl in Bosnien wie im Kosovo anzuführen. Und nun diese Reaktion der Partner als Dank?

Die ganze Angelegenheit ist Teil eines immer deutlicher hervortretenden Ungleichgewichtes in den transatlantischen Beziehungen als der Quelle eines Konfliktes. Einerseits ist die EU ein starker, konkurrenzfähiger Industrie- und Handelsrivale der USA geworden. Wir haben unseren Binnenmarkt und eine eigene, in ihrem globalen Einfluss zweifellos wachsende Währung. Im politisch-militärischen Sinn aber sind wir Partner in einem Bündnis, in dem die Amerikaner weit überlegen sind und gemeinhin nicht zögern, ihre Macht dort deutlich durchzusetzen. Und nun sollten sie sich mit einer eigenen europäischen Sicherheitspolitik abfinden?

Die Stimmen aus Amerika sind auch hier wieder unterschiedlich. Der amerikanische Nato-Oberbefehlshaber, General Ralston, sprach von einer neuen willkommenen Partnerschaft innerhalb des Bündnisses. Der neue amerikanische Verteidigungsminister Rumsfeld dagegen meinte, die europäischen Pläne unterminierten den Nato-Zusammenhalt. Gewiss wird die neue Administration keinen frontalen Versuch machen, die Europäer an souveränen Beschlüssen zu hindern. Aber sie wird nach Konsequenzen für die Zukunftsaufgaben der Nato suchen.

In der Tat: Wohin werden sich diese Aufgaben denn entwickeln, nachdem das Gründungsmotiv für die Nato, die Verteidigung gegen erkennbare und bedrohliche Feinde, entfallen ist? Soll es zu einer Arbeitsteilung kommen, wonach Europa sich um den eigenen Kontinent kümmert, Amerika dagegen um die Welt? So ähnlich lautete es im Wahlkampf der Berater von Präsident Bush. Aber würde das nicht einen ohnehin in Amerika populären Rückzug der Truppen aus dem Balkan beschleunigen? Und wird dann nicht die Nato früher oder später ein Relikt?

Eine andere derzeit diskutierte Version sieht den Verbleib der Amerikaner in europäischen Krisengebieten vor, dafür aber eine Ermutigung der Europäer zur Teilnahme an globalen Konflikten.

In diesen Debatten heute eine begründete Prognose zu geben, übersteigt nicht nur meine bescheidenen prophetischen Kräfte. Ich halte vor allem eine gemeinsame europäische Sicherheitspolitik mit einem eigenen Kontingent für vordringlich, um unser politisches Gewicht mit sicherheitspolitischen Kräften untermauern zu können. Dies gilt für Fälle, in denen die Nato nicht handeln kann oder will, aber eben nicht ohne Kontakt, nicht neben oder gar gegen die Nato. Ich bin davon fest überzeugt, dass eine eigene europäische Sicherheit auf die Dauer nicht nur nicht die Nato unterminiert, sondern geradezu die Bedingung für die Chance ihres Fortbestandes bildet. Das damit verbundene Bedürfnis der Europäer zu einer Nato-Treue, die nicht auf fortdauernder Unterordnung unter die USA, sondern auf voll souveräner Unabhängigkeit beruht, ist vernünftig und legitim. Behutsame amerikanische Stimmen sprechen es deutlich aus, wie unklug es für ihr Land wäre, sich dagegen zur Wehr zu setzen.

Der ehemalige amerikanische Sicherheitsberater Zbig Brzezinski hat sich um Beruhigung seiner Landsleute mit der Formel bemüht: Entweder die Europäer handeln allein, dann ist die Krise unwichtig; oder die Krise ist schwerwiegend, dann werden sich die Europäer auch wieder an uns anlehnen.

VII.

Im europäischen Einigungsprozess stellt der Plan zur eigenen europäischen Sicherheitspolitik einen wichtigen Schritt zur bisher noch unterentwickelten politischen Union dar. Bekanntlich hatte die Maastrichter Konferenz der EU am Anfang der neunziger Jahre das Ziel, alle unsere EU-Partner zu vergewissern, dass Deutschland nach der Vereinigung nun erst recht europäisch integriert bleiben werde. Frankreich suchte die Währungsunion, Deutschland die politische Union, unsere lieben Nachbarn mit Erfolg, wir dagegen nicht. Dennoch nähern wir uns nun Schritt für Schritt gemeinsamen politischen Entscheidungen und Regeln.

Je weiter wir damit kommen, desto häufiger ist die Forderung nach einer europäischen Verfassung zu hören. Hier halte ich keinen übertriebenen Eifer für erforderlich oder ratsam. Nach wie vor verstehen wir den Begriff der Verfassung als die Rechtsgrundlage eines Staates. Weder ist noch wird die EU ein Staat. Für beides, was sie ist und was sie wird, fehlt uns bisher ein schon bestehendes rechtliches Begriffsvokabular. Für beunruhigend halte ich dies derzeit nur dann, wenn wir beschließen, dass wir uns darüber beunruhigen wollen.

Selbstverständnis besteht die EU aus einer hoch bedeutsamen Reihe verbindlicher Rechtsregeln, die durchaus Verfassungscharakter haben. Dazu zählen neben den Bindungen der Landwirtschaft, des Gemeinsamen Marktes und der Währungsunion vor allem auch der Gerichtshof, dessen Urteile unmittelbare Geltungskraft in den Mitgliedsländern haben.

Selbstverständlich ist es legitim, eine rechtlich verbindliche Abgrenzung der Zuständigkeiten zwischen Europa, Ländern und Regionen anzustreben, wie dies vor allem den deutschen Bundesländern vorschwebt. Auch damit würde ein wesentlicher Schritt zu einer verbindlich geregelten europäischen Rechtsstruktur geschaffen. Aber es empfiehlt sich immer wieder von neuem, alle Kraft in die konkreten nächsten Schritte zu investieren, dagegen nicht schon jetzt in den glitzernden europäischen Sternenhimmel der Finalitätserotik mancher Debatten. Die generellen Beiträge von Jacques Delors und Joschka Fischer zur europäischen Föderation der Nationen empfinde ich aber als sehr konstruktiv. Denn sie sind Ausdruck einer unbeirrbaren, konkreten Fortschrittskraft für Europa, dagegen nicht bloße Freude an Theorien, Gedankenspielen oder gar Ideologien.

Klar ist, dass die gemeinsame europäische Handlungsmacht wachsen muss und dass die Nationen dennoch für uns durchaus unersetzbar bleiben, zumal und gerade auch bei jedem europäischen Fortschritt. Unsere Bindung an die eigene Nation mit ihren Überlieferungen und ihrer Kultur ist ebenso verwurzelnd und vernünftig, so wie wir sie auch für die demokratische Legitimation, die Meinungsbildung und Kontrolle weiterhin benötigen. Wir bleiben, ob wir es wollen oder nicht, im Spannungsverhältnis unserer doppelten und eng ineinander verzahnten europäischen und nationalen Identität. Begriffspurifikanten mögen uns dabei verschonen.

VIII.

Neben der gemeinsamen Sicherheit wird sich die gemeinsame Währung in wachsendem Maß vereinigend auswirken. Zwar ist die Zufriedenheit der europäischen Bürger mit dem Euro noch immer sehr unterschiedlich. Am positivsten äußern sich die reichen Luxemburger. Wir Deutschen stehen dagegen am anderen Ende der Skala. Zu groß waren die warmen Gefühle für die D-Mark, zu verbreitet ist noch immer der Irrtum, es ginge uns heute besser mit den nationalen Währungen ohne Euro. Wahr ist das Gegenteil. Allmählich haben sich die spekulativen Finanzmärkte den Realitäten angenähert. Freilich wird der Wechselkurs Dollar-Euro primär von der wirtschaftlichen Stärken hüben und drüben abhängig bleiben. Das heißt, dass es an uns ist, nicht nur unsere nationalen Reformen voranzubringen, sondern uns auch in der Wirtschafts- und Finanzpolitik Schritt für Schritt europäisch anzunähern.

Auf die heikle, aber unumgängliche Frage nach einem „Europe à plusieurs vitesses", also nach der engeren Zusammenarbeit einiger Mitgliedsländer für gemeinsame Politikbereiche, vielleicht gar mit gemeinsamen Institutionen, kann ich jetzt nicht näher eingehen. Klar ist, dass solche Schritte nur innerhalb der EU und offen für die spätere Mitarbeit weiterer, zunächst noch zögernder Mitgliedsländer gegangen werden können. Die Möglichkeit einer solchen engeren Zusammenarbeit wird auf absehbare Zeit nicht von der Tagesordnung verschwinden. Das muss auch so sein.

Das nunmehr wichtigste Kapitel ist die Osterweiterung. So nennen wir sie stets, obwohl es angemessen wäre, von der Vollendung Europas zu sprechen. Am Ende des Zweiten Weltkrieges war eine Europäische Gemeinschaft nicht als wirtschaftlicher oder politischer Kampfbund des Westens im Systemwettbewerb mit dem Ostblock konzipiert, zu dem sie sich im Kalten Krieg dann rasch entwickelte. Jetzt, nach der europäischen Wende, ist es hohe Zeit und die entscheidende Chance der kommenden Jahre, alle europäischen Völker aufzunehmen, die sich zu Demokratie und

Rechtsstaat bekennen. Hinzukommen muss die Bereitschaft, an einer Wirtschaftspolitik zu arbeiten, die dazu beiträgt, dass ein vollendetes Europa zu keiner bloßen Freihandelszone verkommt. Zwar denken einige Mitgliedsländer nicht ohne Sympathie in einer solchen Richtung, zumal die Briten. Das sollten wir ihnen aber vor allem durch eine positive Entwicklung zu einem besseren Europa abgewöhnen.

IX.

Ich kann und will die Details der Erweiterung jetzt nicht weiter vertiefen, sondern noch ein paar allgemeinere Gedanken vortragen:

Der erste betrifft unser deutsches Verhältnis zu unseren beiden bei weitem größten und wichtigsten Nachbarn, zu Frankreich und Polen. Zwischen Frankreich und Deutschland hat der Erfolg Europas begonnen. Es war gewiss nicht immer mühelos. Mit der Herzlichkeit ging es auf und ab. Das merkte man auch beim letzten EU-Gipfel in Nizza, wo offenbar eine Antwort auf die beliebte Frage gesucht wurde: Wer ist die Schönste im ganzen Land? Das ändert alles, aber gar nichts daran, dass die enge Zusammenarbeit zwischen Paris und Berlin schlechthin die Voraussetzung für einen weiteren europäischen Fortschritt bleibt.

Nun kommt unter den 13 derzeitigen Beitrittskandidaten Polen als das für uns wichtigste Land hinzu. Für diesen großen östlichen Nachbarn hat ein neues Kapitel von historischer Bedeutung begonnen. Schwer genug war seine Geschichte der letzten 250 Jahre. Zwar hatte es sich gegen Ende des 18. Jahrhunderts als erstes europäisches Land eine geschriebene Verfassung gegeben. Dann aber folgte die 140 Jahre währende, hart lastende Teilung. Es hatte seine politische Selbständigkeit verloren. Niemals gab dieses stolze Volk dabei seine geistige und kulturelle Identität als Nation preis. Am Ende des Ersten Weltkrieges erhielt es seine staatliche Souveränität zurück, nur um 20 Jahre später wieder das erste Opfer der deutschen Aggression im Zweiten Krieg zu werden und unter allen Ländern die vergleichsweise schwersten Verluste zu erleiden.

Am Ende zählte Polen zu den Siegern. Aber was war das für ein Sieg? Polen war besetzt und politisch dominiert von der Sowjetunion, seinem anderen, nicht minder gefürchteten Nachbarn. Doch dann waren es die Polen, die als Erste und mit der größten Energie die Chancen der Freiheit ergriffen, welche die Konferenz von Helsinki des Jahres 1975 mit ihrer Schlussakte bot. Es war ihre Solidarnosc-Bewegung, die den Weg zur europäischen Wende der Selbstbestimmung anführte. Der Pole Thaddäus Mazowiecki wurde der erste freigewählte Ministerpräsident im ehemaligen sowjetischen Machtsystem. Ganz Europa, zumal wir Deutschen, hatten den Gewinn davon.

Mit ihrer inneren Entwicklung der Politik und Wirtschaft haben die Polen nach ihrer Selbsteinschätzung jetzt ihr erfolgreichstes Jahrzehnt in den vergangenen 300 Jahren erlebt. Nun steht das Land vor dem Beitritt in die EU. Es darf und wird keine erste Gruppe neuer Mitglieder in unserer Gemeinschaft geben, ohne dass Polen dabei wäre. Im Interesse unserer Union spielt es schon heute eine prägende Rolle, vor allem im Umgang mit den östlichen Nachbarn. Der polnische Präsident hat unlängst sein Land als „das neue Westberlin für Osteuropa" charakterisiert, gewiss kein unmittelbarer, aber ein freundlicher Vergleich. Es geht darum, den polnischen Erfahrungsschatz zu einer gemeinsamen europäischen Strategie vor allem gegenüber Russland und der Ukraine zur Geltung zu bringen. Auch wenn Polen eine Ostgrenze der Schengen-Staaten zu sichern haben wird, so wird es dafür sorgen, keinen zweiten Eisernen Vorhang in Europa entstehen zu lassen. Eine wirtschaftliche Stabilisierung der Ukraine gehört zu den Zielen der Polen, weil sie eine unabhängige Ukraine als Grundpfeiler ihrer eigenen Selbständigkeit ansehen. Den Russen gegenüber verwandelt sich die alte polnische Distanz allmählich zum Besseren. Der bedeutende liberale Publizist Adam Michnik nennt die dafür geeignete und charakteristische Haltung eine „antisowjetische Russophilie". Es liegt uns gemeinsam an einer Transformation der russischen Verhältnisse. Die Polen verstehen am besten, was eine solche Entwicklung erfordert und fördert.

Mein besonderes Augenmerk für Polen entspringt meiner Überzeugung, dass wir inmitten aller vertrackten Probleme und Rückschläge, aller Egoismen und Ängste im Prozess der europäischen Einigung niemals die geschichtliche Perspektive aus den Augen verlieren dürfen. Die Polen geben dafür ein gutes Beispiel.

X.

Lassen Sie mich daher meinen Ausblick noch einmal mit einem weiten historischen Rückblick verbinden: Auf fünf europäische Zeitabschnitte will ich mich beziehen, an deren Beginn jeweils ein Friedensname steht (nach R. Smyser).

Der erste Abschnitt, den ich meine, beginnt mit dem *Westfälischen Frieden* am Ende des 30-jährigen Krieges. Dieser hatte die Mitte des Kontinents zerstückelt und verarmt zurückgelassen. Frankreich zog den meisten Gewinn, erstarkte, revolutionierte und brachte mit Napoleon den ersten Versuch zur gewaltsamen Einigung Europas hervor.

Der Anlauf scheiterte und mündete 1815 im zweiten Kapitel und dem nächsten Frieden, dem *Wiener Kongress*. Nun sollte eine gesicherte Machtbalance in Europa für Ordnung sorgen. Großbritannien rückte vor. Die Ausbildung der Nationalstaaten kam mit Italien und Deutschland zum Abschluss. Aber aus nationaler Interessenvertretung entwickelte sich allmählich ein martialischer Nationalismus, der im Nachbarn bald nur noch den Widersacher sah. Geltungssucht und blinder kabinettspolitischer Leichtsinn führten in den Ersten Weltkrieg.

An seinem Ende erhielt das nächste, das dritte Kapitel den Namen des *Friedens von Versailles*. Es war aber ein Frieden ohne Einsicht in die Ursachen des gerade beendeten heillosen Krieges. Nur 20 Jahre überdauerte er, bis Hitler-Deutschland zum Angriff auf fast alle Nachbarn ansetzte und damit den nächsten, brutaleren Versuch unternahm, Europa mit Gewalt unter seiner Herrschaft zu vereinen.

Am Ende war der Angreifer vollständig besiegt, aber mit ihm ganz Europa so geschwächt, dass der Frieden des vierten Kapitels, wenn man ihn überhaupt so nennen durfte, nun den Namen *Jalta* trug. Die großen Mächte von außen hatten gesiegt. Ihr Kalter Krieg gegeneinander prägte das europäische Schicksal.

Und dennoch erblühte ein neues Leben aus diesen Ruinen. Nun nahm die Einsicht Gestalt an, dass Europa mit seinen gemeinsamen kulturellen Wurzeln, seinem Potential und seinen Interessen sich endlich zu einer Vereinigung durchringen müsse, um einen Frieden unter seinen Völkern unumkehrbar zu machen und um einer selbstbestimmten Zukunft entgegen zu gehen.

Jean Monnet war der historisch-geistige Initiator. Ihm schwebte dabei ganz Europa vor. Vor 50 Jahren haben wir aber zunächst dort begonnen, wo es die Verhältnisse zuließen. Die politischen Führungen in Frankreich und der Bundesrepublik Deutschland stellten die Weichen. Die Vereinigung wuchs heran, der politische und materielle Wiederaufbau gedieh Schritt für Schritt. Die größte Hypothek, vor allem die schwerste Härte für die Menschen, war der Eiserne Vorhang. Dann war es, neben den Freiheitsbewegungen in den östlichen Ländern selbst, die aufblühende europäische Gemeinschaft, die zum allmählichen Ende des sowjetischen Systems entscheidend beitrug. Und nun hat an der *Berliner Mauer* mit der europäischen Wende das fünfte Kapitel begonnen, die Vollendung Europas.

Unsere Tageserlebnisse und -gefühle sind, auf Europa bezogen, immer wieder von kurzfristigem Misstrauen, Enttäuschungen und Zweifeln geprägt. In der Tat sind alle Herausforderungen der Vertiefung und Erweiterung gewaltig. Politische Führungen sind allzu oft zu kurzfristig an den nächsten nationalen Wahlen orientiert. Und viele Medien erfreuen sich ihres Geschäftserfolges, wenn sie für ihr europäisches Stimmungsbild bei den düsteren Prognosen von Kassandra oder bei Botschaften von Hiob zu Rate gehen.

Aber so steht es nicht um unsere Geschichte. Nicht umsonst blicken die Mächte rund um den Globus, zumal im immer stärker werdenden Asien, auf Europa als eine werdende starke Weltstimme. Was sich bei uns in einem halben Jahrhundert entwickelt hat und nun vollenden lässt, sehen sie als die bedeutendste beispielhafte großregionale Erneuerung in der jüngsten Weltgeschichte an, als den wichtigsten globalen Schritt in Richtung auf den Frieden. Und so ist es auch. Es ist der erste Anlauf in der gesamten europäischen Geschichte zur Vereinigung des Kontinents ohne jede Gewalt. Es ist ein Friedenswerk ohne Beispiel, verbunden mit der Vereinigung unseres Potentials in Europa, die uns den Weg weist und die nötige Macht gibt, in der Welt von morgen wirklich mit einer Stimme zu sprechen, wenn es darum geht, den Herausforderungen der Ökologie, der Ökonomie und damit des Friedens verantwortlich zu begegnen.

Für Sie, die jungen Menschen, beginnt die Welt von vorn, wie für jede neue Generation. Sie wollen kein Austauschmotor in einem vorfabrizierten Gehäuse sein, sondern selber bauen. Das ist ein sehr gesundes Zeichen. Für die europäische Zukunft haben Sie dazu Chancen die Fülle. Und wenn Sie dann wieder einmal schwer überwindlich erscheinenden Hindernissen begegnen, dann hilft es Ihnen vielleicht doch, zu wissen, wie kurz das alles erst her ist, geschichtlich betrachtet, was heute mit den europäischen Nachbarn möglich geworden ist. Es ist Ihre Tagesordnung. Aber sie beginnt nicht bei Null.

Erlauben Sie mir, dazu nur noch ein Beispiel über die Spannweite im Leben meiner eigenen Generation zu nennen. Als neunzehnjähriger deutscher Wehrpflichtiger zog ich am 1. September 1939 in den grausamen Krieg gegen Polen. Aber im Alter erlebte ich, jetzt vor drei Monaten, dass ich nach Warschau eingeladen wurde, um mit polnischen Parlamentariern und dem dortigen Minister über die Reform der polnischen Streitkräfte zu beraten, weil wir einer untrennbaren gemeinsamen sicherheitspolitischen Zukunft entgegen gehen. Neues Vertrauen unter den Nachbarn statt alter Feindschaft. Wer hätte sich in der Jugend erlauben dürfen, so etwas zu träumen? Eine wahrhaft wundersame Entwicklung der Geschichte im Verlauf eines Lebens!

Im übrigen fallen Wunder vom Himmel leichter und lieber dorthin, wo Menschen der Verantwortung ihrer Chancen gerecht werden. Dass Ihnen dies für Europa in der Welt von morgen gelingen möge, das erhoffen die Alten von den Jungen, und das trauen wir Ihnen zu. Es wird dem Frieden dienen.

Adressen der Referenten

Helmut Schmidt
Bundeskanzler a. D.

Deutscher Bundestag
Platz der Republik
Dorotheenstr. 93
11011 Berlin

Heidemarie Wieczorek-Zeul, MdB
Bundesministerin für wirtschaftliche Zusammenarbeit und Entwicklung

Europahaus
Stresemannstr. 92
10963 Berlin

Reinhold Bocklet, MdL
Bayerischer Staatsminister für Bundes- und Europaangelegenheiten

Bayerische Staatskanzlei
Franz-Josef-Strauß-Ring 1
80539 München

Dr. Friedbert Pflüger, MdB

Deutscher Bundestag
Maurerstr. 36, Haus III
Platz der Republik
11011 Berlin

Prof. Gert Weisskirchen, MdB

Deutscher Bundestag
Platz der Republik
11011 Berlin

Rudolf Scharping, MdB
Bundesminister der Verteidigung

Bundesverteidiungsministerium
Stauffenbergstr. 18
10785 Berlin

Dr. Dietmar Bartsch, MdB

Deutscher Bundestag
Platz der Republik
11011 Berlin

Karl Lamers, MdB

Deutscher Bundestag
Platz der Republik
11011 Berlin

Angelika Beer, MdB

Deutscher Bundestag
Platz der Republik
11011 Berlin

Dr. Klaus Kinkel, MdB
Bundesaußenminister a. D.

Deutscher Bundestag
Platz der Republik
11011 Berlin

Dr. Richard v. Weizsäcker
Bundespräsident a. D.

Am Kupfergraben 7
10117 Berlin

Studium Generale

Universitätsverlag
C. WINTER
Heidelberg

Sammelbände der Vorträge an der Universität Heidelberg

Krieg
Sommersemester 2000
ISBN 3-8253-1233-X

**Zweimal Deutschland:
Auf dem Weg zur Einheit?**
Wintersemester 1999/00
ISBN 3-8253-1155-4

Europa und Europabilder
Sommersemester 1999
ISBN 3-8253-1034-5

Wertepluralismus
Wintersemester 1998/99
ISBN 3-8253-0987-8

Islam – eine andere Welt?
Sommersemester 1998
ISBN 3-8253-0936-3

Sucht
Wintersemester 1997/98
ISBN 3-8253-0902-9

Sterben und Tod
Sommersemester 1997
ISBN 3-8253-7102-6

**Massen,
Macht und Medien**
Wintersemester 1996/97
ISBN 3-8253-7099-2

**Heidelberg – Stadt
und Universität**
Sommersemester 1996
ISBN 3-8253-7098-4

**Moderne Medizin –
Wunsch und Wirklichkeit**
Wintersemester 1995/96
ISBN 3-8253-7097-6

**Kapitulation – Befreiung –
Neubeginn**
Deutschland nach dem
Nationalsozialismus
Sommersemester 1995
ISBN 3-8253-7092-5

**Arbeitslosigkeit in der
Arbeitsgesellschaft**
Wintersemester 1994/95
ISBN 3-8253-7080-1

**Grenzen erkennen –
Grenzen setzen**
Sommersemester 1994
ISBN 3-8253-7074-7

**Die Universität –
Idee und Wirklichkeit**
Wintersemester 1993/94
ISBN 3-8253-7072-0

D-69051 Heidelberg · Postfach 10 61 40 · Tel. (49) 62 21/77 02 60 · Fax (49) 62 21/77 02 69
Internet http://www.winter-verlag-hd.de · E-mail: info@winter-verlag-hd.de

Studium Generale

Universitätsverlag
C. WINTER
Heidelberg

Sammelbände der Vorträge an der Universität Heidelberg

Deutschland auf dem Prüfstand
Sommersemester 1993
ISBN 3-8253-7069-0

Klima
Wintersemester 1992/93
ISBN 3-8253-7058-5

Erfahrungen des Fremden
Sommersemester 1992
ISBN 3-8253-7047-x

Wohin treibt die Moderne?
Wintersemester 1991/92
ISBN 3-8253-7043-7

Der Umbruch im Osten und die Zukunft Europas
Sommersemester 1991
ISBN 3-8253-7038-0

Die Stadt als Kultur und Lebensraum
Wintersemester 1990/91
ISBN 3-8253-7033-x

Sprache
Sommersemester 1990
ISBN 3-8253-7016-x

Weibliche Identität im Wandel
Wintersemester 1989/90
ISBN 3-8253-7015-1

Die Französische Revolution – Impulse, Wirkungen, Anspruch
Sommersemester 1989
ISBN 3-8253-7005-4

Kunst heute und ihr Publikum
Wintersemester 1988/89
ISBN 3-8253-7004-6

Bevölkerungsexplosion – Bevölkerungsschwund
Sommersemester 1988
ISBN 3-8253-7001-1

Ökologie: Krise, Bewußtsein, Handeln
Wintersemester 1987/88
ISBN 3-8253-7000-3

Ost und West
Sommersemester 1987
ISBN 3-8253-7183-2

Sexualität
Wintersemester 1986/87
ISBN 3-8253-7182-4

D-69051 Heidelberg · Postfach 10 61 40 · Tel. (49) 62 21/77 02 60 · Fax (49) 62 21/77 02 69
Internet http://www.winter-verlag-hd.de · E-mail: info@winter-verlag-hd.de